"十三五"国家重点出版物出版规划项目
投入占用产出技术丛书

经济理论分析的
投入占用产出模式

Economic Theory Analysis with Input-Occupancy-Output Techniques

刘新建 著

科学出版社
北 京

内 容 简 介

投入占用产出技术是一种具有显著系统论特征的经济数量分析方法，全面反映了经济系统的内部结构联系和运动特征。在供给与需求概念、中间投入与需求、资本范畴、存量与流量关系等方面的缺陷使现代主流经济学不能成为内部一致的科学理论体系。应用投入占用产出技术框架可以建立新的经济理论范式，改造西方主流经济学。本书应用投入占用产出技术建立宏观价格分析理论与应用模型，提出基于投入产出框架的总供给–总需求分析模式，研究通货膨胀与经济增长的关系、经济周期频谱问题和产业结构变动问题，对可持续发展与环境保护的经济学基础问题进行讨论。

本书可供经济学研究者、高等院校相关专业学生和其他对经济学问题感兴趣的人士阅读。

图书在版编目（CIP）数据

经济理论分析的投入占用产出模式/刘新建著. —北京：科学出版社，2018.2

（投入占用产出技术丛书）

ISBN 978-7-03-056547-1

Ⅰ.①经…　Ⅱ.①刘…　Ⅲ.①投入产出分析　Ⅳ.①F223

中国版本图书馆 CIP 数据核字（2018）第 025869 号

责任编辑：徐　倩／责任校对：孙婷婷
责任印制：徐晓晨／封面设计：无极书装

科学出版社出版

北京东黄城根北街 16 号
邮政编码：100717
http://www.sciencep.com

北京虎彩文化传播有限公司 印刷
科学出版社发行　各地新华书店经销

*

2018 年 2 月第 一 版　开本：720×1000　1/16
2019 年 1 月第二次印刷　印张：13 1/2
字数：272000

定价：96.00 元
（如有印装质量问题，我社负责调换）

国家社科基金后期资助项目
出版说明

  后期资助项目是国家社科基金项目主要类别之一，旨在鼓励广大人文社会科学工作者潜心治学，扎实研究，多出优秀成果，进一步发挥国家社科基金在繁荣发展哲学社会科学中的示范引导作用。后期资助项目主要资助已基本完成且尚未出版的人文社会科学基础研究的优秀学术成果，以资助学术专著为主，也资助少量学术价值较高的资料汇编和学术含量较高的工具书。为扩大后期资助项目的学术影响，促进成果转化，全国哲学社会科学规划办公室按照"统一设计、统一标识、统一版式、形成系列"的总体要求，组织出版国家社科基金后期资助项目成果。

全国哲学社会科学规划办公室

2014 年 7 月

丛书编委会

（按姓氏拼音排序）

总　序

投入产出技术是数量经济学研究以及宏观经济管理中广泛使用的数量分析工具之一，以能够清晰地反映国民经济各部门间错综复杂的经济关联关系著称。近几年，在国际贸易、资源环境等热点问题的研究中投入产出技术得到越来越多学者的重视和使用。很多以投入产出模型为分析工具的文章发表在国际顶级期刊上。当前国际上很多知名的贸易增加值数据库（如经济合作与发展组织的 TiVA 数据库）背后的核心测算工具均为投入产出模型。由于在经济结构分析与产业关联关系研究方面的优势，投入产出技术在今后若干社会经济问题研究中仍将发挥不可替代的作用。

投入占用产出技术在传统的投入产出技术基础上进一步考虑了经济系统中生产部门对各种要素、资源存量的占用，是对投入产出技术的重要发展。投入占用产出技术由中国科学院数学与系统科学研究院陈锡康研究员于 20 世纪 80 年代提出。当时，陈锡康等受中央有关部门的委托进行全国粮食产量预测研究，为此编制了中国农业投入占用产出表。在编制过程中发现耕地和水资源在粮食生产中具有重要作用，但在传统投入产出技术中完全没有得到反映，进而发现固定资产、劳动力等在投入产出技术中也基本没有得到反映，由此提出了"投入占用产出技术"。

三十余年来投入占用产出技术得到了空前的发展，我国已有三十余位青年学者由于从事投入占用产出技术研究获得管理科学与工程博士学位。投入占用产出技术已成功地应用于全国主要农作物（粮食、棉花和油料）产量预测、对外贸易、水利、能源、就业、政策模拟、影响分析、收入分配等领域。相关研究成果发表论文一百余篇，多次获得国家领导人的重要批示，曾于 2006 年获首届管理学杰出贡献奖、2003 年获首届中国科学院杰出科技成就奖、2008 年获第十三届孙冶方经济科学论文奖、2009 年获大禹水利科学技术奖一等奖、2011 年获国家科技进步奖二等奖、1999 年获国际运筹学进展奖一等奖等诸多奖项。投入占用产出技术也曾获得部分国际著名学者，如美国科学院院士 Walter Isard、诺贝尔经济学奖获得者 Wassily Leontief 教授、澳大利亚昆士兰大学教授 R. C. Jensen 和 A. G. Kewood 等的好评。其认为"投入占用产出分析令人极为感兴趣"和"远比标准的投入产出分析好"，是"非常有价值的发现"，是"先驱性研究"，"投入占用产出及完全消耗系数的计算方法是我们领域的一个非常重要的发明和创新"。

虽然投入占用产出技术已成为投入产出领域的一个重要研究方向，但是有关投入占用产出技术及其应用研究的书籍并不多见。中国科学院数学与系统科学研究院陈锡康研究员、杨翠红研究员等已于 2011 年出版《投入产出技术》教材，该书的系统性、权威性都得到了众多从事投入产出教学的学者的好评。在此基础上，我们一直在思索如何进一步地在高校、科研部门、政府部门、企业等拓展投入占用产出技术的研究与应用工作，满足社会各界对宏观经济数量模型的需求。在反复酝酿、不断尝试的基础上，我们决定，与投入产出学界的同仁共同编写、出版一套介绍投入占用产出技术及其应用的丛书。

这套丛书是我们对投入占用产出技术的总结和推广，希望它的出版有助于促进投入产出和投入占用产出技术的蓬勃发展。这套丛书力求体现以下特点。

第一，在丛书内容的编排上，主要介绍投入占用产出技术的理论与应用。选材既包括投入占用产出技术的理论研究，又包括近些年来投入占用产出技术在不同领域的应用介绍，主要包括农业、对外贸易、水资源、能源、就业、政策模拟分析、收入分配等方面。尽管内容包括了宏观经济的众多方面，但是并不求大、求全，而是力求精选。

第二，在每本书的内容和写作方面，注意广泛吸收国内外的优秀科研成果。丛书力求简明易懂、内容系统和实用，注重对宏观经济建模思想的阐述，并结合实证研究说明投入占用产出技术的特点及应用条件。

这套丛书是我国投入产出学界众多学者集体智慧的结晶。我们期望这套丛书的出版将对投入产出分析与投入占用产出技术学科的进一步发展及其在国民经济各领域的更为广泛的应用起到重要推动作用，并希望能够吸引更多学者加入投入产出分析的研究领域。

这套丛书由陈全润、蒋雪梅和王会娟进行组织和编辑工作，我们对他们的辛勤劳动表示衷心感谢！

序　言

——为创建中国特色经济学而不懈努力①

　　一部学术专著是作者多年思考的心血结晶，在作者的眼中是非常珍贵的。学术成果得到社会承认、产生社会效益是一个学者的最高心愿。虽然国家哲学社会科学基金年度项目每年立项近 3 000 项，但是相对于百万人以上的社会科学工作者来说还是太少了。特别是基础理论研究，获得基金资助的概率就更小了。国家社会科学基金后期资助项目的设立有雪中送炭之意义。据统计，项目申报立项率有 50%，这是广大社会科学工作者的福音。2016 年 5 月 17 日，习近平在哲学社会科学工作座谈会上的讲话中指出："面对世界范围内各种思想文化交流交融交锋的新形势，如何加快建设社会主义文化强国、增强文化软实力、提高我国在国际上的话语权，迫切需要哲学社会科学更好发挥作用。"同时提出："着力构建中国特色哲学社会科学，在指导思想、学科体系、学术体系、话语体系等方面充分体现中国特色、中国风格、中国气派。"这是战斗的号角！国家社会科学基金在我国社会科学工作者的心目中有很高的地位和权威性，研究成果被资助出版能产生更大的社会效果，对每一位获得资助者都是值得高兴的一件事情。

　　做社会科学基础理论研究是很辛苦的事情，心情常常很矛盾。有些领域做得深入了，离社会现实领域就较远，也就难以得到重视。因为要大量阅读经典文献，需要的时间就很多，出成果就很慢，对当前较高的科研任务要求就心有余而力不足。虽然人们常说要耐得住寂寞，但是，如果没有成果，就会危及饭碗。自己这些年想超脱点，但是，也没有完全免俗，杂七杂八干了不少事情，专注的程度远远不够。对申报各种基金，多年来断断续续，不抱希望。幸运的是，在投入产出经济学研究领域，近二十年来虽然投入强度不大，但一直坚持了下来，积累了点成果，今年第一次申报后期资助就获批，感到很欣慰。实际上，即使今年没有资助，也已经准备出版了。

---

① 这篇文稿原是为河北省哲学社会科学规划办公室所写的关于申报国家社会科学基金的体会，今置于此作为自序。

在经济学领域，我国的教育和学术实际上都是分裂为两大板块的：一方面是以政治经济学为核心的马克思主义经济学；另一方面是以美国经济学为核心的现代经济学。长期以来，我国高等院校经济管理专业使用的现代经济学教科书不是从美国翻译的或直接就是英文原版的，或者就是我国学者以美国经济学教科书为蓝本编辑的，这种状况显然不适应我国已经高度发展的社会主义市场经济形势，对培养适合我国国情的经济管理人才也是极为不利的。马克思主义认为，每一个社会都有自己特殊的经济规律，不仅社会主义与资本主义的经济规律不同，而且各资本主义国家也有各自特殊的经济规律，所以，每一个国家在培养自己的经济管理人才时，教育的内容都必须考虑自己特殊的国情和特定的经济体制。实际上，在学术界就有两种声音：一种是要建立有中国特色的经济学理论体系以适应我国的现实；另一种是希望改造我国的经济体制以符合现代经济学的理论。最近在北京大学两个教授之间关于产业政策的争论是一个典型表现[①]。

我从事西方经济学即微观经济学和宏观经济学的教学已经二十年了。在中国大学的经济学原理教学中用美国经济学培养中国学生令人尴尬。于是不断思考这样一个问题：现代经济学即西方经济学与马克思主义政治经济学到底是何关系？现在对这个问题基本弄清楚了：马克思主义政治经济学是真正的理论经济学，即最基本的经济学原理，而西方经济学的主要内容偏向应用，即告诉企业怎样实现利润最大化，告诉政府如何实施宏观管理，而对经济系统作为一个整体的运动规律的内容则不多，所以，给人的感觉则是西方经济学更有用。抛开西方经济学为资本主义制度辩护的意识形态说辞不论，从科学理论的知识体系来讲，我认为，西方经济学内容体系叫做"现代经济分析"更合适，其实有些美国作者就将其称为微观经济分析和宏观经济分析。在钱学森的学科体系理论下，现代经济分析属于技术科学学科，而政治经济学属于基础科学学科，只是相对于企业管理学，现代经济分析属于更高的技术科学层次（在钱学森的理论中，哲学有不同的亚层，基础科学和技术科学也应有不同水平的亚层）。从内涵定义来看，现代经济分析应该是在既定的经济制度下，研究具体经济系统的运行分析，它应该具有很强的时代特征和操作应用性，这就可以解释西方经济学特别是宏观经济学理论的快速演进特征。而政治经济学是以一个大的社会制度

---

① 胡皓达. 张维迎、林毅夫产业政策之辩[J]. 上海人大月刊, 2016,（11）: 49-51；银昕, 徐豪, 陈惟杉. 林毅夫 VS 张维迎：一场产业政策的"世纪之辩"[J]. 中国经济周刊, 2016,（44）: 16-24.

为背景的，它所揭示的规律具有更稳定的特征。除非社会制度发生显著的质的变化，其基本规律就一直起作用。在物理学中，量子力学基本方程是高度抽象的，它所描述的物理现象要测量就必须进行平均化或几率坍缩。政治经济学的理论结论要得到验证，其测量变量也需要平均化或制定统计测度指标。

在二十年的教学中，深感西方经济学内部的严谨性较弱，连最基本的供给与需求函数范畴也不能始终如一。因为长期从事投入产出分析相关研究，对投入产出经济学与西方经济学理论之间的裂痕也深有体会。一方面，投入产出表的结构试图适应西方经济学的价值理论或国民收入核算理论；另一方面，它的结构根基又与西方经济学相冲突，从而在一般西方经济学理论教科书中没有它合适的位置。博士研究生毕业之后，我不断尝试用投入产出分析的技术框架去重建西方经济学的一些理论模型，试图建立新的经济分析范式；因为研究一些应用问题，所以在一些应用范式方面也做了一些工作，总的积累成果就是现在的这部《经济理论分析的投入占用产出模式》。尽管许多工作还是很初步的，但是，觉得可以作为一个新出发点了，所以准备将其出版。这次申报国家社会科学基金后期资助是抱着尝试的心情，因为感觉其中对西方经济学的批评可能不能被许多人接受，而且是一个无名小卒所做。得知获批的消息很高兴，觉得还是有知音的。收到专家的评审意见后仔细阅读，觉得虽然有些专家不一定同意我的观点，但是，他们对创新给予了极大的支持，在此表示衷心感谢。虽然没有全面按照专家的意见进行修改，但他们的意见对今后的研究还是有重要启示的。

科学创新无止境，哲学社会科学花园更是百花争艳。期待中国特色社会科学在国际上有更大的发言权！

刘新建

二〇一六年十月

前　　言

投入占用产出经济学是在投入产出经济学的基础上引入存量占用要素后的发展，是应用投入占用产出模式进行经济学的理论和应用研究。本书的主要内容包括两个方面：一是对投入占用产出经济学的发展及应用；二是对传统经济学的改造修正。其中，后者是以投入占用产出理论为基础的，并且是基于对现代西方经济学基础理论缺陷的认识。

一、西方经济学的重大缺陷

现代西方主流经济学已经成为我国高等学校经管专业的基础课程，成为经济学者分析现实经济的基础理论来源。但是，其本身是很不完善的，存在重大缺陷。根据作者对西方经济学多年的研究学习，发现其存在以下四方面缺陷。

1. 需求与供给概念缺陷

供求分析是经济学理论的出发点和基本分析方法，但是，从微观经济学到宏观经济学的教科书中，需求和供给这两个概念的内涵就不确定或不能贯穿始终。

在微观经济学中，经济学家们实际上忽略了狭义需求函数要求消费者之间完全竞争的假定，从而造成后续供给函数和价格歧视理论上的错误分析。

在宏观经济学中，主流经济学的总需求函数名实不符。它其实是一定范围内关于总数量和价格水平的均衡函数关系，已经是供求均衡的结果，而总供给函数是由劳动市场均衡和总生产函数决定的总产出与价格水平的关系。

2. 中间投入与中间需求处理缺陷

在西方经济学理论中有一个奇怪的现象：无论是微观还是宏观，各种生产函数模型都不考虑中间投入，需求中都不考虑中间使用需求。在这一点上，投入产出经济学就比较完善，中间投入系数是其核心要素，这也是投入产出经济学与主流经济学的差别所在。没有中间需求，解释滞胀问题的理论逻辑就不通顺。不考虑中间需求对微观经济学的重要损害是无法正确核算生产成本和分析中间产品市场的。

3. 流量与存量指标使用缺陷

流量是时期量，存量是时点量。西方经济学理论一般分为短期模型和长期模型两部分。在短期模型中，需求量和供给量是流量，是时期量，而价格是时点量。使用一个时点量决定一个时期量，在逻辑上不通，除非假设价格是一个时期的平均水平或维持不变。在长期模型中存在类似问题。资本是存量，是时点量，产出是流量，是时期量。在传统生产函数中，用资本存量决定产出流量，在对应增长理论的分析中忽视了变量的时间量纲制约。

4. 资本概念缺陷

在马克思经济学中，资本是一种预付资金（不一定实际预先支付），剩余价值在各种形式的预付资金之间进行分配。但在西方经济学理论中，资本概念模糊，资本首先被简单化为厂房、设备等固定资产，而在成本构成中，资本似乎又不仅仅包含这些固定资产，是除了劳动力成本外的全部机会成本。

二、国内生产总值的经济性质

国内生产总值（GDP）核算表面上看起来简单，实际上由于经济关系和衡量标准的复杂性，其中有不少主观规定。投入产出表有助于充分揭露GDP背后的经济学意义和现实经济意义。当前GDP核算理论与实践存在的主要问题有三个方面。

1. 政府消费的内涵与性质

政府部门在经济核算体系中承担双重角色。首先，政府部门作为生产者出现在中间部门；其次，政府部门作为消费者出现在最终消费部门。但实际上，政府部门的产品整体作为最终产品是被公共消费了，最终消费中的政府消费实质上就是公共消费。另外，政府不仅为居民提供服务，也为企业提供服务，而企业对各种产品的消耗要计算中间使用的。这样，从纯粹意义上讲，现在的GDP是被多计算了的。

2. GDP 的经济性质

GDP一般被认为是对经济总产出的度量，但是通过对投入产出表中进口数据的处理方式进行分析发现，只有从收入的角度进行理解，其核算方法才是顺理成章的。GDP的本质属性是收入，而不是产出。实际上，任何用交易价值计算出的经济量都是收入分配的结果。经济财富同时表现在实体和货币两个层面，货币分配是实体占用权的一种分配方式，并且只有在交易发生后，实体占用权和货币占用权才发生一次交换，货币占用权只有在转换为实体占用权后才体现出其对前占用者的有效价值。

3. GDP 核算改革的理论特征

联合国等五大国际组织联合发布了《国民账户体系-2008》（简称 SNA 2008），成为目前 SNA 的最新版本。该版本提出的一项重要建议就是要将研发支出纳入投资统计。据此方法，2012 年美国 GDP 增加了 3.6 个百分点。这种改革的实质就是把原来属于中间投入的对知识产品的使用变成投资，即资本形成，这不仅表现在最终使用中增加一部分，而且为了保持核算平衡，同时要在收入（即利润）中增加一部分。这种方式核算出的 GDP 具有某种虚拟性。

三、宏观价格分析模型及其应用

价格形成模型是宏观经济学中的重要模型，通常与劳动市场模型相关联，成为总供给决定的基础。在投入占用产出经济学中，情况也是这样[①]。

投入产出价格模型充分利用了投入产出技术关于部门间的关联信息，给出了不同部门价格的相互关联关系。传统的投入产出价格模型将不变价格增加值系数作为调控对象，新提出的投入产出价格模型以现价最初投入系数为参数，由此推导的模型如下：

$$p'\left(1 - \overline{A} - \hat{v}\right) = 0$$
$$p' = w'\hat{l}\left(1 - \overline{A} - \hat{\delta}B - \hat{t} - \hat{m}\right)^{-1}$$

在上述模型中，p 为价格向量；1 为单位矩阵；$\overline{A}$ 为不变价格投入系数矩阵；v 为现价增加值系数向量（这一点与传统模型不同）。第二个模型是在第一个模型的基础上，进一步对增加值各构成成分分解后的形式，其中，w 为现价劳动报酬率向量；l 为单位不变价格总产出所需投入的劳动或劳动力向量；B 为固定资产占用系数矩阵；δ 为固定资产折旧系数；t 为现价计算的相对于总产出的生产税率；m 为现价计算的相对于总产出的盈余率。

不变价格投入产出表是许多投入产出应用（如环境经济分析）的前提条件。应用上述模型不仅可以进行一系列的宏观价格变动分析，而且在一定假定条件下可用于编制不变价格投入产出表。

通过对不变价格投入产出表经济意义的深入考察，发现不变价格产业结构没有确切的经济意义，一般不宜使用，现价产业结构的经济意义更确切，其反映了收入获取或初次分配情况；各地区及同地区不同时期的不变

[①] 在投入占用产出经济学中，价格模型也与劳动市场模型相关联，成为总供给决定的基础。

价格 GDP 不宜使用倍数关系。市场汇率仅仅对具有贸易关系的商品有意义，用之"同质化"整个 GDP 是不合适的。在没有完全统一的市场、资源不能完全自由流动的条件下，购买力平价汇率的经济意义也是有条件的。例如，说 2015 年美国人均 GDP 是阿富汗的 90 倍是没有多少意义的。

通过对农产品价格变动问题进行分析得出基本结论：由于农业在国民经济中的相对份额和产业关联影响力大幅度下降，所以，在没有其他因素推动的情况下，农产品价格变动不会成为通货膨胀率和居民消费价格指数（consumer price index，CPI）上涨的主因。但是，也不能指望依靠农产品涨价来提高农民收入。提高农民收入的最终途径是提高农业的产业化水平和单位劳动力生产率，不能人为地把农业限制在小农经济的水平上。

四、基于投入产出表结构的总供给-总需求分析

在目前主流总供给-总需求（AS-AD）分析模型中有两大主要缺陷，即中间需求缺失和总需求函数的概念名不副实。基于投入产出表结构建立的新 AS-AD 模型可以改正前述两大主要缺陷。用新模型对中国经济进行实证分析发现，货币政策（货币供给）和财政政策（公共消费）对经济均衡产出水平的影响较小，但对改善就业和净出口状况效果明显；减税对均衡总产出的影响也不大，同样能够改善就业和对外贸易状况，同时对劳动者收入改善效果也比较显著，但会引起一定的通货膨胀。研究结果表明，新模型对经济实证分析是有效的。新模型的实证分析结果验证了著名经济学家 Robert Barro 对 AS-AD 分析方法的批评："失去了原凯恩斯理论 IS-LM 模型对超额供给的认识成果"，因为在均衡状态下，财政政策和货币政策无益于改善经济增长，但可以改善一些诸如就业和贸易平衡等质量指标。IS-LM 模型是非充分就业均衡下的分析范式，即存在可以立即启动的剩余生产能力，所以，凯恩斯理论只关心需求。当然，我国近年的经济实践表明：不仅要扩需求，而且要去产能。经济危机是结构失衡的表现。

五、通货膨胀与经济增长分析

在经济现实中，经济增长通常伴随着通货膨胀。为了维持一定的增长率，人们会担心出现通货紧缩，希望把通货膨胀率维持在一定的水平之上。新时期中国经济的热点话题就是经济增长动力转换和供给侧改革。对这些问题予以经济学理论阐释既是对经济学的科学性检验，也为制定经济政策提供方向指引。

基于动态投入占用产出分析原理，推导出的经济变量关系如下：

$$p = \frac{wl(\alpha - s)}{(1-a)\alpha - \beta - bv}, \quad m = \frac{bv + \beta - (1-a)s}{\alpha - s}$$

其中，p 表示宏观价格水平；v 表示总产出增长率；m 表示单位总产出中的经营盈余，即总产出盈余率；w 表示劳动工资率；l 表示单位产出所需劳动力；a 表示中间投入（使用）率；s 表示劳动报酬储蓄率；α 表示盈余的资本化率；b 表示资本产出比；β 表示资本损耗产出比。公式显示，给定劳动报酬储蓄率和盈余资本化率，在工资率、劳动生产率和中间使用率稳定的情况下，在经济增长加快时，要想同时减小通货膨胀率，就要显著提高劳动生产率（l 的倒数），而这在宏观短期是困难的。如果不提高劳动报酬率，高增长率就意味着高盈余率和高通胀率，所以，除非能有效提高工资率，否则经济增长是不利于劳动者而利于资本的，有加大收入分配差距的势能。

根据动态投入占用产出分析理论发现，所谓拉动经济增长的三驾马车并不是可以任意选择的，它们是相互关联的。为了保持较长时期的高速增长，消费的增长就会受到限制。在外债约束下，为了增大进口必须增大出口，在本国生产力水平较低时，这必然进一步压缩本国居民的消费。无论是依靠消费需求驱动还是依靠出口驱动，都必须以投资增长为前提，均衡经济增长应实现投资与消费的协调驱动。

六、大国经济产业结构演化方向

从历史发展的脉络中可以感受到产业结构的进化路径。人类社会经济从以渔猎为主发展到以农业为主，再到以工业为主，最后形成以服务业为主的经济。先进国家经济发展历史为后进国家未来发展指示了方向。通过对中国、德国、美国 2011 年投入产出表数据进行分析发现，德国和美国作为最发达国家，其占主导地位的五大产业中，四个共同部门是机械设备租赁及其他商务服务业、房地产业、商业和公共管理业，而金融业是美国的第五大产业，卫生与社会工作是德国的第四大产业。中国的产业结构仍然以物质产品的生产部门为主，相比于工业和服务业，虽然第一产业比例大幅度减小，但是，在更细的产业结构水平上，其占比仍然较大，以增加值衡量仍为中国的第一大产业。以商业为代表的流通服务业在中国仍然发展不足。从发展变化看，发达国家的需求和产业结构都相对稳定。根据影响因素分析，中国产业结构要实现升级优化，必须同时在公共产品供给和生产技术更新方面施策，并全面提高居民的消费结构层次。

七、周期增长模型

价格和数量相互作用是市场经济的基本特征。Richard Goodwin 以列昂惕夫投入产出闭系统为对象首先观察和描述了价格与数量交叉调整的周期结果，证明了即使是简单的流量的相互依存也会使经济系统经历具有理论上可计算的固定频率的周期摆动。匈牙利经济学家 Andrew Bródy 将Goodwin 模型中的流量模型发展，用相对变化率代替绝对变化量作为驱动，建立了引入存货的存量模型，构造了一个由对称和斜对称矩阵组成的波动方程，称为周期增长模型，可以给出经济的周期解。

Bródy 的模型仍然限于封闭经济，本书将其扩展为开放经济模型，并在一定的简化条件下分析解的周期性。以下两个方程组是包含存量信息的模型：

$$\langle p \rangle^{-1} \dot{p} = \langle x \rangle^{-1} \left[B\dot{x} + (A + D - 1)x \right]$$
$$\langle x \rangle^{-1} \dot{x} = \langle p \rangle^{-1} \left[B'\dot{p} + (1 - A' - D')p \right]$$

其中，p 表示价格指数向量；x 表示总产出向量；A 表示直接消耗系数矩阵；D 表示存量资产损耗系数矩阵；B 表示存量资产占用系数矩阵；1 表示单位矩阵。变量上加点表示对时间求导数，向量用尖括号括住表示对应的对角矩阵，矩阵加撇表示对应的转置矩阵。

根据方程的特点，解的周期性决定于投入占用产出系数矩阵，即直接消耗系数矩阵和占用系数矩阵。通过对中国投入产出表数据流量模型的模拟分析，由所建立的模型得出的周期频谱符合中国经济的实际周期特征。实证结果说明，在基本投入占用产出系数矩阵中包含经济周期的基本信息。

八、可持续发展与绿色 GDP 核算

对经济的可持续发展特性进行定量分析是经济研究的重要领域，但是，由于问题的复杂性，目前大多数方法都系统性欠缺。投入占用产出模型结构是最适合研究可持续发展问题的一种工具。

在可持续发展研究中，首要的问题是把一些基础概念按照科学规范定义清楚。人类生活消费的可持续性是最根本的，环境资源是最基础的限制条件，两者之间的连接桥梁是生产方式的可持续性。应区分可持续性评价和可持续发展能力评价，可持续发展能力体现为不断创新的生产和管理技术，可持续性是系统消耗资源的方式与资源约束的关系属性。

在可持续发展研究中，对环境破坏成本的评价和经济绿色程度的评价是两个比较活跃的领域。在研究中，建立包含诸如废弃物等的环境损害变

量的投入占用产出模型可以对有关概念获得更加科学准确的认识和处理。根据分析结果，环境保护成本是一个有限核算概念，不可能概括全部的环境影响；绿色 GDP 核算不宜用经过修正的 GDP 值表达。绿色经济作为一个多维度概念，应当用综合评价方式进行评估，而可持续发展能力建设应聚焦每一项具体的影响因素，逐一控制，以达到合理安全的水平。

　　综合而言，本书的创新之处在于：从科学规范上揭示现代西方经济学的缺陷，用投入占用产出技术的理论思想和工具方法建立新的经济分析范式。基于这样的学术思想，本书在 GDP 性质分析、不变价格 GDP 意义与不变价格投入产出表编制、产业结构演进分析、周期增长模型、绿色 GDP 概念分析等方面，特别是 AS-AD 分析和经济增长分析方面有了一定的发现。

目　录

第一章 绪 论

经济系统是一个复杂超巨系统，既由大量自由决策的个体组成，又有严密的结构。投入占用产出技术是分析这种系统的最强力工具。

第一节 经 济 系 统

当说到一个经济系统时，首先必须从时空维度进行规定。空间即一定的地理范围，时间通常是一个时期，而且很可能是一个比较长的时期。时期的长度根据研究问题的性质而定。例如，历史问题可能上溯数十年及以上，规划或预见问题会前瞻十数年及以上，现实问题则在数年之间或一年以内。一个定量模型或模型系统所涉及的时期一般是短期问题，如三年以内，中长期问题在五年左右，超过十年的时期就不是单纯的定量模型所能求解的问题了。

其次，在给定的时空范围内，作为研究对象的经济系统，最大的范围是其全部空间内、以由人组成的社会为中心的整体区域，也可能是其中某个层次的子系统。例如，可以是一个子区域、一个村庄、一个企业，甚至一个家庭，可以是一个产业、一组产业、一个或一类社会组织，也可以是两个或多个子系统组成的有限多体系统。但是，无论如何，人或人群是其中必不可缺的核心要素和活动主体。但是，在经济研究中，常常只看见物，而忘记了人。

本书不是一本百科全书，作为研究对象的经济系统被限定为一定时空范围内的整体社会，即地区或国家。对于一个社会，当研究其经济问题时，它就是一个经济系统。再者，本书研究的是一个现代市场经济系统。现代国民经济系统的基本结构如图 1-1 所示。

在图 1-1 中，对应国外部门的部分叫"外部经济系统"，这样做一是方便用此图代表合适的区域经济系统（如一个国家内的地区、不同国家组成的区域），二是因为一个国民经济系统不都是用国界线来区隔的。例如，台湾、香港和澳门都是我国的一个地区，但是我国经济系统的分析和描述中通常不包括三者。从经济理论的角度看，这是因为它们与我国大陆系统的

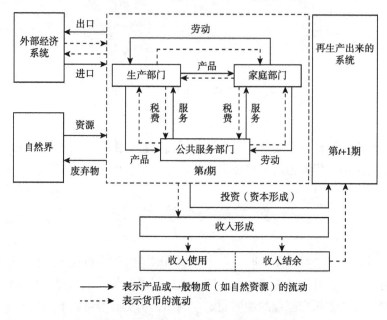

————▶ 表示产品或一般物质（如自然资源）的流动

------▶ 表示货币的流动

图 1-1 现代国民经济系统的基本结构

货币、税收、贸易体制都不相同，更主要的是基本经济制度不同。另外，对应于政府部门的是公共服务部门，这样称呼是因为在现代社会中，提供非市场公共服务的部门不仅是政府机构，还有其他社会政治组织或国际组织，如我国的各民主党派和群众社团组织、工会组织等，这些机构在古代社会中是非常稀少的。

在图 1-1 中，有一个模块是"再生产出来的系统"，并标有"第 $t+1$ 期"，这是在动态中观察经济系统的结果。对任何系统的完备描述都需要具备四要素，即时间、地点、人物和事件。对一个经济系统，时间通常是一段时期（一个月、一个季度或一年），地点是该国的经济领土范围，人物是五个部门（生产部门、家庭部门、公共部门、外部部门和自然部门），事件就是经济活动。人类的经济活动是一个连续进行的再生产过程，在不同的时期之间存在连接关系。马克思主义经济学指出，经济再生产过程不仅是生产的物质条件的再生产过程，也是经济关系的再生产过程。生产物质条件的再生产就表现为生产资料存量从一个时期到下一个时期的转移和新增生产资料的形成——投资及资本形成过程①。生产关系的再生产则是由收入分配过程所决定的，收入分配在根本上又是由生产资料所有制来决定的，所

---

① "投资或资本形成"在此处仅是一个术语借用，与马克思主义经济学中严格的资本理论概念不同（具体可参考本章第三节）。

以，收入分配关系及结构不变，也就是所有制结构不变，生产关系的性质也就不变。从两个时期的连接关系看，一方面表现为物质关系——投资，另一方面表现为财富占有关系——收入的使用和结余。在现代经济分析的研究问题中，经济制度是设定的前提条件，在分析中是假定固定的，不发生根本变化。

在五大部门中，自然界是纯客观的，从人的角度看是被动的，其他四大部门则都有人在其中积极主动活动，而所谓的经济关系就是这四大部门的主体的关系。但是，在现代经济学学科体系中，资源、环境经济学与国际经济学已经处于同样重要的地位，本书第八章专门讨论一些相关问题。在四大部门中，人们一般都是一身二任甚至多任的。任何一人，首先是家庭一员，即使处于社会保育院的孤儿和监狱中的囚徒，他们也处于一个特殊的家庭中，家庭的基本经济职能就是消费，也是人本身及劳动力的再生产过程。生产部门在市场经济中主要由企业单位组成，每个单位是一个决策单元。这样的决策单元中实际上包含两类人，即资本所有者和劳动者，生产关系中的主要矛盾就是他们之间的矛盾。而无论是所有者还是劳动者，他们又都属于各自的家庭。当然，这里并不排除某些人既是所有者也是劳动者的双重身份，但这丝毫不影响对生产关系性质的分析结论。在我国经济中，生产部门的资本依据所有者有五大类型，即中央国资、地方国资、集体资本、私人资本和外部资本。国资所有者在形式上是政府或国家，实质上是全体国民。集体资本的所有者是全体集体成员。私人资本所有者形式上是个人，实质上可能是家庭主要成员。外部资本的所有者既可以是私人，也可以是国家或集体。

政府部门在经济中的地位非常特殊。它是一个社会服务的生产者，同时，公共服务作为一种公共产品由公众共同消费，其直接支付者是政府或其职能部门，最终支付者仍是全体公民或居民。政府作为全体公民的代表于是又表现为一个消费者。政府提供的服务一部分是给生产者的，一部分是给居民的。

毫无疑问，本书所考察的经济是市场经济，即经济中的绝大多数产品都是作为商品通过市场机制进行交换的，而且每一交换不是原始社会的物与物交换，而是以货币为媒介进行的交换。劳动力也在劳动市场上完成与货币的交换。

对一个区域社会经济系统，五大类部门的每一个内部都是有一定复杂性的结构。生产部门由各种各样的相互联系的产业部门组成，各个产业由具有一定独立性的、相互影响的生产机构单位组成；公共服务部门有各种类型，如政府组织、政治组织、群众组织和国家组织等；家庭部门有各种各类的家庭，如不同收入层次的家庭、集体性家庭等；外部经济系统包括与本经济体有不同外贸关系的国家或地区经济体、不同经济制度类型的经济体、不同国际组织的经济体等；自然界包括空气、土地、生物圈和水环境等。经济系统的相关联系既包括五大部门之间的联系，也包括各部门内部组成要素之间的联系。在经济研究中，考虑的联系都以由生产部门、家庭部门和公共服务部门组成的主系统（即图 1-1 中虚框内）的经济问题为中心进行筛选，择其要者予以恰当考虑。

上文所描述的经济系统中尚没有金融活动的位置，金融机构在上面的系统中只是作为一个生产部门而活动。这里必须区分金融服务部门的活动和金融活动。在现代市场经济中，金融活动本身具有相当的独立性，其活动强度可以脱离实体而独自变化，其本身不生产任何经济价值。既没有马克思经济学中的劳动价值，也没有西方经济学中的生产总值或增加值。金融服务部门的活动是经济系统的一个生产部门，提供金融服务。服务的消费者既有实体经济的生产部门（资本市场中介服务），也有消费者（如消费信贷），同时有金融活动本身。在本书的研究范畴中，金融部门是一个经济生产部门，可以称为金融业或金融产业。

关于金融一词，作为一个学术概念在理论界尚没有一个科学的定义，基本上还限于列举外延的水平，本节仅做简单讨论。金融的硬核是货币，理解金融就得理解货币。在商品社会中，一个社会的财富体现为一个硬币的两面。在绝对的金本位或金属货币时代，社会的非货币财富分为两部分：一部分是不准备交易的固定财富；另一部分是准备或潜在可能交易的活动财富（具体物质形式暂不论）。活动财富是硬币的一个面，硬币的另一个面就是货币。此时，财富的两个面都是实在的财富，所以，这部分财富的总值就是活动财富或货币财富的倍加。但是，任何财富如果不具体消费就只是潜在的使用价值，具有损失的风险。在现代经济时代，货币几乎完全是个符号或记账工具，其本身不再是真实的财富，而只是一种财富的形式权利。所以，那枚硬币的财富价值就完全集中在活动财富上，货币值只是其上面的一个数字。这个数字的面值由金融活动的结果而定，是虚拟的。金融活动的实质就是财富的这种形式权利的交易活动，金融市场就是这种形式权利的（交易）市场。原始金融的目的只是实体交易权的暂时转借，是直接以实体经济交易为服务目的的。这相当于金融市场的简单商品阶段。因为从金融财富到实体财富的变换过程中存在风险，并且随着资本和商品经济运动复杂性的提高，这种风险在增加。于是，各种形式的风险分散方式就发展起来，这就是衍生金融工具的发展缘起，所以，衍生金融交易就是风险权交易。这个阶段就是金融市场的资本经济阶段。在这个市场上，没有实体财富生产，金融资本所有者交易活动的目的就是占有更大的货币值。虽然这个货币值只是一个符号，但是，它同样具有两面性，即获取实体财富的权利和财富荣誉感。于是，金融资本和实业资本的本性具有同一性：为更大的财富而生，从而同样可能达到疯狂的程度，因过度脱离其社会基本功能进行运动而崩溃——发生危机，并且两者的危机是相伴而生的。

图 1-1 中底部引出的收入流是实体经济与金融经济的连接线，其进一步流动将形成再分配效应。金融运动的结果也是再分配效应。金融活动本体不在本书的研究范围。

第二节 基 础 概 念

投入产出技术对现代经济的分析框架是对经济系统中物质关系的一种描述方法。对经济系统中的物质关系进行描述有静态和动态两个层次。从静态来看，就是描述经济系统中物质的存在状态。所以，根据经济物质的基本生产功能划分可以有四种基本类型，即劳动对象、劳动资料、劳动力和劳动产品。其中，前三种都是投入物，而劳动产品是产出物。从动态来看，经济过程的核心就是生产的过程。在生产过程中，劳动力使用劳动资料作用于劳动对象，生产出劳动产品。用符号公式表示的生产过程为 $Y=F(L,M)$，其中，Y 为产品，F 为劳动资料，L 为劳动力，M 为劳动对象，劳动资料把劳动力和劳动对象结合起来制造出产品。

在生产过程中，三类投入物都要发生变化，但变化的形式有多种。劳动对象经过生产过程以后，除了部分废弃物外都转化成劳动产品，所以，劳动产品在物质上说是劳动对象的转化物。但是，在经济形式上，劳动产品是凝聚了三种投入物的经济产物，在市场经济中表现为产品的价格（有总价格和单位价格，总价格常简称为价值），即在产品的价格中包含三种投入物的价格或价值。以政治经济学生产三要素观察产品的价值构成，则产品价格形成中包含劳动报酬、劳动对象价值转移、劳动资料价值转移和剩余价值获得。对个别经营者，可能会"得不偿失"，剩余价值获得为负。

物质总是处于变和不变的对立统一体中。任何物质在实践过程中都同时表现为动态和相对静态两种状态，这两种状态的物质量分别称为流量和存量。流量意味着物质的变化，存量意味着相对不变。随着考察时间的长短不同，物质的这种状态特征也发生转化。在一定的时间内，如果一定物质的物理化学特征处于相对不变的状态，那么，这些物质就被认为处于存量状态，处于存量状态的物质的量称为存量；如果在既定时间内一些物质的物理化学特征发生了一定的变化，这些变化了的物质的量就被认为是流量。可以看出，存量在统计上是一个时点状态统计指标，流量则是一个时期过程统计指标，流量形成和影响存量。生产过程对流量的使用称为消费或消耗，对存量的使用称为占用。广义而言，消费消耗和占用都是产品或物资的投入，传统的投入产出技术忽视了对存量作为生产必备条件的占用形式投入。

对经济分析，物质的物理化学变化是否被认为是"变化"，即是否记为流量，还与其承担的经济生产功能有关。劳动对象在生产过程中如果在既定的时间内发生变化，成为产品或半成品的一部分，其变化的部分就是流量投入；如果不发生变化，处于"存储"状态，那么就是存量；如果损坏烂掉被废弃也是流量，记在库存变化中。劳动对象在进入某个生产单位的最初时间内一般处于库存中，是存量。产品在一定的时间内被不断生产出来，生产出来的量是流量；生产出来以后还没有从生产单位转移走，则处于存量状态，其可能仍处于生产车间，或已经进入工厂仓库或销售部门仓库。

劳动资料在生产过程中的状态要复杂一些。首先，劳动资料要区分为工具和辅助材料两类。作为工具的劳动资料在或长或短的时间内都有一个相对不变的状态期，这时它以存量表示。但是，变化是绝对要发生的，工具会磨损或废弃，随着考察时间的延长，它的状态就可能变化。对工具的这种特点，在经济管理统计上做了方便化处理。一个工具，只要其生产功能还在，尽管可能已经多次进行重要维修，但仍然记为固定资产存量；对生产工具的一般维修投入则计入流量投入；如果某种生产工具的购买总价格很低则简单记为流量。其次，辅助材料经过生产过程一般变成废弃物，所以，记为流量。有些辅助材料在生产过程中被循环使用，如冷却水，而经济统计只记录在一个时期内初始流入的量，所以，是流量。这个流量与生产工艺所需的技术需求量不同。

对劳动力的分析首先要弄清楚劳动力概念的精确定义问题。劳动力在文献中使用通常有两个定义：①劳动力是指具有劳动能力的可以作为生产主体的人，这种劳动力具有在业和失业两种状态；②劳动力是劳动者的劳动能力，是体力和脑力的总和。马克思经济学认为，劳动力是商品，劳动者把劳动力出卖给资本，获得使劳动力再生产的劳动报酬，其指的是第二种定义。两种定义的劳动能力包括劳动者的固有能力和在使用中可以被消耗的能力。固有能力是劳动者在长期生活、实践和学习中积累获得的，可以长期保持，所以其是存量。可以被消耗的劳动能力决定于生理条件，其使用是物质能量发挥的过程，可以称为劳动能量。劳动力的使用就是劳动。抽象劳动使用的是劳动能量，具体劳动必须以固有能力为基础，以固有能力驱使劳动能量。劳动力的再生产包括简单再生产和扩大再生产。作为脑力和体力的总和，劳动能量在使用过程中被消耗，在使用后要恢复就得进行生活消费，这就是简单再生产。生产过程对劳动能量的消耗是流量。劳动力的扩大再生产一是指劳动者本人固有能力的增长，主要通过学习来完成，实践本身也可以增大固有能力；二是指新的劳动者的诞生和成长。严格来说，新劳动力的诞生有一部分也属于简单再生产，是对失去劳动能力的劳动者的替代。经济中对劳动的报酬包括简单再生产和扩大再生产所需要的费用。如果说劳动报酬是对劳动力的购买，则这种购买是一种社会的购买。资本如果对劳动者拥有绝对占有权，即劳动者成为奴隶，那么，劳动报酬就会被挤压到仅仅够恢复劳动能量的程度。这也是大多数企业不愿意承担劳动者培训，只希望招聘熟练劳动者的原因。现代国家财政在经济形式上承担了劳动力扩大再生产的主要成本。在全球化环境下，一个国家的经济制度在通过高工资吸引人才与通过社会保障追求社会公平之间进行折中。

决定和推动经济生产力进步的基础因素是占用状况。通过对占用要素进行创新，不仅可以提高劳动生产率，把人从简单重复劳动中解放出来，还可以促进新产品的诞生，丰富人类的社会生活。在给定的生产技术下，既可以用流量要素的投入组合作为自变量构造生产函数，也可以用存量要素的占用组合构造生产函数，二者具有等效性。但是，要注意变量的时间特性：流量要素是速率或总流量，存量要素是时点取值。一个时刻的存量决定的是一个时刻的流量速率，不是一个时期的总流量，除非在此时期内该存量维持不变。

第三节 投入占用产出经济学

这些年获诺贝尔经济学奖的大部分是美国经济学家，尽管这些大师创造了一些有用的经济研究方法，但是，在经济学的基础理论上很少突破。仔细琢磨从初级到高级的经济学教科书可以发现，现代经济学远不是一个科学的理论体系，特别是在一些基本概念上，没有前后一致的清晰界定，所以也就谈不上逻辑严谨的理论体系。投入占用产出技术对矫正西方经济学的主要基础缺陷是非常有效的。

一、现代经济学范式

科学范式的概念一般认为是美国哲学家托马斯·库恩（Thomas Kuhn）提出的，其在《科学革命的结构》中的定义如下："按既定的用法，范式就是一种公认的模型或模式。""我采用这个术语是想说明，在科学实际活动中某些被公认的范例（包括定律、理论、应用及仪器设备统统在内的范例）为某种科学研究传统的出现提供了模型。"后来还有不少人讨论过范式的定义。但是，实际上很简单，范式即某种共同性。对一个学科来说，其科学范式有三个层次：第一层次是其理论的结构体系或知识体系被叙述的逻辑结构（包括基本范畴）的共同性；第二层次是其研究过程程式结构的共同性；第三层次是其中某个理论或概念应用的方式的共同性。范式有局部范式和全局范式，这里关于经济学的范式包括多个方面。

在现代经济学中，产出概念在微观和宏观经济学中不同。在微观经济学中，产出是指具体产品的产量，是用于消费者消费的；而在宏观经济学中，总产出以货币单位度量，不仅用于消费，而且用来形成资本（投资）。微观和宏观的一个共同点是，都不考虑中间产品。微观和宏观经济学的生产函数中，都只有劳动和资本两项投入。在微观成本概念中，也只考虑被称为生产要素的两项原始（最初）投入。这种做法的渊源是古典经济学中关于价值形成的三位一体理论①。

虽然在微观经济学中特别强调机会成本和隐成本的概念，但是，在形成微观经济学核心理论的厂商均衡和市场均衡分析中，这两个概念并不是必需的，只在解释为什么零利润下厂商还愿意持续生产时才有意义。实质上，可以用资本的正常收益率（或平均利润率）概念代替机会成本概念，但是，在论述技巧上，隐成本能提醒个体经营者注意一些管理决策原则（如不要忽略自家房屋做仓库的成本），机会成本带来的零利润概念使分析叙述变得非常简单和轻松。

---

① 三位一体理论是指商品价值由劳动、资本和土地共同生产的理论，于 19 世纪由法国经济学家萨伊提出。萨伊在批评了斯密的劳动价值论后接着指出，"事实已经证明，所生产出来的价值，都是归因于劳动、资本和自然力这三者的作用与协力，其中以能耕种的土地为最重要的因素，但不是唯一因素。除这些外，没有其他因素能生产价值或能扩大人类的财富"（萨伊. 政治经济学概论[M]. 陈福生、陈振骅译. 北京：商务印书馆，1997：75-76）。

微观经济学中消费者效用最大化和厂商利润最大化似乎是最基层的假设，但是，一般均衡分析严格依赖于完全竞争市场假设，这就把占了很大篇幅而且是微观经济学前沿的非完全竞争分析抛在一边。经典宏观经济学分析可以完全不依赖微观经济学的基础理论，直接进行总量均衡分析。所以，包括萨缪尔森在内的一些人的教科书可以先讲述宏观经济学而后讲述微观经济学。当然，这使新古典经济学家很不满意，非要为宏观经济学找一个微观基础不可。新凯恩斯主义经济学家在这方面似乎也觉得理亏，也在为自己的理论找微观基础。但找基础的工作其实并不成功。首先，在理论基础上总假定是完全竞争经济，这与事实不符；其次，从微观合成宏观的方式不具有科学意义，用一个平均型个体概括全体微观市场主体是不能说明实际现象的。

为宏观经济学寻找微观基础的想法可能来源于物理学。物理学家通过统计物理学，在微观个体物理量和宏观物理量之间建立了联系。但是，经济系统不同于物理系统。物理系统的个体之间差异较小，联系简单，而经济系统的个体差异很大，联系非常复杂。实际上，对复杂系统，物理学也很难进行彻底分析，工程技术方案或参数的制定依靠的是大量试验数据。经典物理学处理的都是简单系统。而从个体到总体，经济学直接面对的就是复杂系统，再用还原论的思维建立宏观经济学的微观基础很难具有科学意义。

均衡分析结构是经济学的核心结构范式。在微观经济学中不仅有局部市场均衡和一般均衡，而且有消费者均衡和厂商均衡。在宏观经济学中，实际上也是各个层次的均衡分析。首先，在短中期分析中有商品市场、金融市场、资本市场、劳动市场和外汇市场的联合均衡分析。其次，增长分析和周期分析是动态均衡分析。在短期问题中，资本总量被当做不变的，在增长理论中则要加入资本市场均衡①，即资本的形成方程。虽然不均衡作为现实是常态，是发展的动力，但是，均衡是经济系统的主体目标，是协调的表现，作为规律存在自我实现的动力。

二、现代经济学的重大缺陷

本小节的现代经济学是指以美国经济学界为核心的现代西方主流经济学。对西方经济学存在的问题，我国许多学者都提出了批判。例如，韩德强的《萨缪尔森〈经济学〉批判——竞争经济学》，余斌的《微观经

---

① 如果抛开金融市场的严重泡沫，金融市场与资本市场是紧密联系的。

济学批判》，张建平的《西方经济学终结》。在高鸿业主编的《西方经济学》中，每一章都有对相关理论概念的批评或批判，但是，除了意识形态和价值理论以外，这些批评都无关大局。本书作者认为，正如马克思对待英国的古典政治经济学一样，对现代西方经济学的态度也要坚持辩证法。全盘接受和全盘否定现代西方经济学都是不正确的学术态度。西方主流经济学作为受到学界、政界和企业界普遍重视的应用背景极强的学科，经济学家肯定已经提供了关于现实经济系统的一定的正确认识，包括一些概念和分析方法[①]。当然，其存在的问题从科学的角度来看也很严重。下文提出的四个方面的缺陷对西方经济学理论体系的科学性基础形成重大挑战。

（一）需求与供给概念缺陷

众所周知，供求分析是经济学理论体系的出发点，也是经济研究的基本分析方法。但是，从微观经济学到宏观经济学的教科书中，对需求和供给这两个概念的定义与使用就是不确定的，并且不能贯穿始终。

微观经济学首先给出了需求函数和供给函数的概念。在 Varian 的高级经济学中[②]，需求函数的概念实际是从关于消费者行为的效用最大化模型的解进行定义的。但是，Varian 却又给出了一个似乎独立的定义，"把价格 p 和收入 m 与需求束联系起来的函数称作消费者的需求函数"。在此之后，他又提出了希克斯需求函数：把价格 p 和效用 u 与需求束联系起来的函数称作消费者的需求函数。在这里，经济学家实际上忽略了狭义需求函数存在的一个基本假定：消费者之间是完全竞争的，市场是完全竞争的。这个忽略虽然对消费者理论的大多数研究没有造成影响，但是，类似的忽略在供给函数的存在上再也不能忽略。另外，它实际上造成了价格歧视理论的错误分析。在存在价格歧视的情况下，价格对消费者的需求决策不再是外生的，而是与其需求量和偏好紧密相连，但是，到目前为止的价格歧视理论都没有注意到这一点，而是继续应用普通的需求函数描述消费者的行为。Varian 的研究则避开了供给函数的讨论，他只在完全竞争厂商下讨论，对其他市场结构却不提供给[③]。

在宏观经济学中，主流经济学的总需求函数名实不符，它其实是一

---

① 刘新建. 宏观经济学[M]. 北京：电子工业出版社，2015：240.

② Varian H R. 微观经济学（高级教程）[M]. 周洪，李勇，等译. 北京：经济科学出版社，1997：105，111.

③ 这种做法在 Varian 的中级和高级教程中是一样的。

定范围内关于总数量和总体价格水平的均衡函数关系，是商品市场和金融市场决定的供求均衡状态，而总供给函数是由劳动市场决定的另一个供求均衡状态，所以，在宏观经济学中，总均衡应该是商品市场、金融市场、外汇市场、劳动市场和资本市场等五大市场的一致均衡。在短期问题中，资本总量被当做不变的；在增长理论中则要加入资本市场均衡，即资本的形成方程。关于总需求函数的概念，我一直耿耿于怀，后来看到巴罗也对此不满[①]："由于 AD 曲线并不是通常意义上的需求曲线，所以，'总需求曲线'这种叫法不太合适。"但巴罗没有提出五大市场均衡的概念。

　　另外，主流微观的供求分析和宏观的 AS-AD 分析不是一个逻辑一致的分析体系。在微观的个体需求分析中，消费者是完全竞争者，其收入是外生的；在微观的行业市场需求分析中，忽略了个体需求函数中的收入参数，所以，其微观需求分析是不完备的。在微观经济学中，核心的内容是生产者分析。实际上，对每个生产者，其分析都是供求均衡分析，只是对完全竞争生产者，其需求函数表现为固定的价格，对不完全竞争生产者，其需求量依赖于价格，所以，完全竞争者的价格是外生的，不完全竞争者的价格由自己的供给量均衡决定。显然，微观经济学的内在逻辑是不自洽的。实际上，由于供求的不可分割性，对一种商品的局部市场，无法单独完成个体的供求均衡分析，必须是所有供给者和需求者同时均衡，或者把外部当做给定的。当垄断者给出价格歧视政策时，需求者的需求决定模型也会改变，而不是原来价格外生的需求模型，需要把价格歧视函数代入消费者决策模型。在没有价格歧视的经济中，一般均衡模型中的供给者和需求者无论是否是完全竞争者，其决策函数中的价格都可以是外生的，要由所有市场共同决定，所以，局部均衡分析的逻辑缺陷不会影响一般均衡理论的形式正确性，只是不需要完全竞争的假设。对宏观 AS-AD 分析，可以假设供给者和需求者都是垄断者，二者相互影响，总需求的收入约束是总供给。因为 AS-AD 分析是短期分析，总供给的最高界限是固定资本水平决定的潜在总产出，而实际供给由劳动市场均衡决定的劳动力水平所限制。在一般情况下，劳动力的总供给大于总需求，所以，劳动力市场类似于凯恩斯关于商品市场的有效需求不足，于是，类似于总需求函数，总供给函数可以直接作为劳动工资率和利息率的函数确定，不必从微观模型出发。在这样的理论认识下，如

① 巴罗 R J. 宏观经济学[M]. 原毅军，任曙明，等译. 北京：机械工业出版社，2007：354.

果要寻找宏观模型的微观基础，实际上，那就是微观经济学的一般均衡模型体系，这个体系也必须包括五大市场。

（二）中间投入与中间需求处理缺陷

在西方经济学理论中有一个奇怪的现象：无论是微观经济学还是宏观经济学，各种生产函数模型都不考虑中间投入，需求中不考虑中间使用需求。在这一点上，投入产出经济学就完善多了，中间投入系数是其核心要素，这也是投入产出经济学与主流经济学的差别所在。没有中间需求，解释滞胀问题的理就不顺。布兰查德和约翰逊在其《宏观经济学》著作指出了这一点[①]："石油并没有在总供给关系中出现，也没有在总需求关系中出现！这是因为迄今为止我们仍假设产出只是由劳动生产出来的。"但他们仍然没有引入中间需求变量。大多数教程甚至"高级宏观经济学"教程都不探讨在模型中合理引入石油价格变量，只是简单武断地将其归属于供给冲击，用供给函数变动或曲线移动来反映。

不考虑中间需求，对微观经济学的一个重要损害是不能正确表达生产成本。任何产品的生产，都有物质产品的投入，在产出用产量度量的情况下，成本的核算必须考虑原材料投入。但是，现今的主流经济学理论的成本构成只包括劳动报酬和资本利息。若资本利息作为成本，那么，资本就不仅仅是机器设备和厂房设施，至少还有库存等流动资本。在一般均衡分析中，也必须考虑中间产品市场的供给和需求，但这是当前微观经济学无法在既定逻辑下做到的。

（三）流量与存量使用缺陷

如前指出，流量和存量在经济学中是时间特性不同的两种变量。流量是时期量，存量是时点量。西方经济学理论一般分短期模型和长期模型。在短期模型中，需求量和供给量是流量，是时期量，而价格是时点量。用一个时点量决定一个时期量，在逻辑上不通，除非假设价格是一个时期的平均水平或维持不变。在长期模型中存在类似问题。资本是存量，是时点量，产出是流量，是时期量，但是，在传统的生产函数中却用资本存量决定产出流量，在增长理论的分析中忽视变量的时间量纲制约。

（四）资本概念缺陷

在马克思经济学中，资本是一种预付资金，剩余价值在各种形式的预

① 布兰查德 O, 约翰逊 D R. 宏观经济学[M]. 王立勇，等译. 北京：清华大学出版社，2014：153.

付资金之间进行分配。但在西方经济学理论中，资本概念模糊。在微观经济学中，资本首先被简化为厂房、设备等固定资产[①]，但是，在成本构成中，资本似乎又不仅仅包含这些固定资产，而是除了劳动力成本外的全部机会成本。这种对资本的处理方式是由其价值理论决定的西方经济学理论体系固有的缺陷决定的。在投入占用产出经济学中，以变量数据的统计特性为基础，各种生产要素可以得到恰当的表示，形成的经济理论模型会更完备。

三、投入占用产出经济学的基本思想

20 世纪初，现代物理学发生了重大的革命性变革，产生了量子论和相对论。可以发现，在其他科学领域也有类似现象。在经济学领域，30 年代出现了引起经济学革命的三大成果，即凯恩斯理论、经济计量学和投入产出分析。凯恩斯理论和经济计量学后来成为现代西方经济学的主流，而投入产出分析则孤独前行。

长期以来，投入产出分析与主流经济学在两条轨道上发展，二者的基本范畴不同。主流宏观经济学的基本范畴是国民收入或 GDP，不考虑中间产品；投入产出分析的主指标是总产出，中间投入系数矩阵是投入产出分析的标志特征；主流经济学偏向于总量，投入产出分析偏向于结构。但是，用投入产出分析框架改造主流经济学其实是列昂惕夫创立投入产出技术的深刻思想缘起。列昂惕夫把他的论文集命名为《投入产出经济学》，体现了他希望用投入产出技术改造传统经济学的愿望。他说[②]："在一项工资变动和它对物价发生最终影响之间，要通过真实的人们对实实在在的商品和服务的交换进行一系列错综复杂的交易。古典经济学有关两个变量之间关系的表述很少提到这些中间的过程……可以像对待物理学上的质点那样，把这些交易进行分类并聚集重组，然后形成某种秩序。这就是投入产出分析用来使经济理论更好地掌握事实的办法，这些事实是理论在任何实际情况下所不能脱离的。"在《投入产出经济学》中，列昂惕夫已经通过他的工作展示了投入产出技术强大的经济分析功能，一些领域是传统经济学无法系

[①] 在一本《中级微观经济学》中，其把企业所使用的投入划分为资本、劳动和原材料三类，并把资本规定为"像土地、建筑物（工厂、店铺等）和设备（机器、卡车等）这样可长期使用的投入"，但在生产函数中则只使用劳动和资本，并说这是对只使用劳动和资本的企业（佩塔夫 J M. 中级微观经济学[M]. 谷宏伟，章爱民译. 北京：机械工业出版社，2009：109），这些说法显然缺乏逻辑严密性。在物理学理论中，这种缺陷是不被允许的。

[②] 里昂惕夫 W. 投入产出经济学[M]. 崔书香，潘省初，谢鸿光译. 北京：中国统计出版社，1990：2-3。

统分析的，如其中关于贸易优势理论和环境问题的相关章节。

投入占用产出技术是中国科学院数学与系统科学研究院陈锡康研究员提出的，是对列昂惕夫投入产出技术的完善和发展，其特点是把存量特别是固定资产和劳动力存量纳入投入产出模型之中。本书把基于投入占用产出技术的经济理论分析称为投入占用产出经济学。

投入占用产出经济学的优势首先体现在其对经济系统要素描述的全面上。对一个生产单位，其投入不仅包括劳动力和劳动资料（固定资本），而且包括劳动对象（中间投入），甚至通过扩展可以包括各种虚拟经济变量，如金融资产占用及其流通，还可以包括水等自然资源；其产出不仅包括主要的目标产出，而且可以包括不利产出，如污染和废弃物。这些要素都可以在投入占用产出分析框架中找到合适的位置。

从微观上来说，每个生产单位的活动都可以用一个向量描述，该向量描述了既定时期内，其生产过程中投入的量和产出的量。因为生产过程运行的基础是存量，而存量的维持和变动依赖于流量，通过存量和流量的关系就可以建立经济变量的动态联系，建立动态投入占用产出模型。

正如列昂惕夫所说，个体向量通过"分类并聚集重组，然后形成某种秩序"，再构成一个投入占用产出表结构，投入占用产出分析就会形成各个层次各个方向的宏观经济模型。目前正在火热流行的全球价值链研究，将带来国际经济学和世界经济学理论的重大发展，但是，只有在多国或全球地区间投入占用产出表的支持下，全球价值链的分析才能完整准确。

主流经济学范式的基础是最优化模型，所谓建立宏观经济学微观基础的运动也是企图从经济主体的最优化行为出发去开发模型，而投入占用产出范式的特点是均衡分析，直接基于经济变量之间的比例依赖和经济技术关系。投入占用产出经济学不需要虚无的效用函数，而是把经济关系建立在直接的价值关联和数量关联上。实际上，当一个经济是充分就业和均衡时，必然是符合帕累托最优的，无须把个体行为模型建立在最优化模型上。在物理学中，当研究群体行为时，也只使用统计原理，而不像一般分析力学去应用最优性原理。现实的大多数经济主体的行为也很少考虑最优性，而是有限理性的。

如果不把微观经济学和宏观经济学看做与马克思主义政治经济学并立的政治经济学派别，那么，就可以找到现代主流经济学与政治经济学在现代经济学学科体系中各自的位置。可以把在中国高等院校经济学专业开设的政治经济学、中国社会主义市场经济学和现代经济分析看做理论经济学的三门基础学科。其中，政治经济学是最基础的，以生产关系分析为主线，深入分析价值的本质、源泉和运动，揭示社会经济运动的基本规律；中国社会主义市场经济学是关于中国当前的经济体制的基本知识的理论体系，以经济制度及管理结构分析为主线；现代经济分析包括微观经济学和宏观经济学，是关于既定的经济制度下主要经济变量关系及微观主体的市场运作和宏观经济调控管理的理论基础的知识体系，偏向于应用经济学[①]。投入占用产出经济学属于现代经济分析的范畴，其目标是改造现代经济学范式。当然，不排除投入占用产出技术用于政治经济学的价值分析。

① 刘新建. 宏观经济学[M]. 北京：电子工业出版社， 2015：Ⅲ.

第二章 国民经济生产核算的理论基础

经济核算的实质就是投入与产出核算，经济效益就是产出投入比。在微观上，经济系统的产出有各种各样的物质形式，投入也是各种各样的，因此，以实物单位核算是无法获得经济总体甚至一个生产单位的总产出及总投入指标的单一度量值的。对经济变量的纵向及横向比较，大多数情况下只能用货币单位指标。在我国古籍中，对国家经济实力的描述经常用多少石粮食和多少匹布帛来计量，官员的工资也多以多少石粮食来表示。在下文的理论推演中，除劳动力和时间外，其他经济变量都用货币单位计量。货币单位的通俗说法也叫价值单位，但此价值不是劳动价值理论中的抽象价值，也不是具体的使用价值，而是"以市场价格计算的值"的简称。

经济核算表面上看起来十分简单，但实际上由于经济关系和衡量标准的复杂性，其中有不少主观规定。投入产出表有助于充分揭露 GDP 背后的经济学意义和经济意义。

第一节 投入产出表构造及基本生产核算公式

为了获得对经济总体的核算，我们从一个微观生产单位的投入产出核算开始分析。虽然有大量生产单位并不是企业，为简单起见，仍把这个生产单位简称为企业。核算的时期长度是一个年度。

一、投入产出表构造

在市场经济中，每个企业的产品在市场上出售以后，企业获得的总收益在生产核算中称为总产值或总产出。投入是企业从市场上购得的其他单位的产品，其价格是其购买时的支付价格。企业作为产品的生产者出售产品的价格叫做商品的生产者价格，企业作为使用者从市场上购买的商品价格叫做购买者或使用者价格。当存在商业中介时，同一商品的生产者价格和使用者价格并不是一致的。

企业生产中的投入品有两种基本类型，即一般产品和劳动力。

在企业的生产过程中，一定量投入产品参与生产过程有三种形式：①经过一定的物理或化学或生物过程，成为产品的一部分，这就是一般的劳动对象；②在给定的生产统计时间内成为废弃物退出生产过程，这既包括生产一线使用的物质产品，也包括管理部门使用的物质资料；③在给定的生产统计时间结束时，仍然保持某种可以行使一定生产功能的物质形式，但可能存在某种形式和程度的耗损。对第一和第二种形式的投入品，可以以总价计入总产值的成本构成之中。对第三种形式的投入产品，经过多个统计周期以后，最终也会如第二种形式一样被生产过程完全消耗，从核算的角度，其购买价值是分期计入各期的生产成本之中。这第三种形式的投入品计入某一个生产统计期的价值在财务管理中称为折旧或折旧基金。但是需要注意，折旧价值的核算与其物质形态的损耗不是完全对应的，甚至是很不对应的。例如，在我国的一些机械制造企业中，还有一些20世纪70年代甚至50~60年代的机床仍在使用，但是它们的价值形式早已完结。有时，国家为了鼓励技术的更新换代，会提高允许的折旧提取率，称为加速折旧[1]，但事实上，企业为降低成本，在折旧提取完以后仍然继续使用旧机器设备。

在一个经济统计时间内，企业还要为其生产行为向政府或其职能行政部门支付一定量的税费，这叫做生产税，当然，有些企业也会收到政府对生产行为的补贴。税可以看做企业为政府服务的支付，而补贴则可以看做政府代表公众对该产品生产所蕴含的公共利益即公共产品的购买，因而税如同生产成本，而补贴则如同产品的市场交易价值之外的附加产品价值，在某种意义下是另外一种产品。例如，养蜂人生产蜜的过程中促进了植物增产，如果政府为鼓励把蜂养在需要辅助授粉的农田旁而对养蜂给予补贴，这实质上是对养蜂的外部效应产品的评价价值。只是为了会计的方便，这笔补贴被看做生产主产品的负投入成本。税与补贴的代数和叫做生产税净额。

根据以上分析，企业为了一定总产值的生产，共有四类投入，即作为纯粹生产过程的消耗投入、折旧投入、劳动力投入和生产税净额投入。从

---

① 2014年9月24日，国务院常务会议决定，部署完善固定资产加速折旧政策、促进企业技术改造、支持中小企业创业创新，会议确定：①对所有行业企业2014年1月1日后新购进用于研发的仪器、设备，单位价值不超过100万元的，允许一次性计入当期成本费用在税前扣除；超过100万元的，可按60%比例缩短折旧年限，或采取双倍余额递减等方法加速折旧。②对所有行业企业持有的单位价值不超过5000元的固定资产，允许一次性计入当期成本费用在税前扣除。③对生物药品制造业，专用设备制造业，铁路、船舶、航空航天和其他运输设备制造业，计算机、通信和其他电子设备制造业，仪器仪表制造业，信息传输、软件和信息技术服务业等行业企业2014年1月1日后新购进的固定资产，允许按规定年限的60%缩短折旧年限，或采取双倍余额递减等加速折旧方法，促进扩大高技术产品进口。

企业在既定时期的总产值中减去对应的各种投入的市场价值之和所得之差，就相当于企业的利润[①]。如果把各类投入数量及利润列成一列，构成一个向量，这个向量就是该企业总产值的价值构成向量。对一个经济系统的所有生产单位的价值构成向量做一个形式化标准化处理，即假设每一个生产单位只生产一种产品，或者说，把每一个企业的产品都看做一种特殊的不同产品；除了本经济系统内的生产单位以外，外部经济系统的各种生产单位也构成一个生产部门，这样，当假设本系统内有 n 个生产单位，再加上一个外部部门，则有 $n+1$ 个生产单位。设生产部门 j 在生产过程中对产品 i（由生产单位 i 生产）的投入量是 X_{ij}，折旧是 D_j，劳动力购买总价值是 W_j，生产税净额是 T_j，企业的利润是 M_j，企业的总产值是 Q_j，于是有

$$\sum_{i=1}^{n+1} X_{ij} + D_j + W_j + T_j + M_j = Q_j, \quad j = 1, 2, \cdots, n \qquad (2\text{-}1)$$

其中，左边第一项被称为中间投入；其他四项被称为最初投入或原始投入。

什么是一个经济系统的产出呢？实际上，人们一般所说经济系统的产出是其中的生产系统的产出[②]，生产系统的产出是指其向外的输出。正如第一章指出，一个经济系统首先被分为内部系统和外部系统，其次被分为生产系统和消费系统。生产系统向外的输出一是向消费系统输出，二是向外部经济系统输出。如果生产系统的产品又在同一生产统计周期内被本经济系统的生产所消耗，则叫做中间使用，而向生产系统外的输出被本生产系统外的部门使用，则叫做最终使用。中间使用一般就消耗掉，转化成另一种物质存在形式，而最终使用则不一定真正消费掉，而可能储存起来以后消费。对这里的向外输出要全面理解，第一，是指从生产部门向其他部

---

① 这里说"相当于"，是因为现实中有不少生产单位是非营利单位，其产品不参与市场交易，所以只能叫营业盈余，而不能叫利润。

② 生产活动与消费活动界限的划分既是国民经济核算的基础，也是一个难以完全界划清晰的经济学范畴。在 SNA 2008 中提到："尽管货物的生产过程不难确认，但是要把服务生产与其他重要而有益的活动区分开来并非总是那么容易。经济意义上的非生产性活动包括吃饭、喝水、睡觉和锻炼等基本的人类活动，这些个人的基本活动无法由他人代替进行，付钱雇他人锻炼不能使自己身体健康。另外，洗衣、做饭、照看儿童、看护病人、照顾老人等活动都可以由其他单位提供，因此在一般生产范围之内……除自有住房服务和付酬家政人员提供的服务外，住户为自身最终使用而进行的服务生产都不在 SNA 的生产范围之内。"（联合国，欧盟委员会，经济合作与发展组织，等.2008 国民账户体系[M]. 中国国家统计局国民经济核算司，中国人民大学国民经济核算研究所译. 北京：中国统计出版社，2012：109）本书作者曾定义："消耗个人的体能并以他人的消费为直接目的的人类活动是资本主义或商品社会中的泛化（生产）劳动。"（刘新建. 从生产与消费的关系研究劳动价值论[J]. 山西师范大学学报（社会科学版），1997，24（1）：22-27）

门，即家庭部门、外部经济部门及虚拟公共部门（其实体如政府是生产部门）输出；第二，是指向未来统计时期输出，这就是投资或资本形成，包括固定资产和库存增加。

针对系统的界定必须特别注意时间的规定，确定所考察的经济活动终始于何时，如某个月、某个季度、某个年度。生产系统向外的输出包括向统计时间段外的输出，即资本形成。

根据上文对经济系统总产出的去向分析，首先其去向分为两类，即中间使用和最终使用；其次，最终使用包括居民家庭使用（即居民消费）、公共产品消费、出口使用及资本形成（投资）使用四项，将其分别记作 C、G、EX 和 I。所有最终使用之和就是该经济系统的"总产出"。

将上文分析的一个经济系统中各主体之间的投入产出关系用一张表表示出来（表 2-1），则叫做投入产出表。投入产出表作为投入产出经济学对经济生产与分配的一种系统描述，其结构体现了主流西方经济学的价值理论，即收入形成的三位一体价值论。

表 2-1　经济系统投入产出表

		1 2 ⋯ j ⋯ n	$n+1$	C	G	I	总产值
中间投入	1		⋮	⋮	⋮	⋮	⋮
	2		⋮	⋮	⋮	⋮	⋮
	⋮						
	i	X_{ij}	EX_i	C_i	G_i	I_i	Q_i
	⋮		⋮	⋮	⋮	⋮	⋮
	n						
	$n+1$		$-IM$	⋯	⋯	⋯	0
最初投入	D	D_j					
	W	W_j					
	T	T_j					
	M	M_j					

表 2-1 中把外部经济部门的总产值记为 0，是从核算目的考虑，即核算是为了计量本经济系统的总产出。对本经济系统，其中的 IM 表示总的进口价值。第 $n+1$ 行上方的各行数值只包含对本经济系统生产部门产品的使用。在投入产出表中，以第一象限为主体，表的纵向是收入形成，横向是产品流向。

二、经济核算主指标

在表 2-1 中有以下数量关系：

$$\sum_{j=1}^{n} X_{ij} + \mathrm{EX}_i + C_i + G_i + I_i = Q_i, \quad i = 1, 2, \cdots, n \quad （2\text{-}2）$$

$$\sum_{j=1}^{n} X_{(n+1)j} + C_{n+1} + G_{n+1} + I_{n+1} = \mathrm{IM} \quad （2\text{-}3）$$

运用式（2-1）~式（2-3）可以推导出：

$$Y = \sum_{j=1}^{n} \left(Q_j - \sum_{i=1}^{n+1} X_{ij} \right)$$

$$= \sum_{j=1}^{n} \left(D_j + W_j + T_j + M_j \right) \quad （2\text{-}4）$$

$$= \sum_{i=1}^{n+1} \left(C_i + G_i + I_i \right) + \sum_{i=1}^{n} \mathrm{EX}_i - \mathrm{IM}$$

式（2-4）计算出的总值 Y 在主流西方经济学中就叫做一国在既定时期的 GDP，式中从上到下的三个算式分别叫做 GDP 核算的生产法、收入法和支出法。生产法和收入法中的每一个分项 $\left(Q_j - \sum_{i=1}^{n+1} X_{ij} \right)$ 和 $\left(D_j + W_j + T_j + M_j \right)$，对部门或生产单位 j 是相等的，叫做该部门或单位的增加值（value added），所以，一个经济系统的 GDP 也等于各生产单位或部门的增加值之和。单位 j 的增加值记作 Z_j。式（2-4）中三种核算法公式从上到下的排列顺序不是随意的：生产法和收入法在实质上是同义的，是西方经济学价值理论的反映，因而是最基本的，支出法公式是派生的，当不存在外部贸易时，意义清楚，符合产出的定义，但是存在外部贸易之后就不清楚了，这也是第二节要讨论的。

三、政府消费的性质

从经济学意义上讲，X 是经济系统中生产部门的消耗，但是，现代国民经济核算中，生产部门的范畴有不清晰之处。对一般企业，归为生产部门恐怕没有疑义，但是，从一般投入产出表来看，政府部门似乎承担了双重角色。首先，政府部门作为生产者出现在中间使用部门；其次，作为消费者出现在最终消费部门。如果政府部门是纯粹的公共管理服务生产者，那么，在投入产出核算账户中，政府部门对各类产品的实际消耗记录在中间流量部分，而政府部门生产的产品总价值记录在最终消费列中，即政府部门的产品在中间生产部门中没有消耗，都作为最终产品被公共消费。但是，众所周知，政府不仅为居民提供服务，也为企业提供服务，而企业对各种产品的消耗要算中间使用的。这样，从纯粹意义上讲，现在的 GDP 是被多算了的。而且政府部门为企业提供的服务比例越多，多算的比例也就越大（至于中国和美国政府哪个为企业提供的服务比例更大则不是一件一目了然的事情）。这就相当于本来应该记到 X 中的一个量，现在被记到了 G 和 NT 中。

第二节　GDP 的经济意义

上文的叙述仅仅是给出了 GDP 的核算公式和相关恒等式，并未阐述 GDP 的经济意义。搅乱 GDP 经济意义的是关于进口品的处理。如果没有进口品，GDP 作为一个经济系统的产出就符合上文的论述，即"经济系统的产出是其中的生产系统的产出，生产系统的产出是指其向外的输出"。没有进口，只有出口，对应的投入产出表行将没有第 $n+1$ 个部门，从而按照前面经济系统的产出定义，一个国家的 GDP 将等于居民消费+公共消费+资本形成+出口。如果有进口，那问题如下：在普通投入产出表（没有划分第 $n+1$ 行）的 X、C、G 和 I 中都有进口产品，在价值上，这四部分中的进口产品之和等于 NX 中的进口值。既然进口产品是被中间部门和最终部门共同使用的，那么，为什么在核算时全部要从最终使用中减除呢？经济理论的依据是什么？

进口产品使用单列后的投入产出表形式如下（与表 2-1 相同）[1]：

$$\begin{pmatrix} X_D & Y_D & \text{EX} & Q \\ X_F & Y_F & -\text{IM} & 0 \\ Z & & & \\ Q & & & \end{pmatrix} \qquad (2\text{-}5)$$

此处，把"本国"和"外国"作为一个绝对部门标识，即当做一个国家名称。式（2-5）中，第一行是对本国产品的使用，$Y_D = C_D + G_D + I_D$；第二行是对外国产品的使用，$Y_F = C_F + G_F + I_F$，IM 是本国总进口；$Z = D + W + \text{NT} + M$。从支出法来核算，$Q - X_D = Y_D + \text{EX}$ 似乎就应该等于 GDP（设想就一个总生产部门，因而所有的量都是纯量），是国内总产出除掉中间使用后的其他使用。但是，根据生产法和收入法核算规则，GDP 就是 $Z = Q - X_D - X_F$，于是在支出法与收入法和生产法之间就出现了矛

---

① 为了节约篇幅，投入产出表可以用矩阵形式表示，称为投入产出表的矩阵形式。

盾，那么，哪个对呢？问题的关键是 X_F 的处理。如果 $X_F = 0$，那么，从 $Y_D + Y_F + \mathrm{EX}$ 中除去 Y_F 作为 GDP，理论上很清楚，因为 Y_F 不是本国生产的，所以不能计入本国的生产总值。但是，当 $X_F \neq 0$ 时，为什么从最终使用中还要再减去 X_F 呢？因为 $Y_D + \mathrm{EX}$ 已经就是本国生产的了，在实物上不包涵外国的产品，而且 X_F 是中间消耗，不是最终使用。即使各种本国产品中都使用了进口产品做投入，但这些投入在中间投入中也有，为什么中间投入产品中包含的进口值也要在最终使用中减去呢？显然，这样的问题是不会在传统主流经济学中提出的，因为它不考虑中间使用问题。

要解决上述三种核算不一致的问题，关键是弄清楚 GDP 的经济意义。从根本上说，GDP 核算不是实物核算，而是价值核算或名义收入核算。为了弄清楚 GDP 的经济含义，可以观察下面经过改造的两个投入产出表。

$$
\begin{pmatrix}
X_D & \mathrm{EX} & Y_D & Q \\
X_F & & Y_F & \mathrm{IM} \\
Z & Z_F & & \\
Q & \mathrm{IM} & &
\end{pmatrix}
\tag{2-6}
$$

$$
\begin{pmatrix}
X_D & \mathrm{EX} & Y_D & Q \\
X_F & -\mathrm{IM} & Y_F & 0 \\
Z & Z_F & Z_Y & Z \\
Q & 0 & Z &
\end{pmatrix}
\tag{2-7}
$$

式（2-6）把外国作为一个生产部门，但只考虑与本国的进出口贸易活动，Z_F 就是净进口。式（2-7）仅把本国的生产当做生产活动，外国在本国没有生产活动，所以，总产出记为 0。在式（2-7）中，Z_Y 是国内毛收入 Z 支付国内最终使用以后的余额，即 $Z - Y_D - Y_F$。容易证明：

$$
Z_F + Z_Y = 0
\tag{2-8}
$$

式（2-8）的经济意义如下：净出口等于净储蓄（储存在国外），或净进口等于净借款（向国外借款）。

在式（2-6）中，把世界作为一个总经济体，外国作为一个总产出为 IM 的生产部门，可以看出，Z 的经济意义就是本国在世界经济中获得的除去中间消耗后的总收入，而 Z_F 作为外国的总收入等于其相对于本国的净出口，即本国的净进口。从使用角度看，Z 除被用于国内最终使用 Y 外，还支持外国净使用，$\mathrm{EX} - \mathrm{IM} = \mathrm{NX}$，所以有

$$
Z = Y + \mathrm{NX} = Y_D + Y_F + \mathrm{EX} - \mathrm{IM} = Y_D + \mathrm{EX} - X_F
\tag{2-9}
$$

外国净使用对本国来说是本国的储蓄或借给外国的贷款。式（2-9）也可以这样得到：在式（2-6）所代表的经济中，总 GDP 是 $Y_D + Y_F$，但是，

其中包括外国部门生产的 Z_F，于是得到 $Z = Y_D + Y_F - Z_F$。

在式（2-7）中，总产出的计算以本国经济领土为基准，外国在本国境内没有产出，所以其总产出记为 0。这样，把外国作为一个生产部门，从收入法核算，GDP 应该是 $Z + Z_F = Y_D + Y_F = Y$，其含义就是本国的总收入等于国内的最终使用。如果 Z_F 为正，本国即为净进口，因而 $Z + Z_F$ 就是加上从国外借款后的本国总收入。如果 Z_F 为负，本国即为净出口，因而 $Z + Z_F$ 就是扣除在外国的存款的本国总收入。本国的总收入包括净支付给外国的货币，即欠款。总的来看，$Z + Z_F$ 就是可以用于本国消费使用 $Y_D + Y_F$ 的总收入，其中，Z_F 是借款，等于净进口。

从上述分析可以看出，GDP 不是实物形式的国内总生产。在实物形式上，Q 都是既定时期的总产出（不存在以往所说的重复计算问题）。GDP 在实质上是在既定时期内，本国常住单位从本国生产活动中获得的总收入。X_F 因为被外国常住单位得到而不能计入 GDP；X_D 因为被生产过程本身消耗而没有任何常住单位得到，所以也不能计入 GDP。在这样的收入意义下，根据核算恒等关系，应有

$$\text{GDP} = Z = Q - X_D - X_F = Y + \text{NX} = Y_D + Y_F + \text{EX} - \text{IM} = Y_D + \text{EX} - X_F$$

$$(2\text{-}10)$$

上述依赖于传统投入产出分析框架的核算还没有涵盖经济的全部生产要素。在国民经济核算中，对一个国家经济的全面核算必须包括本国生产要素的全部收入。本国生产要素除了在本国使用外，还在外国使用，所以，国民经济核算中又使用了一个指标，即国民总收入（GNI）。对生产要素收入的核算需要考虑对存量的占用[①]。

【例 2-1】假设一个经济体由一个家庭组成，某年生产了 1 吨小麦，市场价值为 2 500 元，其投入的种子是从外面买（借）进的，共 1 000 元，其余的投入就是劳动。那么，这个家庭该年的生产总值是多少？是 2 500– 1 000=1 500（元）吗？还是等于 2 500 元？

设定 1：该年没有出口，消费 2 500 元，其中没有进口，进口所需资金为债务，则对应的投入产出表如表 2-2 所示。

---

① 在 SNA 严格的定义中，GDP 核算还要注意经济领土和常住单位界定问题。假设在一个国家，资本全部是外国的，本国仅有劳动力，那么，在核算出的 GDP 中，仅有劳动报酬为本国人民所得，利润全为外国资本所得。这样，人均 GDP 对该国有很大部分是虚的，工资越低，虚算越多。这即使在 GNI 中也看不出，因为 GNI 也是以常住单位为口径核算的。抗日战争时期，东北地区的生产总值增长率很高，但是，经济产出都运到了日本或直接成为其侵华物资，中国劳工只是一种会呼吸的工具。

表 2-2　设定 1 对应的投入产出表（单位：元）

	本国	外国	最终消费	总产出
本国	0	0	2 500	2 500
外国	1 000	0	0	1 000
最初投入	1 500	0		

分析：从传统的收入法和支出法公式核算，其生产总值都是 2 500-1 000=1 500（元）。但是，可以看出，其中消费的 2 500 元所代表的 1 吨小麦都是本国当年所生产的，根据关于经济系统总产出的定义，总产出是生产系统对外的输出，本国的净总产出应是 2 500 元或 1 吨小麦。

设定 2：进口所欠的 1 000 元债务必须当年归还。为了还债，需要出口 1 000 元；该年消费 1 500 元，于是对应的投入产出表如表 2-3 所示。

表 2-3　设定 2 对应的投入产出表（单位：元）

	本国	外国	最终消费	总产出
本国	0	1 000	1 500	2 500
外国	1 000	0	0	1 000
最初投入	1 500	0		

设定 3：该年不仅进口 1 000 元做种子，而且进口 500 元用于消费。总消费还是 1 500 元。所有进口资金都必须当年给付，于是该年需要出口 1 500 元，于是对应的投入产出表如表 2-4 所示。

表 2-4　设定 3 对应的投入产出表（单位：元）

	本国	外国	最终消费	总产出
本国	0	1 500	1 000	2 500
外国	1 000	0	500	1 500
最初投入	1 500	0		

对设定 2 和设定 3 的分析，其结果与设定 1 完全相同。按照传统 GDP 核算公式，该经济体的生产总值是 1 500 元，而按照经济总产出的定义，其生产系统净总产出是 2 500 元。

从上面核算生产总值与经济总产出的差异来看，GDP 不是一个产出概念，而是一个收入概念。在 SNA 中，为了区分 GDP 与以前的国民生产总值（GNP），强调 GNP 的收入特性和 GDP 的生产特性，把 GNP 叫成 GNI——国民总收入，但现在可以看出，GDP 和 GNI 其实都是收入性的。GDP 是初始生产要素从本国的生产中获得的收入，GNI 包括从外国的生产中获得的要素收入。收入的主体都是"常住"单位，而不是"国籍"单位。在三种设定中，当年总收益都是 2 500 元，在设定 1 中，因为不还欠款，故当年的可支配总收入是 2 500 元；在设定 2 中，因为要还 1 000元的欠款，可支配的收入是 1 500 元，相对于设定 1，消费减少了 1 000 元；在设定 3 中，除了消费 1 500 元外，还多还了 500 元债务，实际上，多出的 500 元是与外国产品的交换，相对于设定 1，少消费本国产品 500 元，但同时增加消费外国产品 500 元。所以，生产总值是总收益中偿还生产借款后的总生产收入。

　　如果这个家庭不想每年总是先从外借债，而是每年只消费 1 300 元，留下 200 元作为储蓄，也就是库存增加（投资），这样，第二年就只需要从外面借入 800 元，于是，第二年的库存将变成 400 元，其中 200 元从价值上看是上一年的，但在实物上已经进行了更新。这样一直延续下去，5 年后，这个家庭不再需要从外面借债，而能自行维持生产可持续进行。之后，如果维持简单再生产，每年可以消费 1 500 元。如果继续维持 1 300 元的消费，那么第 6 年的库存将变为 1 200 元，其中的 200 元可以作为应急准备，或用于下一年的扩大生产，于是经济开始增长。可以看出，使用借债与使用库存在生产意义上有相同的性质。但是，在市场经济下，使用借债可能需要支付利息，所以，使用借债时，为了还债，需要更大的"节俭"，前几年消费的量将要少于 1 300 元，达到自给自足需要的时间将更长。

第三节　GDP 核算实践中的几个理论问题

　　在上文关于 GDP 核算的理论讨论中，我们已经遇到了产出定义，以及政府部门角色等困难问题，这些困难既是理论的，也是实践的，即实际统计核算中的问题。为了进一步理解 GDP 的实质，下文对部分统计实际问题再做进一步解析。

一、总产出核算问题

　　从上文可知，经济系统的产出实际上有两类。从微观生产单位来看，一个单位的产出不仅有总产值 Q_j，还有增加值 V_j。对经济总体，上文已经定义了 GDP，理论上还可以把各单位的总产值加起来构成一个产出指标。实际上，在计划经济时期，我国就采用过社会总产值的概念。不过，现在除了投入产出核算和工农业产值核算之外，已经很少使用总产值概念，有人将此归因于总产值中包含了重复计算，而增加值从而 GDP 是净值核算，避免了重复计算，这种说法在理论上是不正确的。

经济核算中实际上包含实物核算和价值核算的矛盾。我们假设一个企业生产了 10 台汽车，每台汽车的市场售价是 10 万元，那么，这个企业的总产出用实物单位度量是 10 台汽车，用价值单位度量是 100 万元，即总产值是 100 万元。如果这个企业在生产过程中使用了 60 万元的其他单位部门产品，那么，用增加值来衡量，这个企业的总产出就是 100−60=40（万元）。但是，这 10 台汽车都是作为最终使用的，所以，对社会来说，这 10 台汽车的总价值都是计入 GDP 的，那么，这个企业的总产出到底是 40 万元还是 100 万元呢？

从实物上说，上述企业的总产出就是 100 万元的汽车，但是，从价值形成上讲，其在本期实际形成的价值产出是 40 万元，其余 60 万元不是它生产的（假设其生产过程中不使用此种汽车）。它或者是其他企业的本期生产收益，或者是外部经济系统的收益，或者是以前时期的存货收益（属于转移价值）。

一般把一个生产单位的增加值叫做该单位对社会 GDP 的贡献，或创造的新价值，这种说法是不对的。从价值上说，任何个体或单位获得的收入或收益都只是一种社会财富的占有权，而在社会化生产中，每一单位产品都是全社会合作的结果，至于贡献的大小是无法准确衡量的。能说某个人因占有 100 万元资产而获取 10 万元利润是他对社会的贡献吗？或者是他为社会创造的价值吗？

国民经济总产出核算的本意是衡量一个经济的实际总产出，即从理论上说应该用实物量来计量总产出。但是，在理论上又无法把各种各样的产品汇总在一起用一种单位度量，从而表示实物总产出的多少，于是不得不借用市场价格进行汇总。同样的货币价值量对不同人的消费效果是不同的，所以这样的总产出价值也就无法表达对一个国家来说其使用价值到底是多大。只有在不同时期进行比较时，适当消除通货膨胀的影响后，用两个时期总产出价值（如 GDP）之比表示总产出的一个增长率，这个增长率必然是各种产品实物增长率的某种加权平均值（具体内容参见第三章）。比较不同国家的 GDP 更没有准确的经济意义，只能反映某种大致水平[①]。从统计数据

---

① 在一个国家内，不同地区的 GDP 比较，以名义值更合理。例如，山西省在上一年生产 8 亿吨煤，收益 3 000 亿元，本年生产 12 亿吨，收益 2 000 亿元。对山西省来说，产出增长 50% 是无意义的，收入减少 1 000 亿元才是真实的。那是心忧炭贱愿天寒啊！

上看，2013 年，伊拉克的人均 GDP 水平（6 708 美元）与中国（6 629 美元）相近，能说伊拉克与中国的经济发展水平相近吗？

二、不同类型生产单位的产出核算问题

在一个通常的市场经济中，生产单位首先可以分为市场生产单位和非市场生产单位。所谓市场生产单位就是其产品通过市场机制销售，通过销售其产品获得收益。非市场生产单位的产品一般无偿或以远低于成本的价格提供给消费者（公共消费或个人消费）。市场生产单位即为企业，其总产值即以其市场价格计量，而非市场生产单位的产品由于没有市场价格，其数量就无法在理论上进行核算。在应用中，这些单位的总产值以其投入产品价值及劳动力报酬之和进行衡量。这种衡量方法虽然没有明确的理论依据，但可以设想：第一，投入越大，其总产值也就越大；第二，其所支出的投入品价格及劳动力价格也是由市场决定的。如果市场认为其支付的价格过低，则就无法招聘到合理水平的劳动者，机构将无法运作。这些机构的估价危险一般是对其定价过高，消耗和使用了较多的投入，如豪华的楼堂馆所、过度的福利津贴。

三、GDP 核算改革

联合国、欧盟委员会、经济合作与发展组织、国际货币基金组织、世界银行等五大国际组织联合发布了 SNA 2008，成为目前 SNA 的最新版本。该版本提出的一项重要建议就是要将研发支出纳入投资统计。2013 年 7 月，美国经济分析局公布了最新的 GDP 核算，结果使美国 2012 年的 GDP 总量增加了 3.6%。据美国经济分析局主管国民经济核算的布伦特·莫尔顿说，在美国 GDP 的新算法中，企业、政府和非营利机构的研发费用支出将被视为固定投资，有关娱乐、文学及艺术原创支出也将作为固定投资纳入统计数据，另一个类别将包括电影、长期电视节目、图书、录音等；此外，房屋交易时的多项税费和养老金固定收益计划赤字等也将并入计算[①]。

这种 GDP 核算方法的改革实质上也是把原来投入产出表计入第一象限 X 的经济量转移到第二和第三象限的操作。如前指出，投入产出表是一个国民经济生产活动的全面记录数据库，在统计完整的情况下，所有经济活动的投入产出已经记录其中。除了固定资产补偿，一个量是计入中间投

---

① 廖冰清. 美国修改 GDP 统计方法或将颠覆历史[N]. 经济参考报，2013-08-08.

入还是计入最终产出对有形的物质产品来讲应该是不成问题的。但是，在现代经济理论中提出了无形资产的概念，这就使有些经济活动产品的性质发生变化。例如，广告费用通常是计入当年产品生产的成本中的，但是，如果认为广告"投资"形成了资产，那么，广告支付作为无形资产核算在产出行看，就成为当年的固定资本形成。在投入列看，首先它将从中间投入移除，这样，企业的成本在当年将减少，盈余将增加[①]；其次，作为固定资产就会有折旧问题，这样在当年或下一年的折旧行就会增加一个量。因为无形资产的折旧速度应该比一般固定资产快得多，所以，将造成计算出的生产者净增加值和国内生产净值（NDP）相对于毛增加值和国内生产总值更大减值。当然，这次改革尚没有把广告投入计入固定资产投资，不过，研发投入等性质与此相同。

研发活动作为投资品生产活动，其产品性质与大多数企业的产品性质不同，因而属于不同的产业。研发活动的成果一般就是科技成果。科技成果的价值不体现在其具体的载体形式（纸版或电子版）上，而是体现在其内容上，一般叫做无形资产。下面分两种情形讨论核算改革前后的 GDP 差异。

情形 2-1：科技生产者是一个独立的生产机构，其成果在市场中交易。这时，按照旧核算法，对应的投入产出表形式如下：

$$\begin{pmatrix} X_{11} & X_{12} & C_1 & I_1 \\ X_{21} & X_{22} & C_2 & I_2 \\ Z_1 & Z_2 & & \end{pmatrix} \qquad (2\text{-}11)$$

式（2-11）中，第二部门是科技部门，各部门对科技部门成果的使用记为中间使用（ X_{21} ， X_{22} ）。按照新核算法，这两个中间使用应记为资本形成，新的投入产出表形式如下：

$$\begin{pmatrix} X_{11} & X_{12} & C_1 & I_1 \\ 0 & 0 & C_2 & I_2 + X_{21} + X_{22} \\ Z_1' & Z_2' & & \end{pmatrix} \qquad (2\text{-}12)$$

在新的投入产出表中，GDP 增加了 $X_{21} + X_{22}$ 。因为各部门的总产出不因为新核算法而改变，所以，最初投入中的经营盈余作为一种平衡项就要增加。这种情况就如同企业购买大型固定资产一样，对此类产品的投入支出是不能算作当年的成本的。

情形 2-2：科技活动作为企业研发部门的活动与主生产活动一起核算，

---

① 这或许正是劳动价值论所阐述的情况：广告和其他营销活动费用是对利润的侵蚀。

其成果不参加市场交易，也不计入企业的总产出。这时，按照旧核算法，对应的投入产出表形式如下：

$$\begin{pmatrix} X+X_\delta & C & I \\ D+D_\delta & & \\ W+W_\delta & & \\ T & & \\ M & & \end{pmatrix} \tag{2-13}$$

在这个投入产出表中，税和盈余无法分成主生产活动与科技活动两部分。假定企业的科技活动成果没有成为市场产品出售，而是内部使用，那么总产出不会因科技成果而增加。现在，把科技活动单列为一个部门，按照新的核算法，对应的投入产出表形式如下：

$$\begin{pmatrix} X & X_\delta & C & I \\ 0 & 0 & 0 & I_\delta \\ D & D_\delta & & \\ W & W_\delta & & \\ T & T_\delta & & \\ M' & M_\delta & & \end{pmatrix} \tag{2-14}$$

现在的一个问题是，作为企业内部的科技活动，其成果的市场价值如何核算？按照传统经济核算做法，有两种处理方法。第一种是仿照对政府服务部门的处理，总产出等于总成本；第二种是参照市场化的企业情况给这种成果虚拟一个市场价格。下面仅分析第一种方法。按照第一种方法，T_δ 和 M_δ 都等于 0，科技部门的总产出是 $X_\delta + D_\delta + W_\delta$。这个总产出被主生产部门所用，作为固定资本，记在最终使用的资本形成列，即 $I_\delta = X_\delta + D_\delta + W_\delta$。很显然，新核算法的 GDP 比旧核算法多出了 $X_\delta + D_\delta + W_\delta$。多出的部分在表中如何反映呢？这在支出法中比较明显，就是在资本形成列中增加的那部分，但是在最初投入部分如果不改变原主生产部门的构成就无法揭示这种增加。实际上，在新投入产出表中，主生产部门的总产出不会发生变化，D、W、T 也没有发生变化，能被改变的就是经营盈余，它正好比原来多出 $X_\delta + D_\delta + W_\delta$。这样，从收入法看，科技部门的增加值似乎被计算了两次，一是作为科技部门的增加值，二是作为主生产部门的经营盈余，这样造成的 GDP 增幅比独立的科技企业相对更大。

美国要进行这次改革的一种原因可能是，其研发投入原来一直被当做成本计算，改革后，从支出法看，中间使用变成最终使用，投入变成产出；从收入法看，成本减少、利润增加，成本变利润，从而变出了增加的 GDP。

改革后，中国相对于美国的生产总值差距会扩大①。特别是作为企业内部的科技活动，原来在 GDP 中完全没有反映，改革后增加的比例相当大。但是，这种改革的缺陷也是应当审视的。首先，如果研发失败，计入生产总值的货币价值就相当于计算了废品的产值（研发的废品率比普通物质产品更大）。其次，改革虽然增加了当年的 GDP，但是，科技成果成为固定资本以后其折旧问题也就出现。在以后年份中，折旧基金需要增加，所以经营盈余相对减少，核算的净增加值也就减少。因为科技成果的损耗速度可能更大，净增加值相对于增加值的比例更小，从而 NDP 相对于 GDP 更小。最后，科技成果如果没有销售出去，是否要计算库存呢？另外，GDP核算改革是否涉及企业会计和税收制度的改革是更复杂的问题，其关系到企业的所得税及折旧核算问题。从简化问题角度考虑，可以把这个改革仅仅限于宏观 GDP 核算统计。

---

① 2016 年 7 月 5 日，国家统计局发布"关于改革研发支出核算方法修订国内生产总值核算数据的公告"，推动我国国民经济核算与国际接轨，国家统计局按照联合国等五大国际组织联合颁布的国民经济核算国际标准——SNA 2008，改革研发支出核算方法，将能够为所有者带来经济利益的研发支出不再作为中间消耗，而是作为固定资本形成处理。

第三章　投入占用产出价格分析

价格形成模型是宏观经济学中的重要模型，通常与劳动市场模型相关联，成为总供给决定的基础，在投入占用产出经济学中情况也是这样（第四章）。列昂惕夫把产出模型（行模型）和价格模型（列模型）同时作为投入产出技术的基础模型[①]，给出的原始价格方程是 $p = (1 - A')^{-1} v$，之后人们基本沿用了这一模型。一般的变形是对 v 及其构成与 p 或其他变量（如资本占用量等）的关系进行不同设定，如设立资金盈余系数、劳动报酬系数等[②]。这些模型的一个特点是，v 是增加值与实物量或不变价格总产出的比值。这一基本设定实际上不太合理，因为在各种经济决策中人们关心的核心问题是价值或名义关系。例如，虽然工资谈判关心实际工资率，但决策对象是名义工资；企业成本关注的是名义售价中包含的成本；收入分配关注的是现价单位总产出中工资成本的比例；增值税的计算根据是销售价即现价；等等。更进一步，国民经济投入产出表实际上不可能是纯粹的技术关系，而是技术与经济关系（包括竞争与分配关系）的混合体。经济关系的实质正是价值关系。实际上，在采用传统模型进行分析的案例中[③]，通常都忽略了价格变动对增加值率的影响，因而是不平衡的，不是一个均衡解，迷失了价格变动的动机（即动力机制）。所以，我们认为应把现价增加值率作为价格模型的基本参数。以此认识为基础，可以建立新的投入产出价格模型。

第一节提出新的投入产出价格基本模型，第二节和第三节讨论不变价格投入产出表编制与应用中的基础理论及方法问题，第四节特别研究农产品价格与通货膨胀的关系。

---

① Leontief W. Input-output Economics（2nd ed.）[M]. New York：Oxford University Press，1986：48-49.

② 钟契夫. 投入产出分析[M]. 北京：中国财政经济出版社，1993：356-364.

③ 国涓，李会敏. 我国农产品价格波动的影响趋势分析[J]. 沈阳农业大学学报（社会科学版），2007，9（2）：144-147.

第一节　基本价格模型

在已有文献中，投入产出价格模型被分成三类[①]，即价格形成模型、价格变动模型和价格影响模型。

（1）价格形成模型：研究在一定的最初投入分配假定下，各部门"产品"会有的价格水平。

（2）价格变动模型：研究其他因素，如投入系数、工资率、折旧率、税率和盈余率的变动将会引起整个价格体系发生怎样的变动。

（3）价格影响模型：研究不同部门产品之间的价格作用和影响，即部分部门产品价格水平的改变会对其他产品价格发生怎样的影响。

一、价格形成模型——基本价格分析模型

设有投入产出表：

$$\begin{bmatrix} X & Y & Q \\ Z & & \end{bmatrix}$$

其中，X 为中间流量矩阵；Y 为最终使用矩阵；Q 为总产出列向量；Z 为最初投入矩阵。

设 X、Y、Q 都是实物量或不变价格量，Z 是当年价格量，又设 p 是价格或价格指数列向量，e 是所有元素都为 1 的行向量。则由投入产出列关系可得[②]

$$p'X + eZ = p'\hat{Q} \tag{3-1}$$

为简单起见，暂把 Z 聚合为一个行向量，定义 $\bar{A} = X\hat{Q}^{-1}$，$v = Z(\hat{p}\hat{Q})^{-1}$，其中，$\bar{A}$ 为不变价格或实物量的投入系数矩阵，则可得[③]

$$p'(1 - \bar{A} - \hat{v}) = 0 \tag{3-2}$$

式（3-2）就是新的投入产出基本价格模型，其中加粗数字"**1**"表示单位矩阵。因为与投入产出闭模型相似，所以称为价格闭模型。显然，矩阵 $(1 - \bar{A} - \hat{v})$ 的行列式值必为零，即为奇异矩阵，否则，所有的价格必须都等于 0，这构成了对价格变动的一个限制条件。式（3-2）表明，在投入

[①]　刘起运. 经济系统规划方法和模型[M]. 北京：中国统计出版社，1993：156.

[②]　在本书中，$\langle b \rangle$ 和 $\hat{b}$ 都表示由向量转换的对角阵，当向量由几个变量或常量运算得到时都采用第一种形式，第二种形式更简洁。

[③]　刘新建. 国民经济动态投入占用产出分析的理论与方法及其它[D]. 中国科学院系统科学研究所博士学位论文，1995.

系数矩阵和增加值率给定的条件下，各部门的价格是相对价格，需要先确定某个部门的价格，其他部门的价格才是唯一的。

实际中，对最初投入的不同构成，可以根据情况采取不同的处理方式。对折旧基金向量，以 D 表示。因为国家折旧政策是针对不同的固定资产规定的，与固定资产实物量相联系，所以，需要先确定一个固定资产占用存量矩阵，其元素 K_{ij} 表示部门 j 在某时刻占用的固定资产 i 的数量（以实物量或实际量计），设一个固定资产占用系数矩阵[①]为 B ，$B = K\hat{Q}^{-1}$；固定资产 i 的折旧系数为 δ_i，于是有 $D = p'\hat{\delta}B\hat{Q}$ 。

劳动报酬向量以 W 表示。设部门 j 单位实际产出占用的劳动力是 l_j，则有 $W = w'\hat{l}\hat{Q}$ 。

生产税向量以 T 表示。一般假定其与现价总产出相联系，设部门 j 的税率是 t_j，则有 $T = p'\hat{t}\hat{Q}$ 。

对营业盈余向量，以 M 表示。假定其与现价总产出成比例，设部门 j 单位名义总产出的营业盈余是 m_j，则有 $M = p'\hat{m}\hat{Q}$ 。

在上文对各项最初投入区别处理的情况下，相应的价格方程如下：

$$p'\overline{A} + p'\hat{\delta}B + w'\hat{l} + p'\hat{t} + p'\hat{m} = p' \qquad (3\text{-}3)$$

由方程（3-3）可得

$$p' = w'\hat{l}\left(1 - \overline{A} - \hat{\delta}B - \hat{t} - \hat{m}\right)^{-1} \qquad (3\text{-}4)$$

式（3-4）可以称为投入占用产出基本价格模型。

对营业盈余，列昂惕夫曾经设想按照利润率准则核定[②]。设部门 j 的资本营业盈余率是 r_j（对营业盈余恒为 0 的部门，直接令 $r_j = 0$），则有 $M = p'B\hat{Q}\hat{r} = p'B\hat{r}\hat{Q}$ 。于是，新的价格形成模型是

$$p' = w'\hat{l}\left(1 - \overline{A} - \hat{\delta}B - \hat{t} - B\hat{r}\right)^{-1} \qquad (3\text{-}5)$$

从马克思经济学的资本概念讲，总资本不仅有物质产品等不变资本，还有可变资本，即劳动力资本，所以，列昂惕夫的模型还是有缺陷的。

---

① 因为资产存量是时点量，产出流量是时期量，所以，对应某时刻的固定资产存量 K_{ij} 所决定的是该时刻的产出速率，但我们在这里忽略了这个区别，实际隐含假定，在一个时期中，资本存量都是不变的。下面对应劳动报酬和营业盈余的处理存在同样的情况，背后假定相应存量在整个时期不变。

② 里昂惕夫 W. 投入产出经济学[M]. 崔书香，潘省初，谢鸿光译. 北京：中国统计出版社，1990：30-31.

二、价格变动模型

价格变动模型考察各种参数变化引起的价格变化。对基本价格模型[式（3-2）]取变差可得

$$\Delta p'(1 - \overline{A} - \hat{v} - \Delta\overline{A} - \Delta\hat{v}) = p'(\Delta\overline{A} + \Delta\hat{v}) \tag{3-6}$$

由式（3-6）解得

$$\Delta p' = p'(\Delta\overline{A} + \Delta\hat{v})(1 - \overline{A} - \hat{v} - \Delta\overline{A} - \Delta\hat{v})^{-1} \tag{3-7}$$

由式（3-7）即可计算因为各种因素（如投入系数、工资系数、税系数和折旧系数等）变化引起的经济系统价格水平变动。再考虑总量结构，就可以计算通货膨胀率和各种价格指数。

对价格形成模型（3-4），对应的价格变动模型是

$$\begin{aligned}\Delta p' = &[\Delta(w'\hat{l}) + p'\Delta(\overline{A} + \hat{\delta}B + \hat{t} + \hat{m})]\{1 - (\overline{A} + \Delta\overline{A}) - [\hat{\delta}B + \Delta(\hat{\delta}B)] \\ &- (\hat{t} + \Delta\hat{t}) - (\hat{m} + \Delta\hat{m})\}^{-1}\end{aligned} \tag{3-8}$$

对价格形成模型（3-5），对应的价格变动模型是

$$\begin{aligned}\Delta p' = &[\Delta(w'\hat{l}) + p'\Delta(\overline{A} + \hat{\delta}B + \hat{t} + B\hat{r})]\{1 - (\overline{A} + \Delta\overline{A}) - [\hat{\delta}B + \Delta(\hat{\delta}B)] \\ &- (\hat{t} + \Delta\hat{t}) - (B\hat{r} + \Delta(B\hat{r}))\}^{-1}\end{aligned} \tag{3-9}$$

三、价格影响模型

价格影响模型分析一些部门价格变化引起的其他部门价格变动情况，为此，需要对上述矩阵模型进行分块处理。设前面块（块 1）部门是价格从动部门，后面块（块 2）部门是价格主动部门，令

$$A = \begin{pmatrix} A^{11} & A^{12} \\ A^{21} & A^{22} \end{pmatrix}, \quad p = \begin{pmatrix} p_1 \\ p_2 \end{pmatrix}, \quad v = \begin{pmatrix} v_1 & v_2 \end{pmatrix}$$

对价格形成模型（3-2），由式（3-6）可得以下分块矩阵方程：

$$\begin{aligned}\Delta p_1' &= \{\Delta p_2' A^{21} + p_2'\Delta A^{21} + \Delta p_2'\Delta A^{21} + p_1'(\Delta A^{11} + \Delta\hat{v}_1)\}(1 - A^{11} - \hat{v}_1 - \Delta A^{11} - \Delta\hat{v}_1)^{-1} \\ \Delta p_2' &= \{\Delta p_1' A^{12} + p_1'\Delta A^{12} + \Delta p_1'\Delta A^{12} + p_2'(\Delta A^{22} + \Delta\hat{v}_2)\}(1 - A^{22} - \hat{v}_2 - \Delta A^{22} - \Delta\hat{v}_2)^{-1}\end{aligned} \tag{3-10}$$

在式（3-10）中，如果设其他因素不变，仅考虑块 2 部门价格的变化，则有

$$\begin{cases} \Delta p_1' = \Delta p_2' A^{21}(1 - A^{11} - \hat{v}_1)^{-1} \\ \Delta p_2' = \Delta p_1' A^{12}(1 - A^{22} - \hat{v}_2)^{-1} \end{cases} \tag{3-11}$$

在实际研究中，通常都以某一期的现价价值表为基础进行分析，令现

价为 1，于是式（3-11）中的变化符号 Δ 可以去掉，见式（3-16）。

在应用式（3-11）进行分析时必须注意的一个问题是，价格与其他因素的变化不是相互独立的。由价格形成模型可知，其他因素可以决定价格，同样，价格也决定或影响其他因素。根据式（3-11），在假定 A 和 v_1 不变时，为了保持均衡，v_2 就必须做适应性变化，其值由式（3-11）的第二个公式决定。式（3-6）所决定的是 n 个内生变量，至于是哪 n 个要根据情况而定，可以由 m 个价格变量和 $n-m$ 个其他参数组成。当 n 个价格都确定时，则必有其他 n 个参数不能自由变化。这与微观经济学中的均衡条件类似：一个市场主体在价格和数量之间只能选择一个作为自己的决策变量，不能两者都控制。

对价格形成模型（3-4）和模型（3-5），同样可以写出对应的价格影响模型，在此不做赘述。

第二节　不变价格投入产出表编制方法论

不变价格投入产出表编制是许多投入产出分析应用的基础工作，编制不变价格投入产出表是投入产出分析的理论和实际工作者具有普遍性的要求。中国人民大学和国家统计局的有关专家合作，在国家哲学社会科学基金重大项目的支持下，在一定条件下编制了 1992~2005 年我国的可比价投入产出序列表。在实践中，他们发现编制不变价格投入产出表非常困难，即实际中不可能对投入产出表的每一个单元编制其价格指数，从而不得不退而求其次，对每一行采用单一价格指数进行缩减[①]。

虽然对不变价格表的应用需要谨慎注意其经济意义解释（具体内容见第四节），但是，许多问题不得不用。例如，能源与环境问题的分析，不考虑价格变动将严重扭曲分析结论。严格说来，对每一笔交易或投入产出表中的每一个单元格都需要确定其价格指数，但这在实际上是不可能的。目前，简化的做法是对每一个投入产出表生产部门设计一个价格指数。对普通投入产出分析应用研究者，搜集价格指数数据是一项十分困难的工作，通常只能得到部分部门的近似价格指数，其他部门的价格指数只能在一定假定下推算。现在，国家统计局在价格指数上提供了比较充分的统计数据，2003 年以来，24 类农产品、38 类工业各行业部门的生产者价格指数以及

---

① 刘起运，彭志龙. 中国 1992~2005 年可比价投入产出序列表及分析[M]. 北京：中国统计出版社，2010：6-8.

1990 年以来三类固定资产投资价格指数都可以在国家统计局网站上查到（表 3-1）。所以，需要估计的就是第三产业的价格指数。应用价格影响模型，在对最初投入系数做出一定假定下就可以求得各部门的生产者价格指数[①]。

表 3-1　中国分部门生产者价格指数（上年=100）

部门	2014 年	2010 年	2003 年	部门	2014 年	2010 年	2003 年
农产品	99.8	110.9	104.4	医药制造业	100.7	103.2	94.3
农业生产服务	104.0	104.3		化学纤维制造业	94.7	114.1	104.2
煤炭开采和洗选业	89.0	110.0	112.6	橡胶制品业	96.6	103.8	97.4
石油和天然气开采业	96.8	137.8	115.3	塑料制品业	99.8	102.3	102.7
黑色金属矿采选业	91.2	117.5	140.1	非金属矿物制品业	99.9	102.1	99.6
有色金属矿采选业	96.5	119.0	113.4	黑色金属冶炼及压延加工业	92.8	107.4	114.6
非金属矿采选业	99.3	106.4	102.0	有色金属冶炼及压延加工业	95.6	117.3	114.6
农副食品加工业	99.1	105.5	109.9	金属制品业	98.6	101.7	103.6
食品制造业	102.0	103.3	99.2	通用设备制造业	99.5	100.1	99.4
饮料制造业	100.5	102.9	97.0	专用设备制造业	99.8	101.2	98.2
烟草制品业	100.3	100.4	97.5	交通运输设备制造业	99.5	100.3	94.7
纺织业	99.4	108.5	100.6	电气机械及器材制造业	98.8	103.2	100.0
纺织服装、鞋、帽制造业	100.3	101.7	97.1	通信设备、计算机及其他电子设备制造业	98.3	98.3	91.7
皮革、毛皮、羽毛（绒）及其制品业	101.8	101.7	97.3	仪器仪表及文化、办公用机械制造业	99.1	99.1	95.0
木材加工及木、竹、藤、棕、草制品业	100.9	101.5	98.5	工艺品及其他制造业	100.1	103.5	101.9
家具制造业	100.8	101.4	98.2	废弃资源和废旧材料回收加工业	93.5	107.5	112.7
造纸及纸制品业	99.2	103.5	97.7	电力、热力的生产和供应业	100.2	102.0	98.7
印刷业和记录媒介的复制	100.0	100.7	94.6	燃气生产和供应业	103.5	105.4	98.8
文教体育用品制造业	100.4	102.4	98.5	水的生产和供应业	102.6	105.1	100.4
石油加工、炼焦及核燃料加工业	94.8	117.8	108.2	固定资产投资价格指数	100.5	103.6	102.2
化学原料及化学制品制造业	98.0	108.0	106.3	建筑安装工程固定资产投资价格指数	100.6	104.9	104.2

注：在统计中，对农产品是农产品生产者价格指数，对工业部门是生产者出厂价格指数，农业生产服务价格指数属于农业生产资料价格统计指数

[①] "不变价格投入产出表的两个性质"和第三节的主要内容参见：刘新建. 不变价格投入产出表编制及应用中的若干理论问题[J]. 统计与决策，2011，（18）：12-16。

一、一种不变价格表编制方法

设一个经济体某年（称报告年）的现价投入产出表是 $\begin{pmatrix} X & Y & Q \\ Z & & \end{pmatrix}$，

如今希望获得其相对于某个年份为基年的不变价格表 $\begin{pmatrix} \bar{X} & \bar{Y} & \bar{Q} \\ \bar{Z} & & \end{pmatrix}$。设以

相对于基年的价格指数的倒数构成列向量 p，那么有[①]

$$(\bar{X} \quad \bar{Y} \quad \bar{Q}) = \hat{p}(X \quad Y \quad Q) \qquad (3\text{-}12)$$

设不变价格表仍然保持行列平衡，那么应有

$$e\bar{X} + \bar{Z} = e\hat{p}X + \bar{Z} = p'X + \bar{Z} = \bar{Q}' = \hat{p}Q' = p'\hat{Q}$$

即

$$p'X + \bar{Z} = p'\hat{Q} \qquad (3\text{-}13)$$

式（3-13）两边同时乘以 $\hat{Q}^{-1}$ 可得

$$p'A + \bar{Z}\hat{Q}^{-1} = p'A + \bar{Z}(\hat{p}^{-1}\hat{\bar{Q}})^{-1} = p'A + \bar{Z}\hat{p}\hat{\bar{Q}}^{-1} = p'A + p'\hat{\bar{Z}}\hat{\bar{Q}}^{-1} = p' \qquad (3\text{-}14)$$

式（3-14）中，A 为现价表的投入系数矩阵。令 $\bar{v} = \bar{Z}\hat{\bar{Q}}^{-1}$，其是不变价格表的增加值系数向量。于是有

$$p'A + p'\bar{v} = p' \qquad (3\text{-}15)$$

设已知前 n_1 个部门的价格指数，而后 n_2 个部门的价格指数未知，依此将式（3-15）写成分块矩阵，则有

$$p_1' = p_2'A^{21}(1 - A^{11} - \hat{\bar{v}}_1)^{-1} \qquad (3\text{-}16)$$
$$p_2' = p_1'A^{12}(1 - A^{22} - \hat{\bar{v}}_2)^{-1}$$

因为现价表的投入系数矩阵可由现价表算出，根据式（3-16）的第二个公式，如果能够知道第二类部门的不变价格增加值系数，就可由已知第一类部门的价格指数求得第二类部门的价格指数。如果有基年的现价投入产出表，则可以假设报告年份不变价格表的增加值系数与基年相同；如果没有基年的现价表或其他可参照的增加值系数，则只好假设不变价格表增加值系数与报告年现价表增加值系数相同。

用计算出的价格指数对现价表进行变换就可得不变价格表的第一和第二象限的数据及总产出；不变价格表的增加值行用生产法核算，即用各部门不变价格的总产出减去不变价格的中间使用合计。因为需要对未知价

---

① 例如，设报告年的现价总产值是 1 100 亿元，报告年相对于基年的价格指数是 110，则总产值的不变价格值是 1 100/1.10=1 000（亿元）。

格指数部门的增加值系数按某种不变性进行估计，所以，基年与报告年不能相隔太远。要编制不变价格序列表，应该有较密集的现价表。

二、不变价格投入产出表的两个性质

性质 3-1：投入系数矩阵对角元素的不变性。

令 A 是由现价表获得的投入系数矩阵，$\bar{A}$ 是由不变价格表获得的投入系数矩阵，则必有

$$\bar{a}_{kk} = a_{kk}, \quad k = 1, 2, \cdots, n \tag{3-17}$$

即不变价格投入系数矩阵与现价投入系数矩阵的主对角元素相等。证明很简单：

$$a_{kk} = \frac{X_{kk}}{Q_k} = \frac{p_k \bar{X}_{kk}}{p_k \bar{Q}_k} = \frac{\bar{X}_{kk}}{\bar{Q}_k} = \bar{a}_{kk}, \quad k = 1, 2, \cdots, n$$

由此性质可知，如果把所有部门总合成一个部门，投入系数即中间消耗系数与通货膨胀无关。这个结论成立的条件是中间产品与最终产品总价格指数相同。

性质 3-2：结构比例变动率分解定理。

对任意现价投入产出表中一个向量 R，设 p 是一个价格指数向量，R 与对应的不变价格向量 $\tilde{R}$ 之间的关系是 $R = \hat{p}\tilde{R}$。定义 R 的结构比例为 $\eta = R(eR)^{-1}$，即

$$\eta_k = \frac{R_k}{\sum\limits_i R_i} = \frac{p_k \tilde{R}_k}{\sum\limits_i p_i \tilde{R}_i}, \quad k = 1, 2, \cdots, n$$

上式两边对时间求导数，可得

$$\dot{\eta}_k = \left(\frac{\dot{p}_k}{p_k} + \frac{\dot{\tilde{R}}_k}{\tilde{R}_k} \right) \eta_k - \eta_k \sum_i \left(\frac{\dot{p}_i}{p_i} + \frac{\dot{\tilde{R}}_i}{\tilde{R}_i} \right) \eta_i, \quad k = 1, 2, \cdots, n$$

于是有

$$\frac{\dot{\eta}_k}{\eta_k} = \left(\frac{\dot{p}_k}{p_k} + \frac{\dot{\tilde{R}}_k}{\tilde{R}_k} \right) - \sum_i \left(\frac{\dot{p}_i}{p_i} + \frac{\dot{\tilde{R}}_i}{\tilde{R}_i} \right) \eta_i, \quad k = 1, 2, \cdots, n$$

记 $M_p = \sum\limits_i \frac{\dot{p}_i}{p_i} \eta_i$，$M_{\tilde{R}} = \sum\limits_i \frac{\dot{\tilde{R}}_i}{\tilde{R}_i} \eta_i$，则有

$$\frac{\dot{\eta}_k}{\eta_k} = \left(\frac{\dot{p}_k}{p_k} + \frac{\dot{\tilde{R}}_k}{\tilde{R}_k} \right) - \left(M_p + M_{\tilde{R}} \right), \quad k = 1, 2, \cdots, n \tag{3-18}$$

此处的 M_p 和 $M_{\tilde{R}}$ 实际上就是对应于 R 的总价格变化指数与总物量增

长指数。如果 $\boldsymbol{R}$ 是总产出向量或增加值向量，则 $\boldsymbol{M}_p$ 和 $\boldsymbol{M}_{\tilde{R}}$ 分别是通货膨胀率与经济增长率，二者合计是名义量 $\boldsymbol{R}$ 的增长率，而式（3-18）就是现价总产出或增加值的产业结构变化。

对离散时间变量，需要保留高阶项：

$$\frac{\Delta \eta_k}{\eta_k} = \left(\frac{\Delta p_k}{p_k} + \frac{\Delta \tilde{R}_k}{\tilde{R}_k} + \frac{\Delta p_k}{p_k} \frac{\Delta \tilde{R}_k}{\tilde{R}_k} \right) - \frac{\Delta(eR)}{eR}, \quad k = 1, 2, \cdots, n \quad （3-19）$$

第三节 关于不变价格投入产出表的若干理论问题

如前指出，通常只能以一个单一价格指数对现价投入产出表中的行进行缩减得到不变价格表，这种做法对分析结果的影响无法估计。实际上，问题不仅如此，不变价格投入产出表及数学模型的理论意义至今尚未得到深入研究。本节以基本理论模型为基础，仔细分析不变价格投入产出表中主要经济指标和经济结构的意义变化。

一、不变价格投入产出表模型

为了从简单到复杂逐步厘清不变价格投入产出表的意义，下文从同质产品单一价格模型到现实的混合产品模型逐一讨论其不变价格投入产出表的编制理论。

（一）同质产品单一价格模型

设一个投入产出表中的部门是绝对的纯产品部门，即产品是完全相同的，且在整个经济中，每一产品以同一个单一价格交易计算。对这样的经济，在时期 t 有投入产出表 $\begin{pmatrix} \bar{X}^t & \bar{Y}^t & Q^t \\ Z^t & & \end{pmatrix}$，其中，$\bar{X}^t$ 表示 $n \times n$ 中间使用实物流量矩阵，$\bar{Y}^t$ 表示 $m \times n$ 最终使用实物流量矩阵，Z^t 表示 $4 \times n$ 现价最初投入流量矩阵（假设有四项最初投入），Q^t 表示实物总产出向量。

设 P^t 是市场价格向量，e 是元素全为 1 的列向量。于是，投入产出行模型和列模型如下：

$$\begin{cases} \sum_{j=1}^n \bar{X}_{ij}^t + \sum_{k=1}^m \bar{Y}_{ik}^t = Q_i^t \quad \Rightarrow \quad \bar{X}^t e + \bar{Y}^t e = Q^t \\ \sum_{i=1}^n P_i^t \bar{X}_{ij}^t + \sum_{s=1}^4 Z_{sj}^t = P_j^t Q_j^t \quad \Rightarrow \quad P^{t\prime} \bar{X}^t + e' Z^t = P^{t\prime} \hat{Q}^t \end{cases} \quad （3-20）$$

设以 $t = 0$ 表示参照基期，P^0 表示基期的价格向量，则 t 期的不变价格投入产出表如下：

$$\begin{pmatrix} \hat{\boldsymbol{P}}^0 \bar{\boldsymbol{X}}^t & \hat{\boldsymbol{P}}^0 \bar{\boldsymbol{Y}}^t & \hat{\boldsymbol{P}}^0 \boldsymbol{Q}^t \\ \boldsymbol{Z}^{t0} & & \end{pmatrix},$$

其中，$\boldsymbol{Z}^{t0}$ 是经过不变指数调整后的不变价格最初投入矩阵，具体意义见下文。相应的投入产出代数模型为

$$\begin{cases} \sum\limits_{j=1}^n \boldsymbol{P}_i^0 \bar{\boldsymbol{X}}_{ij}^t + \sum\limits_{k=1}^m \boldsymbol{P}_i^0 \bar{\boldsymbol{Y}}_{ik}^t = \boldsymbol{P}_i^0 \boldsymbol{Q}_i^t & \Rightarrow \hat{\boldsymbol{P}}^0 \bar{\boldsymbol{X}}^t e + \hat{\boldsymbol{P}}^0 \bar{\boldsymbol{Y}}^t e = \hat{\boldsymbol{P}}^0 \boldsymbol{Q}^t \\ \sum\limits_{i=1}^n \boldsymbol{P}_i^0 \bar{\boldsymbol{X}}_{ij}^t + \sum\limits_{s=1}^4 \boldsymbol{Z}_{sj}^{t0} = \boldsymbol{P}_j^t \boldsymbol{Q}_j^t & \Rightarrow \boldsymbol{P}^{0'} \bar{\boldsymbol{X}}^t + e' \tilde{\boldsymbol{Z}}^t = \boldsymbol{P}^{0'} \hat{\boldsymbol{Q}}^t \end{cases} \tag{3-21}$$

　　现价投入产出表的列反映的是产品的价值构成或价值分配，行反映的是产品的用途（或可称为使用价值）构成或实物分配。在同质产品单一价格模型中，实物表的行乘以任何一个非 0 常数都不会改变表的实物构成比例，所以不变价格投入产出表的行依然是可加的，不改变原来的分配意义。

　　一套价格系统反映一种经济均衡结构。如果用不同的价格向量制成投入产出表，其列表示在新的价格系统下不同的价值分配构成，从而不变价投入产出表与现价投入产出表不是同一个经济系统条件。对最初投入部分 $\boldsymbol{Z}^{t0}$，根据不变价格的意义，劳动报酬行在单一工资率下，应该用工资率指数编制不变价格劳动报酬行向量；生产税行在单一税率下，应该用税率指数编制不变价格生产税行。至于固定资产折旧行，因为它实质上与实际的固定资产损耗没有对应关系，应该看做资本所有者的一个毛收入的构成部分，所以，它与经营盈余合计是一个剩余量（在国民经济核算中称为平衡项），二者合计等于不变价格总产值减去不变价格总中间投入，再减去不变价格劳动报酬和不变价格生产税之和。通过这样的核算，就得到了一个不变价格投入产出表。这个投入产出表的经济意义是，新时期的经济生产结果以基期的经济分配制度分配时的分配结果。也就是说，价格、工资率和税率体系代表了一种经济分配制度。

　　（二）同质产品混合价格模型

　　设仍然有上文所指定的实物投入产出表，但是，现实经济中，相同产品的每一笔交易价格都可能是不同的，即对 $\bar{X}_{ij}^t$ 有价格 P_{ij}^{mt}，对 $\bar{Y}_{ik}^t$ 有价格 P_{ik}^{ft}，这时就不能直接将总产出 Q_i^t 与一个单一价格 P_i^t 相乘得到总产值，这时的总产值实际是一个定义值。这个定义的总产值记为 G^t，相应的投入产出模型如下：

$$\begin{cases} \sum_{j=1}^{n} P_{ij}^{mt} \overline{X}_{ij}^{t} + \sum_{k=1}^{m} P_{ik}^{ft} \overline{Y}_{ik}^{t} = G_{i}^{t} \\ \sum_{i=1}^{n} P_{ij}^{mt} \overline{X}_{ij}^{t} + \sum_{s=1}^{4} Z_{sj}^{t} = G_{j}^{t} \end{cases} \quad （3-22）$$

令 $X_{ij}^{t} = P_{ij}^{mt} \overline{X}_{ij}^{t}$，$Y_{ik}^{t} = P_{ik}^{ft} \overline{Y}_{ik}^{t}$，于是就可得到现价投入产出表：

$$\begin{pmatrix} X^{t} & Y^{t} & G^{t} \\ Z^{t} & & \end{pmatrix}$$

以 $t=0$ 为参照基期，P_{ij}^{m0} 和 P_{ik}^{f0} 表示基期的价格，G_{i}^{t0} 表示不变价格的总产值（这里的 G_{i}^{t0} 也只能是一个定义量），于是不变价格投入产出表模型如下：

$$\begin{cases} \sum_{j=1}^{n} P_{ij}^{m0} \overline{X}_{ij}^{t} + \sum_{k=1}^{m} P_{ik}^{f0} \overline{Y}_{ik}^{t} = G_{i}^{t0} \\ \sum_{i=1}^{n} P_{ij}^{m0} \overline{X}_{ij}^{t} + Z_{j}^{t0} = G_{j}^{t0} \end{cases} \quad （3-22）'$$

令 $X_{ij}^{t0} = P_{ij}^{m0} \overline{X}_{ij}^{t}$，$Y_{ik}^{t0} = P_{ik}^{f0} \overline{Y}_{ik}^{t}$，于是有不变价格投入产出表：

$$\begin{pmatrix} X^{t0} & Y^{t0} & G^{t0} \\ Z^{t0} & & \end{pmatrix}$$

对这个不变价格投入产出表，在行向上，由于每笔交易的价格不再一定相同，所以行向量的价值计量的产品分配比例与实物单位计量的产品分配比例不再相同，这时行价值向量的意义就只表示在一定经济制度（用一个价格向量表示）下，该部门生产者以既定的实物交易量可以从各生产部门及最终使用部门获得的总价值收益，而不再表示产品的实物分配结构。当然，这个结论不仅对不变价格投入产出表成立，对现价投入产出表也成立，即从行向看，每一个数据代表生产部门从使用部门获得的总收益。在列向上，其经济意义解释与同质产品单一价格模型相同。

（三）混合产品模型

实际中编制的投入产出表，不仅每一笔交易的价格甚至投入产出表中每个单元的价格一般都不同，而且每一个投入产出部门内的产品可能是非常不同质的，所以每个单元格内的交易量都会是多种产品多种价格的混合。所以，严格说来，不存在与实际使用的价值投入产出表对应的实物投入产出表，因为行未必可加，所以，对混合产品投入产出模型，我们只有价值表，而没有对应的实物表。从具有现实可行的应用角度出发，假设有如下两个时期的现价投入产出表：

$$\begin{pmatrix} X^0 & Y^0 & G^0 \\ Z^0 & & \end{pmatrix} 和 \begin{pmatrix} X^t & Y^t & G^t \\ Z^t & & \end{pmatrix}$$

假设两个时期之间没有发生产品种类及质量的变化，所以，在理论上可以编制两个时期的价格指数。设对任意 X_{ij}^0 到 X_{ij}^t 有价格指数 p_{ij}^{mt}，从 Y_{ik}^0 到 Y_{ik}^t 有价格指数 p_{ik}^{ft}，又设以 $\tilde{X}_{ij}^t$ 和 $\tilde{Y}_{ik}^t$ 表示 t 时期不变价格的中间使用与最终使用，从而有

$$X_{ij}^t = p_{ij}^{mt} \tilde{X}_{ij}^t, \quad Y_{ik}^t = p_{ik}^{ft} \tilde{Y}_{ik}^t \tag{3-23}$$

同时，令

$$\tilde{G}_i^t = \sum_{j=1}^{n} \tilde{X}_{ij}^t + \sum_{k=1}^{m} \tilde{Y}_{iik}^t \tag{3-24}$$

于是，不变价格投入产出表如下：

$$\begin{pmatrix} \tilde{X}^t & \tilde{Y}^t & \tilde{G}^t \\ \tilde{Z}^t & & \end{pmatrix}$$

$\tilde{Z}^t$ 的构造同前。如果令 $\dfrac{G_i^t}{\tilde{G}_i^t} = p_i^t$，因为 $\sum\limits_{j=1}^{n} X_{ij}^t + \sum\limits_{k=1}^{m} Y_{ik}^t = G_i^t$，则有

$$\sum_{j=1}^{n} p_{ij}^{mt} \tilde{X}_{ik}^t + \sum_{k=1}^{m} p_{ij}^{ft} \tilde{Y}_{ik}^t = p_i^t \tilde{G}_i^t \tag{3-25}$$

所以有

$$\sum_{j=1}^{n} \frac{p_{ij}^{mt}}{p_i^t} \tilde{X}_{ij}^t + \sum_{k=1}^{m} \frac{p_{ik}^{ft}}{p_i^t} \tilde{Y}_{ik}^t = \tilde{G}_i^t \tag{3-26}$$

显然，一般情况下不会有 p_i^t 使 $\dfrac{X_{ij}^t}{p_i^t} = \tilde{X}_{ij}^t$，$\dfrac{Y_{ik}^t}{p_i^t} = \tilde{Y}_{ik}^t$，由此，可以推出，对实际使用的投入产出表，不存在符合每个交易者利益（以各单元为代表）的一致性价格指数使不变价格投入产出表行方程成立。如果强制使用总产出的价格指数 p_i^t 来统一，则必不能反映交易者（供求双方）的具体利益，从而偏离不变价格投入产出表列向的真实价值分配构成。对混合产品投入产出表，由于没有实物量对应，所以严格来说，其行向上也无法计算出部门产品的实物分配构成。同时，也不能简单称为价值分配构成，只能暂称为以价值计量的部门产品分配构成。对经常讨论的分配系数投入产出模型，仅在各部门投入产出结构基本稳定时，可以代表实物的平均分配比例构成，但绝不是实物分配本身，而是其价值影像。

二、基于不变价格投入产出表的经济变量意义分析

根据上述分析可知，不变价格投入产出表中各种量的经济意义解释受到严格限制，但是，现实经济分析又需要某种不变价格的投入产出表，为了不过度解释由不变价格投入产出表所得的分析结果，需要细致辨析有关变量的经济含义。

（一）不变价格投入产出表的总产出相关意义

在现价投入产出表中，每个经济变量值（每个单元格都是一个变量）都是经济系统中各种利益关系博弈的结果。现价总产出结构既包含社会总资源在生产领域的分配结构，也包含不同领域资本竞争的均衡结果，是一种综合经济关系结构。

根据前面对不变价格投入产出表不变量经济意义的揭示，不变价格总产出是一个部门的总产品在全部中间使用和最终使用中的交易量经过价格调整后的总值；而一定的价格体系是特定经济制度下各种产品市场竞争力的体现。所以，不变价格总产出是以特定竞争力结构衡量的报告期一个部门的总产出的可获总收益。现价表可以看做一种特殊的不变价格表。

从变化量来说，对同质产品单一价格模型，不变价格总产出的变动反映的是物量变动。但是对同质产品混合价格模型，这个结论不再成立，即不变价格总产出的变动并不等同于物量的变动，其解释如下。

设对同种产品，P_k 价格对应的产出是 Q_k，共 m 种价格，那么该种产品的实物总产出是 $\sum_{k=1}^{m} Q_k$，对应价格体系 $(P_1, P_2, \cdots, P_m)$ 的价值总产出是 $\sum_{k=1}^{m} P_k Q_k$。于是，随时间的物量变化率是 $\sum_{k=1}^{m} \dot{Q}_k \Big/ \left(\sum_{k=1}^{m} Q_k \right)$，价值变化率是 $\left[\sum_{k=1}^{m} \left(\dot{P}_k Q_k + P_k \dot{Q}_k \right) \right] \Big/ \sum_{k=1}^{m} P_k Q_k$。当价格为不变价格时，价值变化率就是 $\sum_{k=1}^{m} P_k \dot{Q}_k \Big/ \sum_{k=1}^{m} P_k Q_k$，这其实就是不变价格的总产出变化率，它显然与实际的物量变化率 $\sum_{k=1}^{m} \dot{Q}_k \Big/ \sum_{k=1}^{m} Q_k$ 不同。令 $w_k^p = P_k Q_k \Big/ \sum_{t=1}^{m} P_t Q_t$，$\eta_k = \dot{Q}_k / Q_k$，则不变价格总产出变化率是 $\sum_{k=1}^{m} w_k^p \eta_k$，而实际物量总产出变化率是 $\sum_{k=1}^{m} \dot{Q}_k \Big/ \sum_{t=1}^{m} Q_t = \sum_{k=1}^{m} \left(Q_k \Big/ \sum_{t=1}^{m} Q_t \right) \eta_k = \sum_{k=1}^{m} w_k^Q \eta_k$。这说明不变价格总产出变化率和实际物量总产出变化率是不同的权重系统计算下的平均物量变化率。要使二者相等，

应有 $\sum_{k=1}^{m}\left(w_k^P - w_k^Q\right)\eta_k = 0$，说明不变价格体系的选择对用不变价格总产出衡量的实际产出变化率的精度有重要影响。

对混合产品模型，由于各产品的物量之间不具有可加性，所以，对某种不变价格体系的总产出变动率与实际物量产出变动率的接近性就缺少判断的基准。实际上，对混合产品系统的实际总物量变化率也不存在一个确切的衡量值，这在根本上是不同使用价值的不可比性造成的。一个不变价格总产出变动率只是对各种产品的物量变化率选取了某种加权平均值。

基于以上讨论，可以认为不变价格的总产出结构是没有经济意义的。

（二）GDP 核算的经济意义再讨论

GDP 在现价下有三种核算方式，即支出法、收入法和生产法。这三种方法表示的投入产出表元素如下（具体见第二章第一节）。

（1）支出法：

$$GDP = \sum_{i=1}^{n}\sum_{k=1}^{m} Y_{ik}$$

（2）收入法：

$$GDP = \sum_{i=1}^{n}\sum_{s=1}^{4} Z_{sj}$$

（3）生产法：

$$GDP = \sum_{i=1}^{n} Q_j - \sum_{j=1}^{n}\sum_{i=1}^{n} X_{ij}$$

理论上，这三种方法核算出的 GDP 是相等的。对不变价格表，假设所有同行元素都用相同价格指数处理，即 $\left(\tilde{X}_{ij}, \tilde{Y}_{ik}, \tilde{Q}_i\right) = \left(\dfrac{X_{ij}}{p_i}, \dfrac{Y_{ik}}{p_i}, \dfrac{Q_i}{p_i}\right)$，那么，理论上可以保证三种核算法计算出的不变价格 GDP 仍然相等，因为增加值或经营盈余就是一个差额平衡项，但是其经济意义值得深究。

1. 一般不变价格 GDP 的经济意义

现价 GDP 从投入方向观察是各部门或各机构的毛增加值（包括折旧基金）之和。一个部门的毛增加值是其总产出的总货币价值减去对各部门产品的生产使用的货币价值（即中间使用价值）之和后的余额。在投入产出表中，从列向看，投入一方面表现为部门的生产消耗，另一方面表现为产品总价值对各个社会经济机构的初次分配结果。这些分配一部分是对中间投入产品生产部门的经济支付；另一部分是对原始生产要素所有者的初次收入分配，包括劳动力所有者、资本所有者和权力所有者[①]，还包括对固定资产的补偿基金。投入产出表从行向看，一方面表现为产品的分配去向结构；另一方面表现为产品生产部门的收入来源结构。现价 GDP 从产出方向观察，是所有最终使用之总和。

计算实际 GDP 首先要制定相对于既定基期的 GDP 缩减指数。现在有两种基本核算法。第一种是对最终使用部分进行统计以计算最终使用总价格指数作为 GDP 缩减指数；第二种是对总产出和中间投入分别计算价格指数，再分别对总产出和中间使用进行缩减（故称为双缩法），然后以二者不变价格值之差作为部门不变价格增加值，各部门加总后即得不变价格GDP。但是，第二种方法因为涉及交易多而杂，所以积累误差很大。另外，还有其他一些在理论上更欠佳的方法，在不得已时使用[②]。因此，从理论和实际两方面考虑，从最终使用方面计算不变价格 GDP 是最适当的。

如果统计是完全的，即记录了经济系统中的每一笔交易，那么生产法和支出法计算出的不变价格 GDP 是完全相等的。首先，总产出的不变价格统计应包括全部门的交易行为，因而是包括了投入产出表第一和第二象限的全部交易活动；其次，支出法仅计算了第二象限的交易活动，而生产法是从全部交易活动中减去中间投入活动，即减去第一象限的交易活动。所以，两种方法计算出的不变价格 GDP 在理论上应该是相等的。但是，在实际中由于采用的抽样调查方式不同，二者之间存在不小的统计误差。

从经济意义上讲，即便现价 GDP 也不具有确定的物质含义。它既不表示使用价值总量，因为使用价值根本上是不可加的，也不表示货币价值总量，因为作为最终使用，它大部分都已经被消费和消耗掉，即不存在了，相对应的货币量作为已完成交易的货币符号，其真实价值需要在下一轮交易中才能体现出来。现价 GDP 实际上就是一个统计意义指标，大致表示一个经济体的规模，其 1%甚至 5%的误差也说明不了多少经济问题（不少行业部门的统计误差达到 5%左右）。当然，从收入核算角度讲，GDP 是对过去的生产活动总收入的记录，但这只对部门之间获益多少比较有意义，作为经济总体，只有不变价格 GDP 计算的经济增长率有意义，表示经济的平均增长情况。

然而对考虑附着在 GDP 上的各种实物经济量，还是有一定分析意义

---

① 这里的权力所有者主要是指政治权力所有者，通过国家财政系统进行收付。
② 联合国，欧盟委员会，经济合作与发展组织，等. 国民经济核算体系 1993[M]. 中国国家统计局国民经济核算司，中国人民大学国民经济核算研究所译. 北京：中国统计出版社，1995：427-430.

的。例如，我们可以计算其上的总能源消耗量和总劳动量，通过这些量可以研究一些经济学问题，如资源问题、收入分配问题等。所以，不变价格GDP 只是作为描述经济总规模变动的一个指标，且具有一定的经济学意义和管理调控指标意义。

上文的讨论说明，对不同时期或不同国家与地区生产总值的比较不具有精确的意义。以不同国家来说，这种比较的结果不仅与采用的汇率体系有关，而且与采用的价格体系有关。对有较大产业结构差异和发展水平差异的国家来说，它们的 GDP 数值严格说来是不可比的，至少不是一个比率变量指标，即倍数关系不成立①。

2. 不变价格增加值结构的经济意义

对每一个部门或每一个机构，其增加值等于总产值减去中间投入总值的余额。在现价投入产出表上，它反映的是一个部门或一个机构的生产劳动者和经营者从生产经营活动中获得的总收入，这些收入有一部分作为税上缴财政，也可能从财政获得补贴收入。

根据第二节理论可知，计算一个部门的不变价格增加值，应先对行向各交易项求和计算出不变价格总产出，再计算各项中间投入的不变价格值并求和，然后二者相减得出一个部门的不变价格增加值。

根据不变价格体系的意义，一个部门的不变价格增加值就是在某个设定价格体系代表的竞争格局下，该部门从以现期生产能力生产出的总产品中可获得的增加值收入。当然，这里假定了其所有当期生产出的产品的实物交易量不随之发生变化。所以，一个经济体系的不变价格增加值部门结构就是在某个价格体系代表的竞争格局下，各部门以当前总产出可获得的收入之比，其中假定不改变既成的交易实物量。

很显然，不同的价格体系将产生不同的增加值部门结构。那么，一个经济体系的产业结构及最优产业结构应该使用何种价格体系呢？产业结构的变化应使用何种价格体系呢？

在一般产业结构讨论中，人们多使用现价增加值结构，如《中国统计年鉴》中的 GDP 构成表和第三产业增加值构成表。因为增加值是一种收入核算，所以一个经济的增加值结构实际上是国民经济毛收入的初次分配结

---

① 这个判断可能引出一个令人沮丧的推论：发展差异大的经济体由于价格体系严重不同而不可比，而发展相近的经济体由于价格体系的不大变动就可能改变比较排序，所以不变价格 GDP 的实际经济意义模糊不清。例如，同样数量的中国 GDP 与日本 GDP 有无可比性？德国人均 GDP 与日本人均 GDP 的差异有实质意义吗？

构[1]，而不是生产结构。只有当我们假定各部门的生产劳动者与资产所有者的初次所得之和等于它们的实际产出时，增加值结构才能代表各部门对经济的产出贡献率，或者假定经济交易是完全按价值交换时，增加值结构代表了各部门的新创价值结构。首先，各部门产品的交易并非是完全竞争下的价格，甚至有些部门是非市场价格，所以，增加值的现价结构并不能代表各部门对经济的实际贡献率；其次，即使符合完全竞争条件，但是由于市场价格平均等于实际上是由平均利润率决定的生产价格，而不是价值，所以各部门的收入并不等于其创造的价值，即使平均来说也不等，所以增加值结构也不是价值创造之结构。

综上分析可知，现价增加值结构本质上就是当期国民经济收入的初次分配结构，别无他意。至于不变价格增加值结构，如前所说，由于不变价格的总产出结构没有实际的经济意义，所以不变价格的增加值结构也没有实际的经济意义。正如已经被指出的[2]："在一组相对价格下有效的生产过程，在另一组相对价格下就不那么有效。如果另一组价格大不相同，这一生产过程的低效率就可能非常明显地表现出来，即总增加值为负。"在有增加值为 0 或负的情况下，列昂惕夫逆的存在性也没有绝对保证。

实际上，对各种经济结构指标要能够正确使用，使其有确实的理论上或应用上的经济意义，首先必须明确一次研究或分析工作的真正目的，明确想用这样的指标反映什么理论或现实问题。例如，当使用经济的三次产业结构指标时，就必须明确想用其反映的具体经济问题。实际中，当我们说，随着经济发展水平的提高，第三产业的比例越来越大，这时我们实际上是想阐述：①人们从第三产业中获得的收入比例越来越大；②第三产业占用的劳动力资源越来越大。这样的说法隐含以下两层含义：①增加值结构是收入的部门结构的恰当反映；②较大的增加值比例通常意味着较高的劳动力占用比例。但是，不能把第三产业比例增加说成是经济结构优化。这一错误说法必须得到纠正[3]。实际上，我们可以直接使用劳动力占用结构指标。

---

① 正如《中国统计年鉴 2009》所说，从收入形态看，它（是指 GDP）是所有常住单位在一定时期内创造并分配给常住单位和非常住单位的初次收入之和。

② 联合国，欧盟委员会，经济合作与发展组织，等. 国民经济核算体系 1993[M]. 中国国家统计局国民经济核算司，中国人民大学国民经济核算研究所译. 北京：中国统计出版社，1995：427.

③ 因为三次产业的结构变动规律是经济发展的必然规律，不同阶段有不同阶段的表现，不能强求。而且，经济体的规模必须达到一定水平，才能有相应的比例结构。例如，一个村的经济产业结构在较低发展水平时也可以服务业为主体，如一些落后的旅游景区。

（三）最终使用结构的经济意义

最终使用部分的数据从行列两个角度看，行反映的是部门产品的使用方向，各方向是不同类型的社会使用价值；列反映的是收入的使用方向，即收入在各种产品上的使用。对单个经济主体单位，列向数据是其可支配收入用于各类消费或投资的结构。

对不变价格表，因为不变价格相对于现价已经改变了收入结构，所以认为不变价格表几项最终使用结构（即居民消费、政府消费、固定资本形成、库存增加和进出口结构）已经失去合理的经济意义。当然，如果能计算出不变价格居民收入，然后用其去除不变价格居民消费向量，获得的居民消费结构或许还有一定意义。

在现价表中，总消费与总资本形成的比例反映了消费和积累的关系。但是，对不变价格表，因为不变价格 GDP 的绝对量没有实质意义，所以，其中的消费与积累比例也没有实际意义。

通过上述追根溯源的讨论可以看出，相对于现价表，不变价格投入产出表中各类经济变量的经济意义发生了很大变化，特别是一些结构变量已经失去了经济意义，所以，在分析应用中需要仔细辩证分析。不变价格投入产出表的最大应用可能在于对经济变动的分析，而这要依赖于相应系数矩阵的稳定性，所以，应进一步对现价表和不变价格表的系数稳定性进行深入的比较研究。

第四节　农产品价格影响分析

农产品价格问题牵动着社会的每一个人，尤其是中低收入人群的生活，严重时引起社会动荡。自改革开放以来，我国农产品价格共有五次超过 10%的剧烈变动。第一次是 1979 年，上涨 22.1%；第二次是 1987~1989年，三年分别上涨 12%、23%和 15%；第三次是 1993~1995 年，三年分别上涨 13.4%、39.9%和 19.9%；第四次是 2004 年，上涨 13.1%；第五次是2007 年以来，2007 年上涨 18.49%，2008 年也超出 10%[①]。而且，有多次当国家统计局公报通货膨胀率或 CPI 时，人们明显感到与自身的感受不符。另外，中央为了提高和保护农民的利益，又必须支持农产品价格，给予巨额财政补贴，因此形成了一定的政策困境，这在 2007 年开始的通胀周期中

---

① 国家统计局最后公布数据为 14.1%。

非常明显。本节主要对农产品价格与通货膨胀的关系进行初步的理论说明，并用实际数据予以分析验证[①]。

一、两部门投入产出价格变动分析模型

为了集中注意力分析农产品价格变动与通货膨胀的关系，下面以两部门投入产出模型为基础展开分析。两个部门即第一部门农业和第二部门非农业（农业外的所有其他部门的总和）。由式（3-16）得到的价格模型如下：

$$\begin{cases} p_1 = p_2 \bar{a}_{21} \left(1-\bar{a}_{11}-v_1\right)^{-1} \\ p_2 = p_1 \bar{a}_{12} \left(1-\bar{a}_{22}-v_2\right)^{-1} \end{cases} \tag{3-27}$$

$$\begin{cases} p_2 = p_1 \left(1-\bar{a}_{11}-v_1\right)\bar{a}_{21}^{-1} \\ p_1 = p_2 \left(1-\bar{a}_{22}-v_2\right)\bar{a}_{12}^{-1} \end{cases} \tag{3-28}$$

其中，式（3-28）是将式（3-27）中 p_1 和 p_2 换位得到的，目的是分析同一因素对不同价格的影响。对式（3-27）和式（3-28）求偏导数，可以得到单因素变动的价格影响公式。式（3-27）第一式两边对 $\bar{a}_{11}$ 求偏导并乘以 $\bar{a}_{11}/p_1$ 可得

$$\frac{\partial p_1}{\partial \bar{a}_{11}} \frac{\bar{a}_{11}}{p_1} = p_2 \bar{a}_{21}\left(1-\bar{a}_{11}-v_1\right)^{-2} \cdot \frac{\bar{a}_{11}}{p_1} = \bar{a}_{11}\left(1-\bar{a}_{11}-v_1\right)^{-1} = \bar{a}_{11}/a_{21}$$

同理可以得到其他公式。将六个参数对 p_1 和 p_2 的单因素影响公式汇总于表3-2中。两部门模型的特点如下：$\bar{a}_{jj}=a_{jj}$，$1-\bar{a}_{11}-v_1=a_{21}$，$1-\bar{a}_{22}-v_2=a_{12}$（这里字母上不加横线表示以现价计算）。

表 3-2　两部门参数变动的价格影响计算公式

参数	p_1	p_2
$\bar{a}_{11}$	a_{11}/a_{21}	$-(p_1/p_2)(a_{11}/\bar{a}_{21})$
$\bar{a}_{21}$	1	-1
$\bar{a}_{22}$	$-(p_2/p_1)(a_{22}/\bar{a}_{12})$	a_{22}/a_{12}
$\bar{a}_{12}$	-1	1
v_1	v_1/a_{21}	$-(p_1/p_2)(v_1/\bar{a}_{21})$
v_2	$-(p_2/p_1)(v_2/\bar{a}_{12})$	v_2/a_{12}

---

① 本节内容完成于2008年中，这里保留原论文数据，对以后公布的实际统计数据在脚注中说明，具体可参见：刘新建，杨翠红. 基于新投入产出价格模型的农产品价格变动与通货膨胀关系解析. 统计与决策，2010，（8）：13-16。

　　由上面的模型可以看出，如果各部门的所有系数都不发生变化，那么所有部门价格将以相同比例变化；如果是上涨，就成为纯粹的通货膨胀。既然如此，该经济的最好行为就是大家都不涨价。反过来也可以说，除了有意的政府滥发货币或纯信用膨胀之外，通货膨胀的产生必然是各部门消耗系数（包括增加值系数）发生变化的结果。也许，对一个企业来说，它的涨价可能与它本身的成本结构无关，它本身生产可以不变，但整个经济必然发生了变化，否则，在市场经济下它就没有涨价的理由。例如，以2007年通胀的源头之一——猪肉涨价为例。虽然很多猪场受猪瘟而损失甚至消失，但起初并不一定影响其他猪场的成本结构。然而，从全部市场来看，供求关系发生了变化：首先，改变猪肉价格，猪肉价格变化就要改变猪产业的增加值系数；其次，改变以生猪为投入的产业的增加值系数，所以这个产业具有价格变化的动势。链条会一直扩展下去而遍历经济的各个行业。当然，如果只是货币现象，当达到新的均衡时，理论上各部门可以都涨价相同比例，那么，各行业的增加值系数又恢复原状。但是，能引起一个行业的供求变动的一般是大范围的问题，如大范围猪瘟，那么，在一定时间内，整个行业的成本还要加上受损企业的成本（所以，宏观成本与微观成本是不一样的），这必然导致消耗系数的变动，从而产生不均匀的价格变动。

　　确定了p_1和p_2之后，就可以以居民消费和总产值中农业与非农业的比例加权求得CPI及通货膨胀率。

二、两部门价格变动影响因素的实证分析模型

　　根据上述价格基本模型，分别应用2000年、2002年和2005年的当年价格表进行具体计算，结果见表3-3。采用当年价格，表示以该年度为基期。对于基期，$p_1 = p_2 = 1$。

表3-3　2000年、2002年、2005年投入产出系数单因素变动的价格影响

系数	2000年		2002年		2005年	
	p_1	p_2	p_1	p_2	p_1	p_2
$\bar{a}_{11}$	0.567 1	−0.567 1	0.634 2	−0.634 2	0.610 8	−0.610 8
$\bar{a}_{21}$	1.000 0	−1.000 0	1.000 0	−1.000 0	1.000 0	−1.000 0
$\bar{a}_{22}$	−14.485 4	14.485 4	−14.349 9	14.349 9	−15.147 9	15.147 9
$\bar{a}_{12}$	−1.000 0	1.000 0	−1.000 0	1.000 0	−1.000 0	1.000 0
v_1	2.149 3	−2.149 3	2.274 6	−2.274 6	2.284 3	−2.284 3
v_2	−7.745 1	7.745 1	−8.992 4	8.992 4	−7.660 8	7.660 8

从以上计算结果可以看出：非农业部门内部消耗系数（简称自耗系数）$\bar{a}_{22}$ 变动对价格的影响最大，它变动 1%对 2000 年、2002 年、2005 年的价格影响分别为 14.5%、14.3%和 15.1%，而农业部门自耗系数 $\bar{a}_{11}$ 的变动对价格的影响最小，它变动 1%对 2000 年、2002 年、2005 年的价格影响分别为 0.57%、0.63%和 0.61%；农业部门增加值系数的变动相对于非农业部门影响也较小，只有其三分之一不到；农业部门和非农业部门之间互消耗系数的变动对价格是单位弹性。这些计算结果都是在其他因素不变的情况下的单因素分析。在上述价格模型中，包括两个价格共有八个变量、两个方程，所以有六个自由变量、两个内生变量。如果引起某部门价格变动的是中间消耗系数的变动，那么，这种变动可以通过增加值系数的变动予以抵消。从历年不变价格投入产出表数据观察，2005 年之前农业部门投入结构的变动幅度在减小，年变动率降到接近 1% 或更小，所以，现在能引起价格剧烈变动的主要是非农业部门的自耗系数（$\bar{a}_{22}$）和其增加值系数（v_2）。本结果与韩志荣于 1995 年用价格指数分析得到的结论相似，他当时也指出，不能把通货膨胀的主要原因归于农产品价格方面[①]。

必须注意，在价格和增加值率四个参数之间，有两个是自由的，另外两个内生而定。如根据式（3-27），可以固定 p_2 和 v_1，而 p_1 和 v_2 就要由计算而得。式（3-27）和式（3-28）的对偶式如下：

$$v_1 = \left(1-\bar{a}_{11}\right) - \bar{a}_{21}p_2 \,/\, p_1 \qquad\qquad (3\text{-}29)$$

$$v_2 = \left(1-\bar{a}_{22}\right) - \bar{a}_{12}p_1 \,/\, p_2 \qquad\qquad (3\text{-}30)$$

三、农业部门价格变动影响的预测分析

下面把农产品价格作为外生变量，再考虑其他系数的变动，然后预测经济整体价格水平的变动。需要说明的是，本小节做的是预测分析，而不是实际预测，只是对现实的一种模拟分析。

（一）系数变动规律分析

作为预测分析的基础，需要先分析各个系数历年的变动趋势。根据 1987~2005 年不变价格序列投入产出表及当年价格表，我们计算了两部门的有关系数，见图 3-1~图 3-4。$\bar{a}_1, \bar{a}_2, a_1, a_2$ 表示中间消耗系数之和。

① 韩志荣. 农产品价格变动对物价总指数的影响[J]. 经济研究，1995，（3）：53-62.

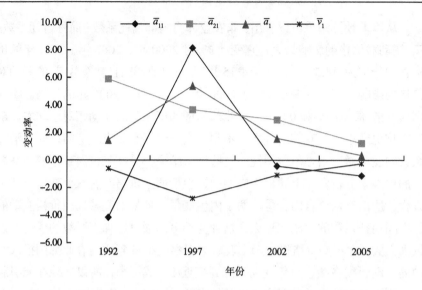

图 3-1　农业部门直接系数变动趋势（2000 年价格）

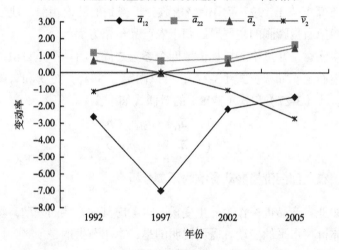

图 3-2　非农业部门直接系数变动率趋势（2000 年价格）

　　根据历史数据可知，各种系数变动的规律如下：农业部门的增加值率平均来说逐年下降。根据《中国统计年鉴》中当年价格的有关数据计算，1990~2006 年，农业增加值率共下降了 11.74%，平均每年下降约 0.78%；根据当年价格投入产出表计算，1990~2005 年农业增加值率共下降了 10.75%，平均每年下降 0.76%。这是农民收入持续下降在相关经济统计指标上的反映。随着近年来中央扶农政策的落实，农业增加值率应该得到大

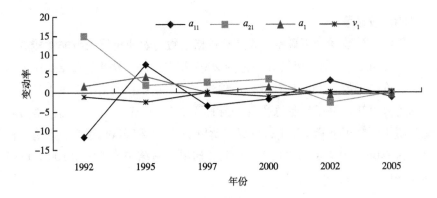

图 3-3　农业部门系数变动率趋势（当年价格）

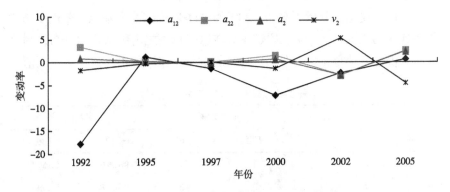

图 3-4　非农业部门系数变动率趋势（当年价格）

幅度回升[①]。《中国统计年鉴 2007》中的数据显示，1998~2006 年全部国有及规模以上非国有工业企业的增加值率平均维持不变，2007 年企业效益好转，工资率提高，工业增加值率会有所升高。根据 1987~2005 年不变价格序列表可知，六年中，$\bar{a}_{11}$ 有 5 年在下降，但趋于稳定。$\bar{a}_{21}$ 保持了上升趋势，但逐年减缓，这说明农业的产业化和机械化在逐步增强。预计，随着农业收益率的提高，这种趋势会继续，在 2007 年和 2008 年可能增加更快。非农产业对农业的消耗系数一直在持续下降，这种趋势还会继续，但速度会逐渐放缓；$\bar{a}_{22}$（不变价格）近年来一直是不断增大的，但随着国家节能减排、节约资源措施政策的加强，该系数以后几年有可能出现下降。企业效益提高通常也伴随消耗率的下降。在 2007 年和 2008 年，这个系数的减

① 根据国民经济核算的 GDP 三次产业增加值及农林牧渔业总产值计算可知，第一产业增加值率在 2008 年后开始提高，从 2008 年的 0.564 6（大于 2005 年但小于 2004 年）提高到 2014 年的 0.570 7。而根据投入产出表可知，2005 年、2007 年、2010 年和 2012 年农林牧渔业的增加值率几乎保持不变，分别是 0.586 5、0.586 2、0.584 7 和 0.585 5。

小可能比较显著。

历年统计数据分析显示，农产品价格指数与农业价格指数非常接近，相差在1%以内，所以以统计公报的2007年农产品价格指数118.5作为当年农业价格指数，2008年权威机构预测在112左右；根据历年投入产出表变动趋势可知，每年农业总产值比例下降0.5~0.6个百分点，居民消费农业产值比例每年下降1.8个百分点，所以2007年和2008年的总产值结构分别为0.062：0.938与0.057：0.943，居民消费结构分别为0.109：0.891和0.091：0.909。

（二）预测分析

根据上述趋势分析可知，以2007年的CPI=104.8为基准，核定的2007年系数变动范围见表3-4。假定系数在这个范围之内服从均匀分布，则可证明，价格变动也是均匀分布，以计算的价格指数的平均值作为预测值。

表 3-4 2007 年系数变动范围估计

系数	变动率/%		系数值	
	下限	上限	下限	上限
$\bar{a}_{11}$	1	3	0.156 0	0.159 1
$\bar{a}_{21}$	3	4.3	0.265 8	0.269 1
v_1	3	4.5	0.606 6	0.615 5
$\bar{a}_{12}$	−1.05	−0.41	0.040 5	0.040 7
$\bar{a}_{22}$	−3	−0.21	0.616 7	0.634 4
v_2	0	1.82	0.321 8	0.327 6

当假定2008年各种自由系数以与2007年相同的趋势变化，且农产品价格指数仍为118.5时，预测2008年的总价格环比通货膨胀率为2.49%，CPI为102.94；如果农产品价格环比指数采用权威部门预测取112，则将出现通货紧缩，通货紧缩率为3.1%，CPI变动为−2.7%。这种结果当然是很不合理的。当把2007年的各系数增长率大都减半，农业价格指数仍取112，并考虑到投入产出平衡后，计算得到的2008年通货膨胀率为4.24%，CPI为104.35。这时相应参数的平均值变化率见表3-5。这个结果仍然没有达到人们对2008年的通胀预期。若农业价格指数取国家统计局最新公布的农产品生产价格指数114.1，则估计的CPI为106.3[1]，以总产值计算的通

---

① 国家统计局公布 2008 年 CPI 为 105.9。

货膨胀率为 6.2%。

表 3-5 2006~2008 年直接系数模拟变动率平均值（单位：%）

系数	2006 年	2007 年	2008 年
$\bar{a}_{11}$	−1.500	2.000	1.000
$\bar{a}_{21}$	0.500	3.650	1.825
v_1	0.425	3.750	1.875
$\bar{a}_{12}$	−2.600	−0.730	−0.365
$\bar{a}_{22}$	−0.075	−1.605	−0.750
v_2	0.000	0.910	0.885

注：把 2006 年包括进来是为了进行年度估计，即每年价格指数以上一年为基期

从表 3-5 中我们看出，要保证不出现通货紧缩，农产品的增加值率提高受到限制，而非农部门的增加值率需要适当提高。因为非农部门（总体）在非衰退情况下一般不可能降低价格水平，所以，根据式（3-28）可知，2008 年继续提高农民的相对收入水平（增加值率）就很困难。这也说明，从长期考虑，农业增加值率必然趋于下降，所以在农业收入和经济增长之间存在矛盾，提高农业家庭收入水平的重要途径就是不断提高农业的产业化水平，提高农业的劳动生产率，以及提高单个农业劳动力的经营规模。

当农业部门的非农投入提高后，在供求规律作用下，非农产品价格一般要上涨，此时，根据式（3-29）可知，或者农业部门的增加值率下降，或者就必须提高农产品价格。而且农产品价格的提高大于非农价格的提高才能维持农业增加值率不下降。否则，既要提高农业增加值率，又要提高非农投入，要达到平衡就必须降低非农产品价格或提高农业产品价格。在非农价格不能下降的情况下，农业价格必然以更高的水平提高。很显然，短期内提高农民收入水平最直接的途径就是提高农产品价格，但此时必须降低使用农产品做投入的部门的增加值率才能有效果。

四、基本结论

上文以投入产出价格模型为工具，对我国农产品价格变动问题进行了基本理论分析，分析得到的基本结论如下：相对于非农业部门，由于农业在国民经济中的相对份额和产业关联影响力（a_{11} 和 a_{12}）在逐渐下降，所以，在没有其他因素推动的情况下，农产品价格变动不会成为通货膨胀率和 CPI 上涨的主因。但是，也不能指望依靠农产品涨价来提高农民收入。提高农民收入的最终途径是提高农业的产业化水平和单位劳动力生产率。

虽然我们总是担心农业剩余劳动力扩大影响城市经济稳定和社会稳定，但是，这个过程是必须经历的，不能人为地把农业限制在小农经济水平上，那样，农业的现代化就遥遥无期，农民的收入问题就会长期困扰我们。这就意味着我国要自觉地、有计划地推进城市化，促进农业的规模化经营。

第四章　总供给–总需求分析

　　欧美经济学家对传统 AS-AD 的批评框架一直存在。Algan 发现[①]，传统 AS-AD 框架对 20 世纪 70 年代以来欧洲经济中失业率持续上升的事实无法解释；Barro 更是指出[②]，一般教科书中对 AS-AD 模型的处理逻辑有严重缺陷，失去了原凯恩斯理论 IS-LM 模型对超额供给的认识成果。

　　Los 曾指出[③]，20 世纪 80 年代中期以后，投入产出分析不再包含于主流经济学的核心中，一些权威专业杂志（如 *Econometrica*、*The Review of Economics and Statistics* 和 *The Quarterly Journal of Economics*）没有继续发表投入产出论文，如今的顶级经济学家似乎很少对投入产出分析领域的发展感兴趣。事实上，投入产出经济学从来就没有进入主流经济学的核心。列昂惕夫的投入产出分析与凯恩斯的总需求分析同时产生于 30 年代中期，但是凯恩斯理论是传统西方经济学的继承和发展，有相同的概念范畴，而列昂惕夫的理论脱胎于马克思经济学，在核心范畴上与传统西方经济学完全不同。二者不同的关键表现如下：凯恩斯理论的基础概念是"三位一体"的国民收入概念，而列昂惕夫理论的基础概念是包含中间投入的总产出，所以，凯恩斯理论的研究对象主要是交易过程，列昂惕夫理论的研究对象主要是生产过程。因此，虽然投入产出分析在实际经验分析中获得了很大的发展空间，但是，它不可能进入主流西方经济学理论体系，二者也不可能实现"无缝对接"。然而，从与现实经济系统的关系来看，列昂惕夫理论更接近实际。实际的经济过程不可能离开中间投入过程，中间过程参数（直接消耗系数）的变化会影响经济的均衡状态和调整效果，这一点我们在用投入产出框架研究 IS-LM 模型时已得到验证[④]。

---

① Algan Y. How well does the aggregate demand-aggregate supply framework explain unemployment fluctuations? A France-United States comparison[J]. Economic Modeling，2002，19（1）：153-177.

② Barro R J. The aggregate-supply/aggregate-demand model[J]. Eastern Economic Journal，1994，20（1）：1-6.

③ Los B. Endogenous growth and structural change in a dynamic input-output model[J]. Economic Systems Research，2001，13（1）：3-34；Bart Los 是荷兰格罗宁根大学教授，曾以此文获得国际投入产出协会首届列昂惕夫奖。

④ 刘新建. 凯恩斯理论的投入产出表式[A]//许宪春，刘起运. 中国投入产出理论与实践 2004[C]. 北京：中国统计出版社，2005：36-42.

第一章第三节已经揭露了主流经济学范式中的一些基本缺陷，本章则是对宏观经济学中短中期分析范式的初步改造。首先，从理论上建立基于投入占用产出技术框架的 AS-AD 分析范式，并用于比较静态理论分析和滞胀现象解释；其次，对中国经济进行实证分析。研究结果表明，新 AS-AD 分析范式是非常有意义的，可以提供丰富合理的政策启示。

第一节 单部门 AS-AD 分析

AS-AD 分析框架是 20 世纪 80~90 年代西方主流经济学理论发展的新阶段，用它解释了困扰西方经济学 20 余年的滞胀难题。本节首先提出一个单部门投入产出框架的 AS-AD 模型，下一节在两部门框架中研究对滞胀问题的解释[①]。

一、基本投入产出关系

设单部门投入产出表模型如下：

$$\begin{pmatrix} X & C & G & I & \text{NX} \\ W & & & & \\ T_1 & T_2 & & & \\ Z & & & & \end{pmatrix}$$

其中，X 表示中间投入（或中间使用）；C 表示居民消费；G 表示公共消费（政府支出）；I 表示资本形成；NX 表示净出口；W 表示总工资；T_1 表示生产税；T_2 表示所得税；Z 表示经营盈余[②]。在此范式表上有投入产出平衡关系，即

$$X + C + G + I + \text{NX} = Q \tag{4-1}$$

$$PX + W + T_1 + Z = PQ \tag{4-2}$$

其中，P 表示价格水平；Q 表示总产出。

若以 Q^d 表示总需求，Q^s 表示总供给，则式（4-1）和式（4-2）应写为

$$X + C + G + I + \text{NX} = Q^d \tag{4-3}$$

$$PX + W + T_1 + Z = PQ^s \tag{4-4}$$

---

① Liu X. A new model for AS-AD analysis based on input-output frame[J]. Modern Economy，2011，2（3）：202-213.

② 为了与后面用的表示货币供给的符号相区别，这里用 Z 表示盈余。

供求均衡时有

$$Q^d = Q^s$$

二、总需求关系

令总需求的行为函数如下：

$$X = Q^s a, \quad C = f_1(W,Z)/P, \quad G = T_1 + T_2 - H, \quad I = f_2(r,Z)/P, \quad NX = f_3(Q^d, e)$$
$$(4-5)$$

其中，a 表示直接消耗系数；H 表示计划赤字；r 表示利息率；e 表示汇率。

上述行为函数包含如下基本思想：

（1）在短期中，a 为常数，这既是投入产出技术的基本用法，也符合短期经济的特征。

（2）对既定经济社会，消费主要受收入的影响，居民收入包括两个主要部分，即作为劳动报酬的总工资和作为资本收益的经营盈余。对宏观经济，收入除两个主要部分外，还包括来自国外的转移支付（这里忽略不计）。工资 W 和盈余 Z 对消费的影响是不同的。从经济功能来说，Z 的主要功能是提供扩大生产积累基金，W 的主要功能是提供消费基金。

（3）政府支出的很大一部分是短期或年度决策变量，所以，财政赤字作为功能财政是可短期决策的[①]。税收一般不能频繁大动，是一个中长期因素。赤字决策一般以 GDP 为基准，是 GDP 的一个比例，且不能过大。

（4）投资作为引致需求，不仅受金融利率 r 的影响，而且受盈余水平的影响。显然，盈余水平越高，企业投资的动力越大。本节将不研究货币市场的均衡问题，而是直接把 r 作为一种外生常量，下文的分析中不考虑其变动，所以略去。虽然微观上银行存贷款利率可以成为市场变量而内生，但现代经济体制为货币政策提供了空间，由中央金融管理部门制定指导利率或基准利率，实际利率一般都基于指导利率的水平上下浮动，所以，从宏观效果上说，基准利率通过控制规则影响投资水平。

（5）影响经济进出口水平的显然不仅有汇率，实际上决定进出口主要部分的还是一个经济的活动水平，这个水平可通过需求水平来体现，总供给引致的进出口水平变动，可以包含在 X 和 I 中。本节把汇率水平作为一个外生常量，不考虑其变动，所以在下文的分析中略去。

---

① 这里假定公共消费与政府的财政支出一致。根据分析，GDP 与公共消费高度相关，1978~2013 年中国经济的回归方程如下：$G = 0.133\,9GDP + 485.48$，$R^2 = 0.998\,4$（刘新建. 宏观经济学[M]. 北京：电子工业出版社，2015：115-116）。

（6）对 C 和 I 的函数估计，先使用名义量，其中 W 和 Z 也是名义量，这就排除了实际量解释的困难，数据在统计上也直接。函数估计出以后除以 P 就是实际量。

将各需求行为函数代入式（4-3）可得

$$Q^d = Q^s a + f_1(W,Z)/P + f_2(Z)/P + f_3(Q^d) + G \qquad (4-6)$$

其中，假定 $f_{1W} = \partial f_1/\partial W > 0$，$f_{1Z} = \partial f_1/\partial Z > 0$，$f_{2Z} = \partial f_2/\partial Z > 0$，$1 > f_{3Q^d} = \partial f_3/\partial Q^d > 0$。

当价格水平给定，令 $Q^s = Q^d$ 时，式（4-3）加上各行为函数实际上就"相当于"主流经济学的 IS 方程。

三、总供给关系

当代西方经济学的发展主要是在总供给理论的发展方面，各种流派的争论主要也是在总供给模型上。传统凯恩斯理论在短期内把总供给看做完全弹性的，经济均衡主要由总需求决定。新古典经济学假定，总供给决定于人们的价格水平预期，如果预期是理性的，则预期价格 P^e 与 P 的实际价格一致，从而总供给就等于自然率产出，完全无弹性，不受随机扰动（包括宏观政策）的影响。新凯恩斯主义经济学认为，由于工资和价格黏性，市场不总是出清的，从而 $P \neq P^e$，所以，总供给是有弹性的，不过不是凯恩斯的完全弹性。在主流经济学文献中，有多种总供给函数导出方式，我们仿照的是 Blanchard 方式[①]。

（一）Blanchard 的总供给函数推导步骤

（1）工资决定关系如下：

$$w = P^e F(u,z) \qquad (4-7)$$

其中，w 表示工资率；P^e 表示预期价格；z 表示其他因素。这个关系是由劳动的供求双方共同决定的。对劳动者而言，如果 w 上升 P^e 不变，则提供的劳动增多，从而 u 下降；对企业而言，当失业率 u 增大时，愿意支付的工资就会减少，工人讨价还价的力量就会减弱，所以 $F_u = \partial F/\partial u < 0$。式（4-7）反映的是劳资双方制定工资合同时的行为特征，体现劳动市场均衡。其中，z 是除了 u 和 P^e 以外影响工资的因素，如失业保险水平、经济结构调整率等，一般定义 z 与 w 同方向变动。式（4-7）还意味着，劳资双方制定劳动合同时看重的是实际工资（w/P^e），而不是名义工资（w）。

---

① Blanchard O. 宏观经济学[M]. 娄永，孔爱国译. 北京：机械工业出版社，2016：93-95.

（2）生产函数。

令 $Y = AN$，以适当的单位来度量总产出（收入）Y 可使 $A = 1$，于是有[①]

$$Y = N \tag{4-8}$$

则有

$$u = \frac{U}{L} = 1 - \frac{N}{L} = 1 - \frac{Y}{L} \tag{4-9}$$

（3）价格决定关系如下：

$$P = (1 + m)w \tag{4-10}$$

其中，m 被称为加价幅度。式（4-10）可以被看做成本加成定价模型。主流经济学不考虑中间投入，所以目前唯一的成本就是工资。Blanchard 指出：如果市场是完全竞争的，则有 $m = 0$，$P = w$。所以，这里考虑的是不完全竞争。

（4）由式（4-7）和式（4-10）可得价格形成方程：

$$P = P^e(1 + m)F(u, z) \tag{4-11}$$

（5）将式（4-9）代入式（4-11）可得总供给关系（P 与 Y 的关系）为

$$P = P^e(1 + m)F\left(1 - \frac{Y}{L}, z\right) \tag{4-12}$$

（二）投入产出框架下的总供给函数

比照 Blanchard 的步骤，可以建立投入产出框架下的总供给函数。由式（4-4）可得

$$PQ^s a + wQ^s l + T_1 + Z = PQ^s$$

其中，l 表示生产单位产品的劳动投入，$wQ^s l = W$。假设所有的劳动都是同质的，且劳动状态相同，则 l 可以看做单位产品所占用的劳动力数量，而 w 为单位劳动力在一定时期的报酬，于是，$l = N/Q^s$。设税收是增加值或 GDP 的一个比例 t，则有

$$T_1 = t(wQ^s l + T_1 + Z) \tag{4-13}$$

类比 Blanchard 的价格决定关系模型，可设

$$Z = \mu PQ^s \tag{4-14}$$

在以上设定下可得

---

① 这种处理方式相当于假定劳动生产率恒为 1，在理论上是方便的，可以简化分析（凯恩斯等经济学家在其著作中曾这样做），但当建立实证分析模型时，必须考虑更实际的模型设定。在本章的实证投入产出模型中，把劳动生产率设为外生变量，相当于把 A 看做一个参数。

$$P = \frac{wl}{(1-a)(1-t)-\mu} = \frac{(1+t_1)wl}{1-a-(1+t_1)\mu} \quad （4-15）$$

其中，$t_1 = t/(1-t)$，在下文有利于公式简短。若令 $k_0 = \dfrac{(1+t_1)}{1-a-(1+t_1)\mu}$，则可得

$$P = k_0 wl, \quad k_0 > 0 \quad （4-16）$$

式（4-16）就是投入产出框架下的价格决定关系。再应用 Blanchard 的工资决定关系，即式（4-7），则价格形成方程为

$$P = k_0 l P^e F(u,z) \quad （4-17）$$

采用生产函数：

$$Q^s = N / l$$

则有

$$u = 1 - \frac{N}{L} = 1 - \frac{l}{L} Q^s \quad （4-18）$$

于是可得总供给函数为

$$P = k_0 l P^e F\left(1 - \frac{l}{L} Q^s, z\right) \quad （4-19）$$

下文的分析不考虑 z 的变动，所以略去。

四、AD 和 AS 曲线的形状

AD 和 AS 曲线的形状直观地反映了总需求与总供给函数的性质特征，而这需要通过函数的导数性质分析。

为了简略，下文采用的记号如下：

$$\theta = wl - (1-u)lP^e F_u, \quad \lambda = \mu\left(P - (1-u)k_0 l P^e F_u\right)$$

（一）AS 曲线的形状

由式（4-18）和式（4-19）可得

$$\frac{dP}{dQ^s} = k_0 l P^e F_u\left(-\frac{l}{L}\right) = -\frac{l^2 k_0 P^e F_u}{L} \text{ 或 } \frac{dQ^s}{dP} = \frac{1}{k_0 l P^e F_u}\left(-\frac{L}{l}\right) = -\frac{L}{l^2 k_0 P^e F_u} \quad （4-20）$$

其中，F_u 表示函数 F 对 u 的偏导数[①]。

因为 $k_0 > 0, F_u < 0$，所以，$dQ^s/dP > 0$，总供给曲线在 $P\text{-}Q^s$ 或 $Q^s\text{-}P$

---

① 本节的所有导数都应是偏导数，为了看起来简洁，下面基本都使用普通导数符号。函数符号加下标经常表示对下标变量的导数。

空间上是向右上倾斜的。

（二）AD 曲线的形状

由式（4-6）可得

$$\frac{\mathrm{d}Q^d}{\mathrm{d}P} = a\frac{\mathrm{d}Q^s}{\mathrm{d}P} + \frac{f_{1W}}{P}\frac{\mathrm{d}W}{\mathrm{d}P} + \frac{(f_{1z}+f_{2z})}{P}\frac{\mathrm{d}Z}{\mathrm{d}P} + f_{3Q^d}\frac{\mathrm{d}Q^d}{\mathrm{d}P} - \frac{f_1+f_2}{P^2}$$

（4-21）

$$\frac{\mathrm{d}W}{\mathrm{d}P} = \theta\frac{\mathrm{d}Q^s}{\mathrm{d}P}$$

（4-22）

$$\frac{\mathrm{d}Z}{\mathrm{d}P} = \mu\left[P\frac{\mathrm{d}Q^s}{\mathrm{d}P} + Q^s\right] = -\frac{Z}{(1-u)k_0lP^eF_u} + \mu Q^s$$

（4-23）

由此可以推出：

$$\left(1-f_{3Q^d}\right)\frac{\mathrm{d}Q^d}{\mathrm{d}P} = \left[a + \frac{f_{1W}}{P}\theta + \frac{(f_{1z}+f_{2z})}{P}\mu P\right]\frac{\mathrm{d}Q^s}{\mathrm{d}P} + \frac{(f_{1z}+f_{2z})Z - (f_1+f_2)}{P^2}$$

（4-24）

因为 $\mathrm{d}Q^s/\mathrm{d}P > 0$，所以可以推得 $\mathrm{d}W/\mathrm{d}P > 0$，$\mathrm{d}Z/\mathrm{d}P > 0$，又 $f_{1W} > 0$，$f_{1z} > 0$，$f_{2z} > 0$，$f_{3Q^d} < 1$，而 $(f_{1z}+f_{2z})Z - (f_1+f_2)$ 的符号则不确定。实际数据模拟显示（详见第三节），当价格水平较低时，$\mathrm{d}Q^d/\mathrm{d}P > 0$；当价格水平较高，经济接近充分就业或潜在产出时，$\mathrm{d}Q^d/\mathrm{d}P < 0$。这说明总需求曲线不是单调递减的，也可能向右上方倾斜（图 4-1）。这个结论与传统西方经济学的结论不一致。下面我们分析其是如何发生的。

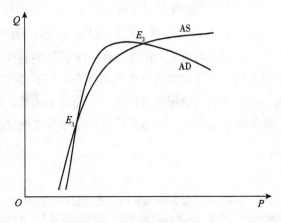

图 4-1 AS 和 AD 曲线

（三）关于凯恩斯主义总需求曲线

根据一般西方经济学教科书可知，在封闭经济下的总需求方程为

$$y^d = c(y_d) + g + i(r) \qquad (4\text{-}25)$$

其中，y_d 为可支配收入；r 表示由货币市场决定的利率。在货币市场中，$\mathrm{d}r/\mathrm{d}P > 0$。因为 $\mathrm{d}i/\mathrm{d}P = i'(r)\mathrm{d}r/\mathrm{d}P$，$\mathrm{d}c/\mathrm{d}P = c'(y_d)\mathrm{d}y_d/\mathrm{d}P$，通常认为 $y_d = y^d - t$（t 是税额），所以，可以推得

$$\frac{\mathrm{d}y^d}{\mathrm{d}P} = \frac{\mathrm{d}i}{\mathrm{d}P}\frac{1}{1 - c'(y_d)} \qquad (4\text{-}26)$$

因为 $i'(r) < 0$，所以 $\mathrm{d}i/\mathrm{d}P < 0$，又因为 $0 < c'(y_d) < 1$，所以，$\mathrm{d}y^d/\mathrm{d}P < 0$。

实际上，在上述推演中犯了一个"自以为是"的主观性错误[①]，即误认为 $y_d = y^d - t$。因为收入来源于生产过程，而生产过程是由供给决定的，所以实际上应是 $\mathrm{d}c/\mathrm{d}P = c'(y_d)\mathrm{d}y^s/\mathrm{d}P$，因为 $\mathrm{d}y^s/\mathrm{d}P > 0$，所以 $\mathrm{d}c/\mathrm{d}P > 0$，这样 $\mathrm{d}y^d/\mathrm{d}P = \mathrm{d}c/\mathrm{d}P + \mathrm{d}i/\mathrm{d}P$ 的符号将是不确定的。如果我们假定 r 是不变的，且假定 i 是 Z 的增函数，显然有 $\mathrm{d}y^d/\mathrm{d}P > 0$。这样的结论也说明了宏观经济学与微观经济学的不同[②]。除了个别商品（如吉芬商品），微观经济学中的需求曲线都会向右下倾斜（这是收入给定下的结论），而宏观经济的总需求曲线可以是向右上方倾斜的，与总供给曲线大方向相同。从实际经济观察来看，这一点在直观上是正确的。对宏观总体来说，价格水平上升表示经济趋向繁荣，收入更高，需求也就更大，价格升高，投资也会增大。当然，价格上升会降低实际收入，也会对需求有抑制作用。西方经济学文献只注意了价格对需求的抑制作用。发生这样的失误的一个原因是，从凯恩斯收入决定理论向 AD-AS 框架过渡时，忽略了收入决定理论是在总供给已经等于总需求的情况下进行的，即它已经假定 $y^s = c(y^s) + i + g$，当推导总需求函数时必须再回到 $y^d = c(y^s) + i + g$。在货币市场的 LM 模型中所使用的总收入则应该是总供给等于总需求时的 y，所以，AD-AS 框架应是商品总供给、商品总需求和货币市场三者并列决定一个均衡状态，而不是把货币市场（或一般金融市场）先并到收入决定模型推出一个总需求函数。在开放经济中则应增加外汇和国际金融市场。本节假定这两个市场是给定的，即 r 和 e 是给定的。

---

① 萨缪尔森在其《经济学》的开篇绪论中提醒人们注意避免犯三种错误，即后此谬误、合成推理谬误和主观性谬误，他说："让我们对自己的主观性和没有明确表达出来的假设条件事先有所警惕。"（萨缪尔森 P A，诺德豪斯 W D. 经济学[M]. 高鸿业，等译. 北京：中国发展出版社，1992：11-15）

② 假定投资（I）是总收入（总供给）和货币供给量的函数，可以在一般西方经济学范式下得出总需求曲线向上倾斜的相同结论（刘新建. 宏观经济学[M]. 北京：电子工业出版社，2015：117-119）。

五、供给扰动与需求扰动

利用上述给出的总供给函数和总需求函数，我们对几个参数的变动引起的均衡态变动做比较静态分析。均衡时，$Q^d=Q^s$，所以系统满足以下方程组（下文称为均衡方程组）：

$$Q = Qa + \frac{f_1(W,Z)}{P} + \frac{f_2(r,Z)}{P} + f_3(Q,e) + G \qquad (4\text{-}6)'$$

$$P = k_0 lw \qquad (4\text{-}16)'$$

$$w = P^e F(u,z) \qquad (4\text{-}7)'$$

$$u = 1 - Ql/L \qquad (4\text{-}18)'$$

$$Z = \mu PQ \qquad (4\text{-}14)'$$

$$W = Qlw \qquad (4\text{-}27)$$

在分析之前，先对可能发生的现象做总体预期。根据上文对总供给曲线和总需求曲线特性的分析可知，其基本形状如图 4-1 所示。假如 AS 曲线可以单独改变，那么，由图 4-1 可以看出，总供给增大意味着 AS 上移。在 AD 不动的情况下，将发生均衡点 E_1 向左下移动以及均衡数量和价格都变小的现象。这显然是不合理的。问题的根源如下：在新的 AS-AD 系统中，当 AS 变化时，AD 必同时变化，引起的均衡数量和价格变化的方向不完全确定。在符合实际的参数假定下，AS 增大的一般均衡结果是数量和价格都会增大。对均衡点 E_2 的影响与传统 AS-AD 分析相同。影响总需求的因素变动有的只影响 AD（如自发需求），有的同时影响 AD 和 AS（如工资率）。单纯使 AD 增大的变动将同时提高均衡数量和价格，与传统 AS-AD 分析结论相同。

（一）政府支出（G）变动

由均衡方程组对 G 求导可得

$$\frac{dP}{dG} = k_0 l \left(-\frac{P^e l F_u}{L} \right) \frac{dQ}{dG} = -\frac{k_0 l^2 P^e F_u}{L} \frac{dQ}{dG} = -\frac{(1-u)k_0 lP^e F_u}{Q} \frac{dQ}{dG}$$

$$(4\text{-}28)$$

$$\frac{dQ}{dG} = \left[1 - a - \frac{f_{1W}}{P}\theta - \frac{f_{1Z} + f_{2Z}}{P}\lambda - \frac{f_1 + f_2}{P^2}\frac{(1-u)k_0 lP^e F_u}{Q} - f_{3Q} \right]^{-1}$$

$$(4\text{-}29)$$

令 $B = 1 - a - \dfrac{f_{1W}}{P}\theta - \dfrac{f_{1Z} + f_{2Z}}{P}\lambda - \dfrac{f_1 + f_2}{P^2}\dfrac{(1-u)k_0 lP^e F_u}{Q} - f_{3Q}$，则 $\dfrac{dQ}{dG} = B^{-1}$。

因为 G 的变动不影响总供给，而使总需求增大，所以，直觉上，也应使均衡总产出增大，即应有 $dQ/dG > 0$；因为 $F_u < 0$，所以，根据式（4-28）

会有 $\mathrm{d}P/\mathrm{d}G > 0$。所以，政府支出扩大会使均衡价格和均衡产出同时增大。于是，根据式（4-29）应有

$$B = 1 - a - \frac{f_{1W}}{P}\theta - \frac{f_{1Z} + f_{2Z}}{P}\lambda - \frac{f_1 + f_2}{P^2}\frac{(1-u)k_0 lP^e F_u}{Q} - f_{3Q} > 0$$

（4-30）

　　但是，如果可能的总供给和总需求曲线如图 4-1 所示，那么增加 G 的效果如图 4-2 所示。当经济严重衰退时，均衡点位于 E_1，增加公共消费将更不利于复苏，其原因如下：在供给意愿不强、产出资源有限时，增大 G 会较大地挤出居民消费或投资需求。由此可知，在经济衰退时期，有效应对的方式是改变收入结构或供给结构，即进行供给侧改革，而不是单纯增加公共消费。增加公共投资与增加公共消费是两个不同的政策范畴，一个是供给侧，一个需求侧。

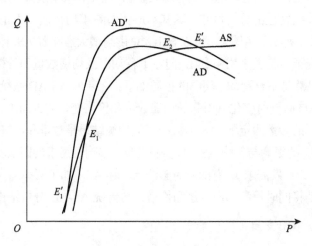

图 4-2　政府支出 G 的变动

（二）中间消耗系数变动

　　中间消耗系数（a）是投入产出分析的特征参数。根据直觉，a 的增大会使边际成本提高，因而应该引起价格上升，并很有可能引起均衡产出减小。这个结论对微观经济学一般成立。下面用投入产出框架下的 AD-AS 模型分析宏观情况下的效果。

　　基于均衡方程组对 a 求导可得

$$\frac{\mathrm{d}P}{\mathrm{d}a} = l\left[w\frac{\mathrm{d}k_0}{\mathrm{d}a} + k_0\frac{\mathrm{d}w}{\mathrm{d}a}\right] = \frac{P}{1 - a - (1+t_1)\mu} - \frac{(1-u)lk_0 P^e F_u}{Q}\frac{\mathrm{d}Q}{\mathrm{d}a} \quad (4\text{-}31)$$

$$\frac{\mathrm{d}w}{\mathrm{d}a} = -P^e F_u \frac{l}{L}\frac{\mathrm{d}Q}{\mathrm{d}a} = -\frac{(1-u)P^e F_u}{Q}\frac{\mathrm{d}Q}{\mathrm{d}a} \qquad (4-32)$$

$$\frac{\mathrm{d}Q}{\mathrm{d}a} = B^{-1}\left[Q + \frac{Z(f_{1Z}+f_{2Z})}{P(1-a-(1+t_1)\mu)} + \frac{P(f_1+f_2)}{P^2(1-a-(1+t_1)\mu)}\right] \quad (4-33)$$

很显然，$\mathrm{d}Q/\mathrm{d}a > 0$。将式（4-33）代入式（4-31），立即可以得出 $\mathrm{d}P/\mathrm{d}a > 0$。这个结论与微观情形相反，其产生的根源可以这样解释：中间消耗系数增大虽然提高了成本，但同时增加了需求；由式（4-32）可知，工资率会提高，从而消费需求也会提高，投资需求也会增加，所以，最终结果是均衡产出可以提高，价格也提高。根据式（4-20）和式（4-24）可知，a 增大（使 k_0 增大）将引起总供给曲线斜率的减小，这将同时增大 P 和 Q，而总需求曲线的斜率可能增大也可能减小。

（三）劳动生产率的变动

当劳动生产率增大（l 减小）时，企业的边际成本会减小，从而会引起微观价格的降低和均衡产出的增大。下文对宏观情况进行分析。

均衡方程组对 l 求导可得

$$\frac{\mathrm{d}w}{\mathrm{d}l} = P^e F_u\left(-\frac{l}{L}\frac{\mathrm{d}Q}{\mathrm{d}l} - \frac{Q}{L}\right) = -\frac{(1-u)P^e F_u}{Q}\frac{\mathrm{d}Q}{\mathrm{d}l} - \frac{(1-u)P^e F_u}{l} \quad (4-34)$$

$$\frac{\mathrm{d}P}{\mathrm{d}l} = k_0\left[w + l\frac{\mathrm{d}w}{\mathrm{d}l}\right] = k_0\left[w + l\frac{\mathrm{d}w}{\mathrm{d}l}\right] = k_0 w - (1-u)k_0 P^e F_u\left(1 + \frac{l}{Q}\frac{\mathrm{d}Q}{\mathrm{d}l}\right)$$

$$(4-35)$$

$$\frac{\mathrm{d}Q}{\mathrm{d}l} = B^{-1}\left[k_0 w - (1-u)k_0 P^e F_u\right]\left[\frac{f_{1W}}{P}Q + \frac{(f_{1Z}+f_{2Z})Z - (f_1+f_2)}{P^2}k_0\right]$$

$$(4-36)$$

根据式（4-35）和式（4-36）可以判断，只要 $\mathrm{d}Q/\mathrm{d}l > 0$，则 $\mathrm{d}P/\mathrm{d}l > 0$。这意味着：当劳动生产率提高（$l$ 减小）时，价格会降低，产出也会减小。这是为什么呢？虽然劳动生产率提高可能增加了总供给，但同时引起了失业率提高，进一步引起工资率下降，这两种变化会显著减少收入，从而引起消费需求减少，最终使均衡总产出减少[①]。这个结论似乎与常识矛盾。这个悖论的解决依赖于汇率的变化（即外汇市场的变化）。劳动生产率提高将增加出口竞争力，使出口需求显著增大，这会反过来影响投资需求，最终使均衡

---

① 由式（4-16）可知，当 P 固定时，w 与 l 成反比，即 $\mathrm{d}w/\mathrm{d}l = -w/l < 0$。由式（4-17）可知，当 P 固定时，$\mathrm{d}u/\mathrm{d}l = -F(u)/(lF_u) > 0$。由式（4-18）可知，当 P 固定时，$\mathrm{d}Q^s/\mathrm{d}l = -[L\mathrm{d}u/\mathrm{d}l + Q^s]/l < 0$。

产出增大。但是，国内消费需求却不一定增大①。实际上，在因新经济而使生产率提高经济扩张的20世纪90年代，美国的GDP支出结构中，1990~2000年净出口比例增加2.95个百分点，总资本形成增加1.53个百分点，政府消费下降2.93个百分点，居民消费减少1.56个百分点；从收入分配结构看，劳动者报酬减少2.04个百分点，经营盈余（包含固定资产折旧）增加3.8个百分点（表4-1和表4-2）。由此看来，如何把生产率提高的益处更多地转化为普通居民的收入和消费水平的提高需要政府收入政策（包括税收）的支持。

表 4-1　1980~2000 年美国经济总支出结构（单位：%）

最终使用	1980 年	1990 年	1995 年	1997 年	1998 年	1999 年	2000 年
政府消费	15.23	15.01	13.60	13.00	12.63	12.25	12.08
居民消费	57.16	59.56	59.58	58.74	58.58	58.40	58.00
总资本形成	18.06	15.69	15.97	17.00	17.59	17.77	17.22
总出口	9.09	8.63	9.84	10.32	9.70	9.23	9.43
净出口	9.55	9.75	10.85	11.25	11.20	11.59	12.70

注：本表使用当年价格水平数据计算
资料来源：国家统计局网站国际统计数据

表 4-2　1980~2000 年美国经济总收入分配结构（单位：%）

要素收入	1980 年	1990 年	1991 年	1992 年	1993 年	1994 年	1995 年	1996 年	2000 年
间接税减补贴	7.42	7.45	7.86	7.85	7.92	8.01	7.99	7.73	7.33
固定资本折旧	13.48	10.84	11.00	10.95	10.65	10.84	10.68	10.47	0.00
劳动者报酬	61.04	60.35	60.53	60.45	60.17	59.80	60.20	60.05	58.31
经营盈余	17.58	21.05	20.45	19.99	20.33	20.85	21.14	22.57	35.69
统计误差	0.52	0.31	0.18	0.75	0.93	0.52	−0.03	−0.81	−1.33

注：2000 年经营盈余中包括固定资产折旧
资料来源：国家统计局网站国际统计数据

（四）经营盈余率（μ）的变动

经营盈余的增大意味着劳动市场中企业的力量增强，能够索取更多的剩余，所以，总供给会增大。总需求的变化依赖于由供给增大带来的收入增加是否会补偿劳动报酬份额的减少引起的收入减少。均衡方程组对 μ 求

---

① Jorgenson 曾发现："中间投入（对产出增长）的贡献超过了生产率增长以及资本投入和劳动投入的贡献。如果我们不考虑中间投入的贡献而只考察资本投入和劳动投入的贡献，那么后两种贡献要比生产率变化更重要。"（乔根森 D W. 生产率[M]. 李京文，等译. 北京：中国发展出版社，1999：6-7）

导可以推出:

$$\frac{\mathrm{d}w}{\mathrm{d}\mu} = -P^e F_u \frac{l}{L} \frac{\mathrm{d}Q}{\mathrm{d}\mu} = -\frac{(1-u)P^e F_u}{Q} \frac{\mathrm{d}Q}{\mathrm{d}\mu} \qquad (4\text{-}37)$$

$$\frac{\mathrm{d}P}{\mathrm{d}\mu} = \frac{\mathrm{d}}{\mathrm{d}\mu}(k_0 wl) = l\left(k_0 \frac{\mathrm{d}w}{\mathrm{d}\mu} + w \frac{\mathrm{d}k_0}{\mathrm{d}\mu}\right) = l\left(-\frac{(1-u)k_0 P^e F_u}{Q} \frac{\mathrm{d}Q}{\mathrm{d}\mu} + wk_0^2\right)$$

$$\qquad (4\text{-}38)$$

$$\frac{\mathrm{d}Q}{\mathrm{d}\mu} = B^{-1}\left[(f_{1z} + f_{2z})Q + \frac{(f_{1z} + f_{2z})Z - (f_1 + f_2)}{P}k_0\right] \qquad (4\text{-}39)$$

由式（4-37）~式（4-39）可以看出，当经营盈余率变化时，工资率和价格水平的变化方向决定均衡总产出的变化方向。当均衡总产出与盈余率同方向变动时，工资率和价格水平也同方向变化；当均衡总产出与盈余率反方向变化时，工资率仍然与总产出同方向变化，而价格水平的变化方向不确定。根据第二节的滞胀问题分析，$(f_{1z} + f_{2z})Z - (f_1 + f_2)$ 符号多为负，而总产出随盈余率的变化符号不明确。第三节的实证分析发现，当盈余率增大时，均衡产出减小。

第二节 滞 胀 分 析

现在的主流西方经济学一般把 20 世纪 70 年代的滞胀归之于石油危机，即石油价格的跳跃式上涨，称之为成本推动的通货膨胀。对此，Blanchard 指出，我们面临的问题是，石油价格既不在总供给关系中，也不在总需求关系中。这是因为我们假设生产只用劳动力。处理这个问题的一种方式是放松这个假设，认识到生产同时使用劳动力和其他投入（包括能源），然后推导价格与工资和石油价格的关系。不过，Blanchard 运用了一条捷径，即用参数 m［式（4-10）］的增大来反映石油价格的上升。其原理如下：给定工资，石油价格的上升将增加生产成本，迫使企业提升价格[①]。

对 Blanchard 的说法，首先要澄清他的一个模糊认识：主流西方经济学不是假定生产只用劳动力，而是其根本理论基础建立在"三位一体"的纯收入原理之上。从微观到宏观，他们始终认为经济生产的三要素是劳动、资本和土地，后来又加入企业家才能。只有这样，才能将宏观经济学中的总产出解释为国民收入或 GDP。所以，从西方主流经济学内部来讲，实际上无法解释石油价格上升带来的滞胀现象，更不用说解释与此相伴的经济

---

① Blanchard O. 宏观经济学[M]. 第 2 版. 北京：清华大学出版社，2001：141-143.

危机的更根本的制度原因。

　　为了简单起见，我们假设一个经济体使用的石油全部是进口产品，本国产出为 0，由此得到的投入产出表如下：

$$\begin{pmatrix} X & 0 & C & G & I & NX \\ R & 0 & 0 & 0 & 0 & -R \\ W & 0 & & & & \\ T & 0 & & & & \\ Z & 0 & & & & \end{pmatrix}$$

其中，R 表示中间投入使用的石油，假定石油没有其他最终使用，而且石油进口对其他部门产品净出口没有直接影响。令 $b = R/Q^s$ 代表对石油的直接消耗系数，石油价格为 P_0，于是有

$$\begin{cases} R = Q^s b \\ PX + P_0 R + W + T + Z = PQ^s \end{cases} \quad (4\text{-}40)$$

　　显然，R 是由 Q^s 决定的。均衡时，$Q^s = Q^d = Q$。加入石油后的均衡方程组如下：

$$\begin{cases} Q = Qa + \dfrac{f_1(W,Z)}{P} + \dfrac{f_2(r,Z)}{P} + f_3(Q,e) + G \\ P = k_0 lw + \dfrac{P_0 b}{1 - a - (1 + t_1)\mu} \\ w = P^e F(u,z) \\ u = 1 - Ql/L \\ Z = \mu PQ \\ W = Qlw \end{cases} \quad (4\text{-}41)$$

　　由此可得

$$\frac{dw}{dP_0} = P^e F_u \left(-\frac{l}{L} \right) \frac{dQ}{dP_0} = -\frac{(1-u)P^e F_u}{Q} \frac{dQ}{dP_0} \quad (4\text{-}42)$$

$$\frac{dP}{dP_0} = -\frac{(1-u)k_0 lP^e F_u}{Q} \frac{dQ}{dP_0} + \frac{b}{1 - a - (1 + t_1)\mu} \quad (4\text{-}43)$$

$$\frac{dQ}{dP_0} = B^{-1} \frac{(f_{1z} + f_{2z})Z - (f_1 + f_2)}{P^2} \frac{b}{1 - a - (1 + t_1)\mu} \quad (4\text{-}44)$$

　　根据式（4-44）可知，石油价格上升如果引起产出下降，意味着 $(f_{1z} + f_{2z})Z - (f_1 + f_2) < 0$。但总价格水平不一定上升。根据有关参数构成，影响因素比较多。根据 20 世纪 60 年代末美国的情况，失业率比较低，盈利率比较高，劳动生产率和价格预期也比较高，所以，开始时负的因素可

能更大，价格有可能下降，但是，由于产出和盈利率的迅速下降，失业率迅速提高，劳动生产率也可能下降，所以，负的因素迅速减小，价格很快转为膨胀，从而造成滞胀的发生。滞胀发生应该是企业转嫁成本的结果。

在单部门投入产出分析框架下，第一节和第二节建立了以总产出为基础的 AS-AD 模型，并且揭示了宏观总需求曲线可能向右上倾斜的特征。对其他参数的变动分析也表明，经济的宏观效果与微观显著不同，而且经常相反，如中间消耗系数的提高不是减少而是增大均衡产出。这再次表明：宏观不是微观的简单叠加。在对劳动生产率的变动分析中我们得出结论：劳动生产率的提高对均衡产出的积极作用的发挥是有条件的，如良好的贸易条件、适当的收入政策。滞胀的分析发现：石油危机不一定引起滞胀，而可能是通常的衰退。分析还进一步表明：由于在收入分配与需求函数之间建立了直接联系，所以投入产出框架的 AS-AD 分析能提供更丰富的经济机制信息。

第三节　基于投入产出结构的中国总供给-总需求模型

虽然 AS-AD 分析已经是经济学的标配理论内容，但是，直接以 AS-AD 模型所做的实证分析并不多。考察新 AS-AD 模型系统，在总需求函数中区分总供给和总需求变量不会对均衡解造成影响，但是，在实证分析时，对函数参数的作用估计的影响需要引起注意，要辨别使用的统计数据是总需求量还是总供给量。左大培[1]较早研究中国 AS-AD 分析，他的出发点是货币数量论导出的基本公式：

$$gY_t \equiv gM_t + gV_t - gP_t \tag{4-45}$$

其中，gY 表示总产出的增长率；gM 表示货币供应量的增长率；gV 表示货币流通速度的增长率；gP 表示价格总水平的增长率。开始时，其把 Y 看做总供给量，但在后面估计参数时又将其作为总需求量。在有关的后续研究中[2]，也未能看出如何在统计上将总供给与总需求进行区分。实际上，在总需求函数估计中，如果不对各个总需求构成分量分别进行估计，就面临这个总需求量采用哪个统计指标（是指国民经济统计体系中的指标）的问题。在总需求分量估计中，应该注意的另一个问题是存货变动问题。如果直接用统计部门发布的资本形成数据，那么，在统计事实上，

① 左大培. 我国的总供给和总需求函数[J]. 数量经济技术经济研究, 1996, (2): 41-46.
② 徐浩庆. 中国总需求-总供给函数的实证研究[J]. 中央财经大学学报, 2009, (4): 46-51.

必然总有总供给=总需求，就失去了 AS-AD 分析的意义。在目前的宏观经济预测模型中[①]，都采取了凯恩斯主义的总需求决定模式，忽略了对历史数据反映的供需失衡状态的分析。高铁梅等虽然考虑了市场供需失衡问题，但是，只是用实际总产出与趋势潜在总产出的差来表示，以便应用菲利普斯曲线方程。本节应用新 AS-AD 框架，以 1987~2007 年中国投入产出表为基础，建立中国经济分析的新 AS-AD 实证模型[②]。

一、模型调整

为了便于用我国统计数据估计 AS-AD 模型的参数，现对第二节模型做出以下修改。

（1）为了反映货币市场作用，将资本形成函数改成如下形式：

$$I = f_2\left(Q^s, M\right)\big/P \tag{4-46}$$

其中，M 表示货币供给量，代替利息率 r。

（2）因为不变价统计数据难以变换，在总需求函数的右边都使用现价形式，左边的 Q^d 乘以 P。净出口函数和政府消费也使用现价形式［式（4-47）］。

（3）在净出口函数中增加汇率变量 e。

修改后的 AS-AD 方程如下：

$$PQ^d = X + C + G + I + \mathrm{NX} = PQ^s a + f_1\left(W, Z\right) + f_2\left(PQ^s, M\right) + f_3\left(PQ^d, e\right) + G \tag{4-47}$$

$$P = \frac{\left(1 + t_1\right)lP^e}{1 - a - \left(1 + t_1\right)\mu} F\left(1 - \frac{l}{L}Q^s, z\right) \tag{4-48}$$

式（4-48）是在式（4-15）中把 w 用式（4-7）变换得到的，并考虑了价格调整。

二、基本数据准备

由式（4-47）和式（4-48）可以看出，为了估计各个函数的参数，需要的基本数据包括 Q^s、Q^d、W、Z、C、I、NX、G、M、e 和 w 等指标的观测值。为了计算 w、u 和 l，还需要 N（总就业量）和 L（劳动力总量）。其中，有些可以从统计年鉴中直接查出，有些需要经过一定的调整计算，

① 厦门大学宏观经济研究中心课题组. 中国季度宏观经济模型的开发与应用[J]. 厦门大学学报（哲学社会科学版），2007，（4）：28-35；高铁梅，梁云芳，何光剑. 中国季度宏观经济政策分析模型[J]. 数量经济技术经济研究，2007，（11）：3-14.
② 本节是在下列文献的基础上发展而成：王栋，宋辉，刘新建. 基于投入产出结构的中国经济总供给-总需求模型研究[J]. 数量经济技术经济研究，2012，（6）：152-160.

有些还需要用统计模型进行估计。对此，下面分别予以说明。

（一）数据获得总体说明

研究所用数据主要是《中国统计年鉴 2010》和 1987~2007 年中国投入产出表，下面分别予以说明。

（1）C、I、NX、G、M、N 和 L 可以从《中国统计年鉴 2010》中查到。C、I、NX、G 可以在支出法 GDP 构成中查到，其中，I 分为固定资本形成和存货增加两项。根据后面的模型测算，M 具体采用的是 M_2。N 和 L 分别对应统计年鉴中的就业人员数与经济活动人口数。

（2）e：先在国家外汇管理局网站查询"人民币对美元中间价汇总表"（1994 年 1 月至 2011 年 6 月）和"1979~2002 年美元兑人民币汇率"，每一年的 e 使用对应年份 12 月的累计平均值。

（3）Q^s 和 Q^d 两个指标观测值的获得需要使用统计模型，具体内容见下文。

（二）总供给量的估计

以实际总产出作为总供给的度量。按照收入法和投入产出核算的范畴，GDP 是最初投入之和，总产出等于中间投入加最初投入。首先，以国家统计局编制的已有年份投入产出表数据拟合总产出与 GDP 的函数关系；其次，将《中国统计年鉴 2010》中 1978~2009 年的支出法 GDP 核算数据代入模型求得各年份的总产出。

统计分析发现，在总产出与 GDP 二者的对数之间存在相当好的线性关系，估计方程式如下：

$$\ln Q_t^s = 1.082\,6\ln\left(GDP_t\right) + 0.059\,6 \qquad (4\text{-}49)$$

式（4-49）意味着，现价总产出的增长速度是 GDP 的 1.08 倍。用式（4-49）可得到 1978~2008 年的总产出，即总供给量 Q^s 的估计值。虽然由表 4-3 可知，常数项的统计显著性较差，但其数值相对于 GDP 的对数值可以忽略不计，所以，不会影响分析结果。

表 4-3　Q^s 与 GDP 函数关系统计估计与检验

调整后的可决系数 R^2	0.998 803		标准误差	0.040 059
F	6 678.087		F 的 P 值	1.08×10^{-11}
	系数	系数标准误差	t 统计量	P 值
常数项参数	0.059 609	0.146 775	0.406 129	0.696 777
$\ln$（GDP）参数	1.082 631	0.013 248	81.719 56	1.08×10^{-11}

三、各项最终需求函数估计

在总需求中，假定中间需求与总产出成比例，比例系数即直接投入系数。需求分析的主要任务就是建立各项最终需求的行为模型或行为函数。

（一）居民消费需求函数估计

对居民消费需求函数，首先，假定 t 年的居民消费量只与当年的工资总额和经营盈余相联系；其次，认为《中国统计年鉴》中的居民消费数据反映了居民的真实消费需求，于是有

$$C_t = f_1(W_t, Z_t)$$

对 W_t 和 Z_t，以统计年鉴中收入法 GDP 构成核算的数据为基础[①]。由于 1990 年以前的收入法数据缺失，得不到成套的 (W_t, Z_t) 数据，所以只选用 1990~2009 年的数据。另外，由于年鉴中收入法与支出法核算的 GDP 存在差异，此处以支出法 GDP 为准，对收入法构成数据进行了比例调整。Z 包括固定资产折旧和营业盈余。求得的居民消费需求函数为（统计分析结果见表 4-4）

$$\ln C_t = 0.700\,9 + 0.776\,6\ln W_t + 0.149\,9\ln Z_t$$

即

$$C_t = 2.016 W_t^{0.776\,6} Z_t^{0.149\,9} \tag{4-50}$$

表 4-4　居民消费需求函数统计估计与检验

调整后的可决系数 R^2	0.997 198		标准误差	0.039 904
F	3 382.43		F 的 P 值	7.805×10^{-23}
	系数	系数标准误差	t 统计量	P 值
常数项	0.700 922	0.121 44	5.771 736 9	2.26×10^{-5}
$\ln W$	0.776 598	0.044 435	17.476 998	2.68×10^{-12}
$\ln Z$	0.149 885	0.042 968	3.488 253 1	0.002 815

（二）投资需求函数估计

把 GDP 核算中的资本形成对应宏观经济学的投资，即以资本形成时间序列数据作为投资的观测值。为了估计真实的投资需求，对资本形成，需要考虑超额存货问题。

---

① 各年度统计年鉴中只有上一年的收入法各地区生产总值及构成，GDP 结构是根据地区生产总值的平均结构以支出法 GDP 分解。另外，1990 年、1992 年和 1995 年数据缺失，是根据相应投入产出表数据计算的，其他缺失年份数据是用插值法估算的。

投入产出表和 GDP 核算中的存货基本就是指生产（包括各个行业生产部门）单位的存货，包括原材料和产成品。原材料存货是为了满足生产过程消耗的需要，产成品存货是为了适应市场需求（具体阐述见《中国统计年鉴 2010》第二章主要指标解释）。所以，原材料存货应当与生产强度成正比，而产成品存货则是生产与销售的差额。可以假定原材料存货的增加量与产量的增加量具有函数关系。作为按照经济原则生产的机构单位，一般不会存储过多的原材料；产成品的存货变化则与生产决策和市场需求的适应性有关。当二者适应时，二者之间应该有一个固定的比例或函数关系，当二者不适应时，存货变化量就会偏离产量变化所要求的趋势，出现超额供给或超额需求，表现为随机扰动。从实际存货增加量减去趋势增加量就得到超额存货量，也就是超额总供给量。

1. 超额存货估计

设资本形成 I 分为两部分，即 $I_t = I_{1t} + I_{2t}$，其中，I_{1t} 表示固定资本形成，I_{2t} 表示存货增加。假定在长期中真实存货增加量 I_{2t}^r 与 GDP 增加量有函数关系，即

$$I_{2t}^r = f(\Delta GDP_t), \quad \Delta GDP_t = GDP_t - GDP_{t-1}$$

利用《中国统计年鉴 2010》中 1978~2009 年的相应数据，求得真实存货量估计函数，即趋势存货量需求函数为（统计分析结果见表 4-5）

$$\ln \hat{I}_{2t} = 1.557\ 7 + 0.689\ 3 \ln(\Delta GDP_t) \tag{4-51}$$

表 4-5　真实存货需求量统计估计与检验

调整后的可决系数 R^2	0.861 179	标准误差	0.396 495
F	187.106	F 的 P 值	3.534×10^{-14}

	系数	系数标准误差	t 统计量	P 值
常数项	1.557 653	0.433 884	3.590 022	0.001 202
$\ln(\Delta GDP_t)$	0.689 289	0.050 392	13.678 67	3.53×10^{-14}

以此趋势存货需求量作为真实存货增加需求，则超额存货增加量为

$$S_t = I_{2t} - I_{2t}^r = I_{2t} - \hat{I}_{2t} \tag{4-52}$$

将计算的超额供给率与对应年份的 GDP 增长率进行对比可以发现：①1979~1988 年的超额供给量，除 1986 年外，都是负数，这说明在此时期经济始终处于短缺状态，与当时的实际情况基本相符。②从 1989 年开始直到 1999 年，除 1992~1994 年外，超额供给量都为正数，该期间经济经历了一个增长周期（谷—峰—谷）。1992 年 GDP 增长率达到本期的峰值（14.2%）。

③2000 年经济开始提速，一直延续到 2007 年，超额供给量都为负数，即处于超额需求状态。④2008~2009 年的增长速度连续下降，超额供给重现。⑤当经济增速由加速变为减速时，超额供给一般由负变正，如 1986 年、1989 年、1995 年、2008 年；当经济由减速变为加速时，超额供给量一般由正变负，如 1987 年、1992 年、2000 年。综合以上分析可以认为，所得的超额存货即表示超额供给量估计模型是合理的。从超额供给率来看，我国的经济受到的扰动性还是比较大的，所以存货增加变动剧烈。

2. 真实投资需求函数估计

依据前述模型，设定真实投资需求函数为

$$I_t^r = f_2\left(Q_t^s, M_t\right)$$

因为我国在 1990 年后才有比较可靠的货币供给量时间序列，所以，采用《中国统计年鉴 2010》中的数据以及上文估计出的总供给量及真实投资需求时间序列数据估计真实投资需求函数。经过测算，选择 M_2 作为货币供给量的测度。估计的真实投资需求函数为（统计分析结果见表 4-6）

$$I_t^r = 0.097\,26Q_t^s + 0.092\,483M_t \tag{4-53}$$

表 4-6　真实投资需求函数统计估计与检验

调整后的可决系数 R^2	0.942 446	标准误差	3 098.945
F	4 745.600 5	F 的 P 值	4.42×10^{-24}
	系数	系数标准误差	t 统计量	P 值
常数项	0	—	—	—
Q^s	0.097 26	0.018 316	5.310 074	4.769×10^{-5}
M_2	0.092 483	0.034 451	2.684 463	0.015 142 8

（三）净出口函数

对净出口函数，假定 t 年净出口量只是当年总需求量和当年平均汇率的函数，即

$$NX_t = f_3\left(Q_t^d, e_t\right)$$

需要先估计总需求量，根据 Q^s 与 Q^d 的关系可得

$$Q_t^d = Q_t^s - S_t$$

由此，利用上文计算的 Q^s 和 S 可以求得 Q^d。根据试验分析，选择常数项为 0、自变量为 Q^d 和 e 的回归模型。据此，估计出的净出口函数为（统计分析结果见表 4-7）

$$NX_t = 0.023\,96Q_t^d - 359.999e_t \tag{4-54}$$

表 4-7 净出口函数统计估计与检验

调整后的可决系数 R^2	0.860 897		标准误差	2 522.779
F	128.876 1		F 的 P 值	7.52×10^{-15}
	系数	系数标准误差	t 统计量	P 值
常数项	0	——	——	——
Q^d	0.023 962	0.001 916	12.506 89	3.29×10^{-13}
e	−359.999	112.179 2	−3.209 14	0.003 242

这个模型的 F 检验及各个参数的检验效果很好,但是估计误差比较大,残差有的达到原值的数十倍。从残差的变化分析来看,我国的进出口受外部偶然因素的影响很大[①]。

(四)工资率决定函数

总供给函数估计的关键是工资率函数的估计。根据理论设定,工资率是失业率、预期价格水平及其他因素的函数[②]。为了方便起见,下面将平均工资率(w_t)看做预期价格水平 P_t^e、失业率 u_t 和现价劳动生产率 Q_t^s / N_t 的函数。预期 GDP 价格指数假定等于上年度的 GDP 价格指数,即 $P_t^e = P_{t-1}$,于是有

$$w_t = P_{t-1} F \left(Q_t^s / N_t, u_t \right)$$

在统计数据处理中,首先,假定城镇登记失业率接近总体失业率 u(其大于以就业人员数与经济活动人口计算的平均失业率),并以其代之。其次,用 u 乘以经济活动人口,即劳动力总量的估计的总体失业人数。再次,由之计算的有效就业人数 N_t,再以此除以总劳动者报酬的平均工资率观测值 w_t。最后,由 w_t、P_t^e、Q_t^s、N_t、u_t 的观测值,通过统计估计得到的平均工资率函数如下(统计分析结果见表 4-8)[③]:

$$w_t = P_t^e \left(2\ 869.2 + 0.358\ 9 Q_t^s / \left(N_t u_t \right) \right) \tag{4-55}$$

表 4-8 平均工资率函数统计估计与检验

调整后的可决系数 R^2	0.939 454		标准误差	743.065
F	280.295 9		F 的 P 值	5.35×10^{-12}
	系数	系数标准误差	t 统计量	P 值
常数项	2 869.211	341.312 5	8.406 405	1.85×10^{-7}
$Q_t^s / (N_t u_t)$	0.358 855	0.021 434	16.742 04	5.35×10^{-12}

---

① 这可能主要是汇率测度指标的代表性问题。在我国贸易结算多元化的情况下,美元汇率的代表性减弱。

② Blanchard O. 宏观经济学[M]. 第 2 版. 北京:清华大学出版社,2001:126-128.

③ 这里隐含假定了宏观工资率和劳动生产率正相关(即劳动者工资率应随生产率的提高而提高),与失业率负相关。实证模型估计结果[式(4-55)]没有背离这个假定。

四、中国经济的比较均衡分析

在上述估计模型中，Q^d 和 Q^s 都是现价变量，为了代入总需求和总供给模型，需要用价格指数换算为实际变量。为了方便，下面不改变符号，只在其前面乘以价格水平变量，得到的总需求和总供给方程组如下：

$$P_t Q_t^d = P_t Q_t^s a_t + 2.016 W_t^{0.7766} Z_t^{0.1499} + 0.097\,26 P_t Q_t^s \tag{4-56}$$
$$+\, 0.092\,483 M_t + 0.023\,96 P_t Q_t^d - 359.999 e_t + G_t$$

$$P_t = \frac{(1 + t_{1t}) l_t}{1 - a_t - (1 + t_{1t}) \mu_t} w_t \tag{4-57}$$

$$w_t = P_t^e \left(2\,869.2 + 0.358\,9 P_t / (l_t u_t) \right) \tag{4-58}$$

$$W_t = w_t Q_t^s l_t$$
$$Z_t = \mu_t P_t Q_t^s$$
$$u_t = 1 - \frac{l_t}{L_t} Q_t^s$$

在上述方程中，M_t、G_t、e_t、L_t 是外生变量，a_t、t_{1t}、l_t 和 μ_t 是参数，可以当做外生变量分析。均衡分析时，$Q^d = Q^s = Q^*$，Q^*、W_t、Z_t、u_t 和 P_t 是内生变量。

对上文得到的中国经济 AS-AD 模型做比较静态分析，可以发现一些重要经济特征。下面首先给出 1997 年、2000 年和 2007 年的均衡状态计算，然后以 2007 年均衡点为基点做比较静态分析。因为方程是比较复杂的非线性方程组，所以计算采取数值解法（价格水平以 2000 年为 1）。

（一）均衡解

2007 年的基本参数和外生变量取值如表 4-9 所示。

表 4-9 均衡状态分析基本数据

基本参数	a	t_1	μ	l	
1997 年	0.629 8	0.156 5	0.116 95	$3.243\,2 \times 10^{-5}$	
2000 年	0.635 6	0.169 9	0.114 50	$2.645\,7 \times 10^{-5}$	
2007 年	0.664 2	0.169 3	0.148 30	$1.287\,2 \times 10^{-5}$	
外生变量	M_2/亿元	e	G/亿元	L/亿人	P^e
1997 年	3 549.9	8.289 7	11 219.1	7.028 3	1.034 6
2000 年	134 610.3	8.278 0	15 661.4	7.339 2	1.283 8
2007 年	403 442.2	7.604 0	35 900.4	7.844 5	1.283 8

由上述基本数据求得的均衡点（P^*，Q^*）如下：1997 年是（0.615 05，199 428.5），2000 年是（1.174 2，266 184.1），2007 年是（1.293 4，581 932.7）。根据函数得到的 AS-AD 曲线分别如图 4-3~图 4-5 所示[①]。

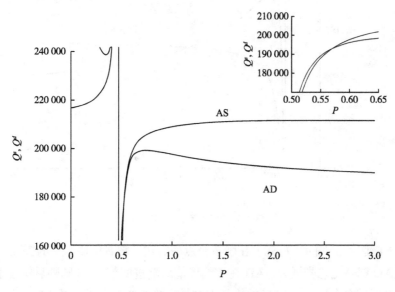

图 4-3　1997 年 AS-AD 分析

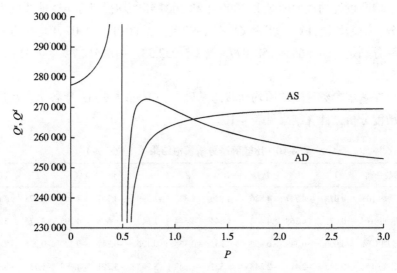

图 4-4　2000 年 AS-AD 分析

① 数值计算和曲线图使用了软件 Mathematica 9。

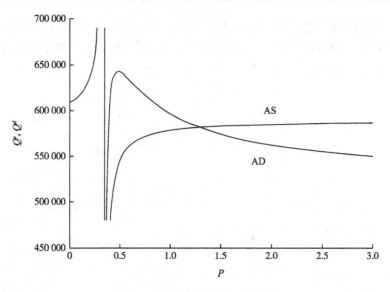

图 4-5　2007 年 AS-AD 分析

　　由图 4-3~图 4-5 可知，在函数奇点的右边，随着价格水平的提高，AS 和 AD 都是先急剧增大，AD 在达到极值后渐进回落，AS 则随后缓慢上升且逼近潜在水平。1997 年的均衡点在 AD 曲线的上升段（图 4-3 右上角给出了均衡点处的放大图像），2000 年和 2007 年的均衡点在 AD 曲线的下降部分。根据数值计算，Q^s 和 Q^d 在 1997 年、2000 年与 2007 年均衡点处的斜率分别是（94 365.8，58 877.4）、（5 032.53，–18 512.7）、（7 614.23，–25 325.6）。

　　在基本参数确定的原均衡状态基础上，下面对 2007 年各个参数进行灵敏度分析，计算结果见表 4-10。

表 4-10　比较静态分析模拟结果（单位：%）

参数变动	Q	P	PQ	W	Z	u	w	C	I	NX
M_2 增加 10%	0.075	4.747	4.826	4.826	4.826	–1.599	4.747	4.464	6.573	5.690
G 增加 10%	0.073	4.568	4.644	4.644	4.644	–1.542	4.568	4.295	3.076	5.475
e 增加 10%	–0.006	–0.349	–0.355	–0.355	–0.355	0.126	–0.349	–0.329	–0.235	–2.208
t_1 提高 10%	–0.243	–2.411	–2.648	–5.521	–2.648	5.147	–5.291	–4.699	–1.754	–3.122
μ 提高 10%	–0.977	–6.859	–7.768	–17.614	1.455	20.691	–16.802	–13.783	–5.146	–9.158
l 提高 10%	–9.091	10.000	0.000	0.000	0.000	0.000	0.000	0.000	0.000	0.000
l 降低 10%	11.111	–10.000	0.000	0.000	0.000	0.000	0.000	0.000	0.000	0.000
t_1 减少 10%	0.226	2.610	2.843	5.966	2.843	–4.797	5.727	5.044	1.883	3.351

（二）货币供给量变化的影响

M_2 的增加对均衡实际总产出影响很小，对通货膨胀的影响较大。M_2 每增加 10%，价格水平就上涨约 4.75%。M_2 的增加对名义货币工资率和出口也有显著影响。对名义工资率的影响大小与对价格相同，所以，对实际工资率影响也不大。M_2 每增加 10% 引起的净出口的增加稍大于 5.69%。M_2 的变化对失业率也有一定影响。M_2 增加 10%，大约降低失业率 1.6%。

（三）政府消费变动的影响

政府消费增加对均衡实际总产出的影响是正的，但影响较小，对通货膨胀的影响与 M_2 基本相同，G 每增加 10%，价格水平提高 4.57%。政府消费对失业率、名义工资率和净出口的影响也与 M_2 的影响相近，幅度偏小。

（四）汇率变动的影响

关于 e，模型估计显示，美元汇率的变动对总产出有反向影响，即人民币对美元贬值对应净出口的减少和总产出的减小，与一般汇率分析理论结论相反。这可能是单纯采用美元汇率的缘故，我国出口的多元化和其他货币的反向变动可能抵消了对美元的影响。从上文的估计精度也可以看出，估计误差较大。对其他变量的影响也因此而改变[①]。

（五）生产税率变动的影响

模拟结果显示，税率（t_1）的变动对经济的影响为反方向，即税率提高，均衡产出下降，税率下降，均衡产出增大。但是，对实际总产出影响不是很大。税率提高（降低）10%，实际总产出减少 0.24%（增大 0.23%），价格水平下降 2.41%（上升 2.61%），失业率增大 5.15%（减小 4.8%），名义工资率降低 5.29%（提高 5.73%），净出口减少 3.12%（增大 3.35%）。由此可以看出，减税对经济有比较显著的正效应。

（六）劳动生产率变动的影响

变量 l 的倒数就是劳动生产率。在各种因素中，劳动生产率变动对总产出和价格水平的影响是最大的，二者几乎与 l 同幅度变化。但是在本模型中，l 对其他内生变量几乎无影响。其他内生变量是名义量，所以实际量会随着劳动生产率的提高而增大。该结果与第二节的理论分析结果不同，这与在实证投资函数中引入货币供给量以及在净出口函数中引入汇率有关。

---

① 根据使用人民币有效汇率计算的结果可知，人民币升值的结果与传统理论一致，这反映了美元对中国经济的影响在显著减小。

（七）营业盈余率即毛利率变动的影响

模拟结果显示，毛利率提高 10%，将降低总产出近 1%，降低价格水平 6.9%，提高失业率 20.7%，降低工资率 16.8%，降低最终消费、资本形成和净出口分别为 13.8%、5.1% 与 9.2%。因此，适当降低企业的毛利润率对经济的发展是有利的，可以有效改善通货膨胀、失业和工资率等状态，对净出口也有显著的积极作用，所以，一定要遏制暴利行为。

（八）中间消耗系数变动的影响

中间消耗系数（a）是投入产出分析的一个特征参数。对单部门模型，用现价数据和用不变价格系数计算的值是一样的。由数据计算发现，我国自 1978 年以来，中间消耗系数处于缓慢增长的变化之中，除少数年份（20 世纪 90 年代前期）以外，每年的增长率多在 0.8% 以下。1978~2009 年，共增长 25.5%。所以，在短期分析中可以不考虑其变化对均衡状态的影响。但是，在多部门模型中，如研究石油与矿物价格变化对我国的影响，包含中间需求的 AS-AD 模型就会表现出重要的方法意义。

五、小结

本节以投入产出分析的总产出为基本变量建立了中国经济的 AS-AD 模型。新模型的主要特点是严格区分方程中总需求与总供给变量，并考虑中间需求。在模型建立方法中，尽量以现价变量为基础进行函数拟合统计分析。不变价格量（如实际工资、实际投资等）的经济意义有些模糊（第三章），另外，实际的决策诸如工资谈判、投资决策的决策变量也是名义量。对模型进行的比较静态分析显示，货币政策（M_2）和财政政策（G）对经济均衡产出水平的影响较小，但对改善就业和净出口状况效果明显；减税对均衡总产出有一定的正向影响，同样能够显著改善就业和对外贸易状况，而且对劳动者收入改善效果也比较显著，但是会引起一定的通货膨胀。劳动生产率的提高是经济增长最有效的途径，但要改善就业和劳动者收入状况，还需要其他政策措施的配合。另外，要改善经济特别是民生状态，应该控制企业利润率的增长，遏制暴利现象。分析结果表明，新模型对经济实证分析是有效的。新模型关于需求冲击（政府消费变动）引起的工资率变化趋势符合实际工资率的顺周期特性[①]。

① Barro R J.The aggregate-supply/aggregate-demand model[J]. Eastern Economic Journal，1994，20（1）：1-6；Kydland F E, Prescott E C. Business cycles: real facts and a monetary myth[R]. Federal Reserve Bank of Minneapolis，Quarterly Review，1990.

第五章　经济增长与通货膨胀

古典经济学在货币数量论基础上讨论了通货膨胀问题，把通货膨胀看做一种货币现象[①]。在主流宏观经济学中，根据菲利普斯曲线推导出了失业与通货膨胀的替代关系，即在一般情况下，可以用增加一些失业来抑制过高的通货膨胀，也可以用可承受的通货膨胀来保证充分的就业。这种相机调控策略虽然后来被滞胀问题搞得很狼狈，但是，在通常经济形势下仍然是见效的。就业变化与增长成正向关系，由此可以得出，在增长率和通货膨胀率之间也存在正向关系。在目前的宏观经济学教程中，一般用菲利普斯曲线来推导供给函数，因果逻辑有些颠倒。菲利普斯曲线是一个经验结论，理应从更基础的经济理论推导出来。

第一节描述经济增长率与通货膨胀率关系的一些事实；第二节基于投入占用产出分析框架推演增长率与通货膨胀率的理论关系；第三节讨论拉动经济增长的三驾马车问题。

第一节　经济增长与通货膨胀关系的一些事实

在经济现实中，经济增长通常伴随着通货膨胀。为了维持一定的增长率，人们会担心出现通货紧缩，希望把通货膨胀率维持在一定的水平之上。2013~2016 年中国的情况就是这样。

图 5-1 是中国 1979 年以来的 GDP 增长率与通货膨胀率的时间序列图。其中，通货膨胀率是用 GDP 的名义指数除以实际指数减 1 计算得到的。从图 5-1 中可以看出，通货膨胀率与 GDP 增长率有基本相同的变化趋势，但是，通货膨胀率变化一般比 GDP 增长率变化慢一年。这一点通过相关系数可以证实。1979 年以来，同期二者的相关系数是 0.470 4，GDP 增长率滞后一年的相关系数是 0.618 6。

[①] 阿莱 M. 无通货膨胀的经济增长[M]. 何宝玉，姜忠孝译. 北京：北京经济学院出版社，1992：145-183.

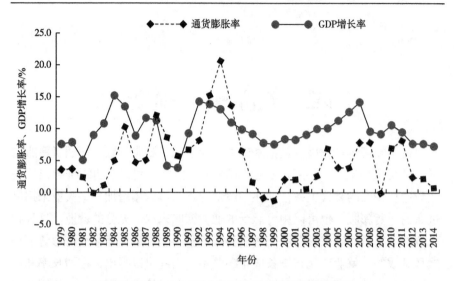

图 5-1　1979~2014 年中国经济增长率与通货膨胀率

　　图 5-2 是用滞后一年的数据制作的散点图，可以看出，这个图类似于菲利普斯曲线。因为中国的统计失业率数据与经济趋势的关系很小，所以不能用于制作菲利普斯曲线分析失业率与通货膨胀率的变动关系。

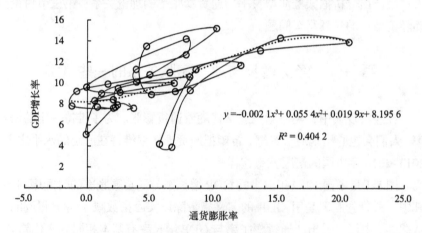

$$y = -0.002\,1x^3 + 0.055\,4x^2 + 0.019\,9x + 8.195\,6$$

$$R^2 = 0.404\,2$$

图 5-2　中国经济增长率与通货膨胀率关系图

　　图 5-3 是 1979~2014 年美国经济的 GDP 增长率和通货膨胀率情况。由图 5-3 可以看出，美国经济 GDP 增长率与通货膨胀率也有正相关性，通货膨胀率显出滞后一年的特征，只是比中国弱得多。但是，计算相关系数发现，这些年美国 GDP 增长率与通货膨胀率是弱负相关，同期相关系数是 -0.128 8，GDP 增长率滞后一年，其值为 -0.024 4。这可能是因为美国更好地控制了通货膨胀率，比较好地执行了弗里德曼货币主义政策。可以看出，

中国通货膨胀率的波动幅度大于 GDP 增长率，而美国是 GDP 增长率的波动幅度大于通货膨胀率。如果采用 1970 年之前的数据，同期相关系数会达到 0.405，滞后一年相关系数是 0.303，所以，美国在 1970 年之前的增长与通胀同期关系更紧密；使用 1990 年以后的数据，同期相关系数为 0.187 2，滞后一年的相关系数为 0.344 9。20 世纪 70 年代以来美国经济有两次严重滞胀：第一次是 1974~1975 年，1974 年的增长率从 1973 年的 5.6% 跌至 −0.5%，而通货膨胀率则从 5.5% 提高到 8.9%；1975 年的增长率是 −0.2%，通货膨胀率是 9.2%。第二次是 1979~1982 年，比第一次更严重。1969~1970 年实际上也发生了滞胀，只是程度更弱一些。这三次的具体数据见表 5-1。有人把美国整个 70 年代都看做滞胀，前后共经历 13 年是不准确的，因为这一段对美国来说有 4 年 5% 以上的高速增长。

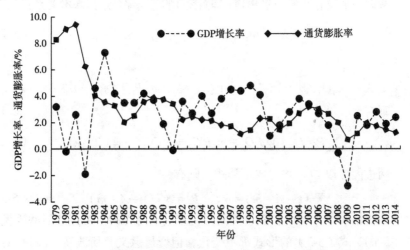

图 5-3　1979~2014 年美国经济 GDP 增长率和通货膨胀率

表 5-1　美国经济史中的三次滞胀（单位：%）

年份	GDP 增长率	通货膨胀率	年份	GDP 增长率	通货膨胀率
1968	4.9	4.3	1976	5.4	5.5
1969	3.1	4.9	1977	4.6	6.2
1970	0.2	5.3	1978	5.6	7.0
1971	3.3	5.0	1979	3.2	8.2
1972	5.2	4.4	1980	−0.2	9.0
1973	5.6	5.5	1981	2.6	9.4
1974	−0.5	8.9	1982	−1.9	6.2
1975	−0.2	9.2	1983	4.6	4.0

第二节　经济增长与通货膨胀关系的投入占用产出模型

本节以投入占用产出技术框架为基础，提出一种观点[①]：在相当宽的条件下，增长必然伴随通胀。

一、一般多部门模型

在投入占用产出分析中，表现经济增长的模型是动态模型，联系价格的是价格形成方程，所以，把增长与通胀联系起来就是要把价格方程与动态模型联立分析。在下文的分析中，设时间的单位是年。

（一）价格方程

考虑一个没有政府及进出口（即封闭）的经济系统，其基本关系式如下：

$$\sum_{i=1}^{n} P_i X_{ij} + W_j + M_j = P_j Q_j, \quad j = 1, 2, \cdots, n \tag{5-1}$$

令

$$X_{ij} = a_{ij} Q_j, \ W_j = w_j L_j = w_j l_j Q_j, \ M_j = m_j P_j Q_j, \ i, j = 1, 2, \cdots, n$$

则有

$$\sum_{i=1}^{n} P_i a_{ij} Q_j + w_j l_j Q_j + m_j P_j Q_j = P_j Q_j, \quad j = 1, 2, \cdots, n \tag{5-2}$$

两边同除以 Q_j，并写成矩阵式，则有

$$P'(1 - A - \hat{m}) = w'\hat{l}, \quad P' = w'\hat{l}(1 - A - \hat{m})^{-1} \tag{5-3}$$

在价格模型中，所有变量都是同期或同一时刻的。对连续时间模型，式（5-1）~式（5-3）的形式都不变化，但变量意义有所改变：流量 X_{ij}、W_j、M_j 和 Q_j 都变成在既定时刻的速率，而 a_{ij}、w_j、m_j 和 P_i 的意义是既定时刻的水平。

（二）基本动态模型

动态模型分连续时间和离散时间两种形式。动态模型涉及投资的时滞，即从购买或开始形成第一批生产资产到可以用于进行生产的时间间隔。下面对连续时间模型设没有投资时滞，对离散时间模型设所有的投资时滞都为一年。

---

① 刘新建. 关于投入产出经济学的一些思考[A]//许宪春，刘起运. 中国投入产出理论与实践[C]. 北京：中国统计出版社，2002：58-65.

1. 基本连续时间动态模型

令

$$b_{ij} = \frac{K_{ij}^t}{Q_j^t}, \quad \beta_{ij} = \frac{D_{ij}^t}{Q_j^t}, \quad I_{ij}^t = \dot{K}_{ij}^t + D_{ij}^t = b_{ij}\dot{Q}_j^t + \beta_{ij}Q_j^t \qquad （5-4）$$

其中，K_{ij}^t 表示部门 j 在 t 时刻作为资本品占用的部门 i 的产品量（包括库存）；D_{ij}^t 表示部门 j 在 t 时刻生产中造成的对 i 类资本品的损耗量。模型中假定所有投资的时滞都是 0，于是，t 时刻的投资速率等于该时刻的资本形成速率加需要补偿的资本损耗速率。将式（5-4）代入投入产出行模型可以得到

$$\sum_{j=1}^n a_{ij}Q_j^t + \sum_{j=1}^n b_{ij}\dot{Q}_j^t + \sum_{j=1}^n \beta_{ij}Q_j^t + C_i^t = Q_i^t, \quad i=1,2,\cdots,n$$

将上式写成矩阵形式，即

$$(1-A-\beta)Q^t - B\dot{Q}^t = C^t \qquad （5-5）$$

令

$$\dot{Q}^t = \hat{\upsilon}Q^t, \quad \upsilon = (\upsilon_1,\upsilon_2,\cdots,\upsilon_n)$$

其中，υ_i 表示部门 i 在 t 时刻的总产出增长率，于是上面的动态方程可以写为

$$(1-A-\beta-B\hat{\upsilon})Q^t = C^t \qquad （5-6）$$

2. 基本离散时间动态模型

令

$$b_{ij} = \frac{K_{ij}^{t+1}-K_{ij}^t}{Q_j^{t+1}-Q_j^t}, \quad \beta_{ij} = \frac{D_{ij}^t}{Q_j^t}, \quad i,j=1,2,\cdots,n \qquad （5-7）$$

$$I_{ij}^t = K_{ij}^{t+1}-K_{ij}^t + D_{ij}^{t+1} \qquad （5-8）$$

其中，K_{ij}^t 表示部门 j 在 t 时期末作为资本品占用的部门 i 的产品量（包括库存）；D_{ij}^t 表示部门 j 在 t 时期生产中造成的对 i 类资本品的损耗量。模型中假定所有投资的时滞都是 1 个时间单位，则从投入产出行模型可以得到

$$(1-A+B)Q^t - (B+\beta)Q^{t+1} = C^t \qquad （5-9）$$

令

$$Q^{t+1} = (1+\hat{\lambda})Q^t, \quad \lambda = (\lambda_1,\lambda_2,\cdots,\lambda_n)$$

其中，λ_i 表示部门 i 在 $t+1$ 年的总产出增长率，于是式（5-9）可以写为

$$\left[1-A-\beta-(B+\beta)\hat{\lambda}\right]Q^t = C^t \qquad （5-10）$$

在式（5-6）和式（5-10）中，除增长率外，所有的量都是同一时期的，

因此，在下文的叙述中都略去时间标识 t。

（三）动态均衡

假设部门 j 劳动报酬的储蓄率是 s_j，包含折旧的总盈余的资本化率是 α_j，那么，均衡时社会的总消费基金为

$$P'C = \sum_{j=1}^{n}\left[\left(1-s_j\right)W_j + \left(1-\alpha_j\right)M_j\right]$$

$$= \sum_{j=1}^{n}\left[\left(1-s_j\right)w_j l_j + \left(1-\alpha_j\right)m_j p_j\right]Q_j = \left[w'\hat{l}\left(1-\hat{s}\right) + P'\hat{m}\left(1-\hat{\alpha}\right)\right]Q$$

假设居民消费的产品现价结构向量是 η，则有

$$C = \hat{P}^{-1}P'C = \hat{P}^{-1}\eta[w'\hat{l}\left(1-\hat{s}\right) + P'\hat{m}\left(1-\hat{\alpha}\right)]Q \qquad （5\text{-}11）$$

式（5-11）对连续时间和离散时间在形式上相同。

1. 连续时间动态均衡

将式（5-11）代入动态模型（5-6）可得

$$[1 - A - \beta - B\hat{\upsilon}]Q = \hat{P}^{-1}\eta[w'\hat{l}\left(1-\hat{s}\right) + P'\hat{m}\left(1-\hat{\alpha}\right)]Q \qquad （5\text{-}12）$$

2. 离散时间动态均衡

将式（5-11）代入动态模型（5-10）可得

$$[1 - A - \beta - (B+\beta)\hat{\lambda}]Q = \hat{P}^{-1}\eta[w'\hat{l}\left(1-\hat{s}\right) + P'\hat{m}\left(1-\hat{\alpha}\right)]Q \qquad （5\text{-}13）$$

将式（5-3）与式（5-12）或式（5-13）联立可以分析均衡的通货膨胀和增长率的决定关系。需要注意的是，式（5-13）中的增长率是后一年的增长率。在多部门情况下，这是一个非线性方程组。

二、单部门总合模型

将整个经济的生产系统合成一个生产部门时，用小写字母代替其中的大写字母，原为小写字母的矩阵或向量不变，只去掉转置符号，此时 $\eta = 1$。

由价格方程可得

$$p = \frac{wl}{1-a-m} \qquad （5\text{-}14）$$

（一）连续时间模型

由动态均衡模型（5-12）可得

$$1 - a - \beta - b\upsilon = p^{-1}[wl(1-s) + pm(1-\alpha)] \qquad （5\text{-}15）$$

与式（5-14）联立，以 p 和 m 为未知数求解可得

$$p = \frac{wl(\alpha - s)}{(1-a)\alpha - \beta - b\upsilon}, \quad m = \frac{b\upsilon + \beta - (1-a)s}{\alpha - s} \qquad （5\text{-}16）$$

（二）离散时间模型

由动态均衡模型（5-13）可得

$$1-a-\beta-(b+\beta)\lambda = p^{-1}[wl(1-s)+pm(1-\alpha)] \tag{5-17}$$

与价格方程联立，以 p 和 m 为未知数求解可得

$$p = \frac{wl(\alpha-s)}{(1-a)\alpha-\beta-(b+\beta)\lambda}, \quad m = \frac{(b+\beta)\lambda+\beta-(1-a)s}{\alpha-s} \tag{5-18}$$

由式（5-18）可得

$$\lambda = \frac{(1-a)s+(\alpha-s)m-\beta}{b+\beta} \tag{5-19}$$

由式（5-16）和式（5-18）可以看出，给定劳动报酬储蓄率和盈余资本化率，在工资率、劳动生产率和中间使用率稳定的情况下，当增长率提高时，盈余率和价格水平将提高。因为工资率在经济增长时一般是提高的，所以，在经济增长加快时，要想同时减小通货膨胀率，就要显著提高劳动生产率（l 的倒数）。另外，如果不提高劳动报酬率，而高增长率意味着高盈余率和高通胀率，所以，除非能有效提高工资率，否则经济增长是不利于劳动者而利于资本的，有加大收入分配差距的势能。

因为式（5-18）中的增长率是下一年的增长率，所以，应有增长率比通胀率变化滞后一年的现象，但这与统计数据的发现相冲突。其中的缘故如下：下一年的增长率其实是由本年的投资或总储蓄决定的［式（5-19）］，而本年投资的上限是本年的增长率上限决定的；本年如果经济活跃则能够实现或接近上限（有较高的 m），否则将有一定的剩余生产力；在惯性作用下，本年经济活跃将刺激下一年经济活跃（提高 α），并为下一年准备更高的增长率上限，意味着比本年更高的增长率［式（5-19）］。如果没有有效调控，则直到出现显著的库存积压，经济将处于正反馈循环状态，越来越热。但由于资源（劳动力）极限限制，边际报酬开始递减，m 将下降。由于最终消费需求限制，库存积压开始增多，所以 m 将进一步降低，于是开始反向正反馈循环，直到出现严重萧条。要描述经济中数量与价格的交叉调整机制及其导致的经济周期运动，需要扩展模型（第七章）。

以上经济增长伴随通货膨胀的结论是在封闭经济假定下获得的，但是，因为全球经济可以看做一个封闭的经济系统，所以，虽然可以有部分区域避免通货膨胀，但是，对全球经济平均来说，通货膨胀几乎是不可避免的，特别是对中国这样的大国而言。

对多部门模型而言，上述结论也是不可避免的，因为单部门的总合就等效于多部门的平均。即使有些部门是价格水平降低的，总体价格指数与

总体增长率之间也存在上述关系。

　　另外，对通货膨胀、经济增长及盈余提高之间谁为因谁为果，式（5-16）、式（5-18）和式（5-19）并不能给出结论，而是均衡的结果，即要保持经济变量间既定的比例关系。均衡作为经济运动的趋势规律，无论哪个变量先行变化，都将驱使对偶的变量做出配合性的变化。

第三节　经济增长动力的投入占用产出分析

　　人们把组成支出法 GDP 的三个部分称为拉动经济增长的三驾马车，分别是消费、投资和出口。如果再进行细分，应是四驾马车，即居民消费、公共消费、投资和出口。准确来说，根据国民账户核算概念，投资应称为资本形成，出口应为净出口。投资是形成资本的活动，资本形成是其结果。三驾或四驾马车就是四种动力。按照一般流行说法，中国经济增长过去主要依靠投资和出口两种动力，目前要转向依靠消费。但是，有研究者指出[①]，消费才是中国经济增长的主要拉动力。根据具体的统计数据考察（图 5-4），1980~2000 年的大多数年份，最终消费对经济增长的贡献率[②]都是最大的，且在 1986 年之前，其贡献率基本大于 60%（1982 年为 56.4%）。2000 年之后，最终消费与投资在对经济增长的贡献率上基本相当，且在 2001 年、2003~2004 年、2008~2010 年、2013 年，投资的贡献率大于消费的贡献率，尤其以 2003 年和 2009 年两年为甚，分别达到 69.6% 和 87.1%。在投资贡献大于消费的年份中，一般都是净出口贡献率为负的时候，有用投资补偿出口的特征。净出口对经济增长的贡献波动性很大。1980~2014 年中有 13 年的净出口贡献率为负。在 1981 年、1986 年、1987 年、1989 年、1990 年和 1997 年中，净出口的贡献率大于投资。1998 年以后，净出口的贡献率都处于较低的水平，2005 年和 2006 年出现了反弹。但是，2009 年净出口的巨大负作用是令人印象深刻的（达到-44%），这种情况在 1985 年曾出现过（达到-51.2%）。因此，仅从贡献率考察，不能断定我国的经济增长主要依靠投资和出口拉动，而否定消费的巨大作用。

---

① 李成，刘超. 我国经济增长的动力分析[J]. 浙江大学学报（人文社会科学版），2006，36（6）：51-57；汤跃跃，张毓雄. 消费才是当前中国经济增长的拉动力[J]. 江苏商论，2005，（9）：21-23.
② 贡献率是各项最终使用增长量与 GDP 增量之比，按不变价格计算。

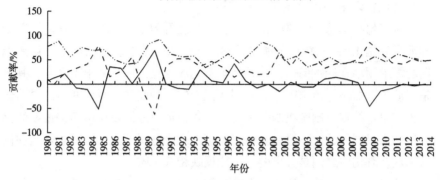

图 5-4　三大需求对经济增长的贡献率

　　关于拉动经济增长的三驾马车权重问题的讨论，林毅夫先生有个论述[①]可以说至少对了一半，但非常重要。他说，首先，在过去 30 多年中，我国的消费增长其实并不慢。消费比重低就是投资比重高，投资增长更快。从 1979 年到 2012 年，我国的居民消费增长平均每年达到 7.9%，2008~2012 年则达到 9.2%，当然投资增长得更快，所以比重上消费是下降的。其次，消费是经济增长的目的，也应该是经济增长的结果。但是消费不能作为经济持续增长的驱动力，因为今年消费了，如果生产力水平不提高，下一年靠什么？最后，拉动一个国家经济增长必须永远依靠生产力水平的不断提高。生产力水平的不断提高主要靠的是技术创新和产业升级，产业升级让资源从附加价值比较低的产业部门重新配置到附加价值比较高的产业部门，这样收入水平也就能够提高了。但是这样的活动都必须以投资为载体。只有依靠投资，技术才能够创新，产业才能够升级。说林毅夫先生的观点不完全准确是因为：第一，他没有肯定我国 2000 年后 10 多年的消费增长相对于经济增长确实不足，只看到了绝对量和总量，没有看到相对量和人群结构差异；第二，产业升级从经济发展过程看，不是简单的资源从低附加值到高附加值的转移，而是经济规模和质量以及供给与需求双重提升的必然反映，并且发展并没有简单抛弃过去的基础，而是比例上的变化；第三，受限于传统宏观经济学的理论结构，他没有充分看出三驾马车之间的有机联系。他的观点非常重要，是因为他告诫人们不要简单说从投资驱动转型到消费驱动，那样的经济增长是不可能实现

　　①　林毅夫. 中国经济增长动力与深圳发展机遇[J]. 特区实践与理论，2013，（5）：4-11.

的。林毅夫的这种观点使决策者避免落入简单逻辑的误区。实际上，脱离投资增长的消费增长刺激政策最终会造成严重的通货膨胀。我国近年的经济调控政策基本避免了这种误区。

对三驾马车动力性质的认识，有人已经看到了传统理论的缺陷。贾康和苏京春指出[①]：三驾马车理论虽然已经使人们开始从结构层次认识凯恩斯的需求驱动理论，但是，三驾马车不能成为经济增长的根本动力，其只是"动力"的不同传递区域在人们认识上的一种归类，只有在引入供给侧分析和供给结构与制度机制分析后，才真正形成经济发展中至关重要的供给侧动力机制体系。不过，在传统经济学理论分析框架中，需求函数和供给函数及其构成之间是分离的，不能反映相互影响。

经济是一个整体，不论是供给与需求之间，还是供给与需求的内部各部分之间都相互关联，因此在一个动态均衡模型中考察各因素的贡献是比较合适的，本书将建立动态投入占用产出模型来研究经济增长动力问题。下面首先考虑单部门模型，然后在多部门动态投入占用产出分析模型下考虑增长动力问题[②]。

一、单部门模型下的增长动力分析

根据投入占用产出经济学，设一个经济在 t 年的总产出为 q_t，分别用于中间投入 x_t、居民消费 c_t、公共消费 g_t、资本形成 i_t 及净出口 ne_t。

在均衡条件下有

$$x_t + c_t + g_t + i_t + ne_t = q_t \qquad （5-20）$$

假设所有的投资都是在一年后才形成生产能力，则资本形成（投资）与资本存量的关系是

$$i_t = k_{t+1} - k_t + d_{t+1} \qquad （5-21）$$

其中，k_t 为 t 年末的生产资本存量；d_t 为生产资本在 t 年中被损耗的量。

定义：

$$a_t = \frac{x_t}{q_t}, \ b_t = \frac{k_t - k_{t-1}}{q_t - q_{t-1}}, \ \delta_t = \frac{d_t}{q_t} \qquad （5-22）$$

其中，a_t 和 b_t 分别称为直接投入系数与增量资本产出系数；δ_t 称为资本损耗系数。

---

① 贾康，苏京春. "三驾马车"认知框架需对接供给侧的结构性动力机制构建[J]. 全球化，2015，（3）：63-69，117.

② 本节的主要内容可以参阅：刘新建. 经济增长动力的投入占用产出分析[J]. 管理评论，2017，29（12），优先出版.

将式（5-22）代入式（5-21）并代入式（5-20）可得

$$i_t = b_{t+1}(q_{t+1} - q_t) + \delta_{t+1}q_{t+1} = (b_{t+1} + \delta_{t+1})q_{t+1} - b_{t+1}q_t \tag{5-23}$$

$$a_t q_t + c_t + g_t + (b_{t+1} + \delta_{t+1})q_{t+1} - b_{t+1}q_t + \text{ne}_t = q_t \tag{5-24}$$

由式（5-24）可得式（5-25）和式（5-26）：

$$(b_t + \delta_t)q_t = (1 - a_{t-1} + b_t)q_{t-1} - (c_{t-1} + g_{t-1} + \text{ne}_{t-1}) \tag{5-25}$$

$$(1 - a_t + b_{t+1})q_t = c_t + g_t + \text{ne}_t + (b_{t+1} + \delta_{t+1})q_{t+1} \tag{5-26}$$

因为现代经济增长都是以 GDP 核算的，所以，我们把式（5-25）和式（5-26）中的总产出换成 GDP。以 m_t 表示 t 年的 GDP 值。因为 $m_t = (1 - a_t)q_t$，所以，由式（5-25）和式（5-26）可得

$$m_t = \left[\left(1 + \frac{b_t}{1 - a_{t-1}}\right)m_{t-1} - (c_{t-1} + g_{t-1} + \text{ne}_{t-1})\right]\frac{1 - a_t}{b_t + \delta_t} \tag{5-27}$$

$$m_t = \left[c_t + g_t + \text{ne}_t + (b_{t+1} + \delta_{t+1})\frac{m_{t+1}}{1 - a_{t+1}}\right]\frac{1 - a_t}{1 - a_t + b_{t+1}} \tag{5-28}$$

式（5-27）和式（5-28）展示了一种因果悖论[①]。式（5-27）的隐含意义如下：t 年的 GDP 是由 $t-1$ 年的 GDP、最终消费与净出口决定的，即过去决定现在。而式（5-28）的隐含意义如下：t 年的 GDP 是由 $t+1$ 年的 GDP 和 t 年的最终消费与净出口决定的，即未来决定现在。那么，到底是过去决定现在还是未来决定现在呢？问题的答案如下：如果 $t-1$ 年的经济量是已经发生的，那么，$t-1$ 年就决定了 t 年的潜在 GDP；在 t 年和 $t+1$ 年尚未发生的情况下，如果 t 年的经济活动由于某些原因不能完全利用已经形成的生产能力，那么，t 年的实际 GDP 就将小于潜在 GDP。同理，$t+1$ 年的经济可能性将依赖于 t 年的经济活动结构。这种逻辑链条提供了对 t 年经济进行宏观调控的理论依据。

由式（5-27）可得 t 年的潜在增长率为

$$\lambda_t = \left[\frac{(1 - a_t)(1 - \alpha_{t-1} - \beta_{t-1} - \gamma_{t-1}) - \delta_t}{b_t + \delta_t} + 1\right]\frac{1 - a_t}{1 - a_{t-1}} - 1 \tag{5-29}$$

其中，α_{t-1}、β_{t-1} 和 γ_{t-1} 分别表示 $t-1$ 年的居民消费、公共消费与净出口在 GDP 中的比例。同样，依据式（5-29），$t+1$ 年的计划增长率可以写为

$$\lambda_{t+1} = \left[\frac{(1 - a_{t+1})(1 - \alpha_t - \beta_t - \gamma_t) - \delta_{t+1}}{b_{t+1} + \delta_{t+1}} + 1\right]\frac{1 - a_{t+1}}{1 - a_t} - 1 \tag{5-30}$$

---

① 刘新建. 考虑资本补偿的动态投入占用产出分析基本模型[J]. 数学的实践与认识, 1994,（3）: 21-25.

　　式（5-28）~式（5-30）揭示了经济增长四驾马车的真实经济意义。首先，某一年的潜在经济增长率基本上已经由过去的经济活动成果所决定，其实际的增长率由需求决定，一般小于潜在增长率。其次，为了下一年的增长率，必须保持足够的积累率，从而限制了消费率和出口率。最后，当经济环境发生恶化，导致某一项或几项需求骤减，要保持增长率，就需要通过宏观调控刺激其他项需求的增长。

　　通常，随着经济的发展，b_t 和 a_t 都是增大的（由中国投入产出表数据测算，a_t 处于缓慢增大之中[①]），所以，要提高 $t+1$ 年的增长率，就必须减小 α_t、β_t 和 γ_t，这显然又与以消费和出口拉动经济增长的观念相矛盾。实际上，从长期增长目标来看，长期高速增长就必须以适当时期的消费需求的相对低速为代价。当实现了经济的一定发展目标后，则可以降低增长速度，同时提高消费比例，即实现增长动力的转换。至于在国内消费和出口两个主导动力之间的转换，则视经济和生产力发展的水平而定。在经济比较落后，需要靠进口先进设备和技术快速提升生产力的阶段，一方面通过吸收外资加快解决资金的短期瓶颈，另一方面需要增大出口还债，这时出口相对于国内消费具有较强的主导力，否则就会迅速积累外债，这正是我国在 1998 年以前的情况。1998 年和 1999 年净出口与资本形成双降，因而增长速度下滑。当经济发展到一定规模和水平，进出口接近于平衡，消费的主导作用就上升。

　　因为 b_t、a_t 和 δ_t 一般具有较强的规律性，波动较小，所以为了实现期望的增长率，必须对 α_t、β_t 和 γ_t 进行合理计划。α_t 和 γ_t 可以通过经济政策予以调控，β_t 则可以进行更灵活的规划和计划。当 b_t、a_t 和 δ_t 已知，λ_{t+1} 给定，$\alpha_t + \beta_t + \gamma_t$ 就确定了。

二、多部门动态投入占用产出模型

　　投入占用产出技术更适合做多部门模型分析。设 n 维列向量 $\boldsymbol{Q}_t$、$\boldsymbol{C}_t$、$\boldsymbol{G}_t$ 和 $\mathbf{NE}_t$ 分别是投入产出表口径的总产出、居民消费、公共消费与净出口；又设 n 阶矩阵 $\boldsymbol{I}_t = \left(I_{ij}(t) \right)$，$\boldsymbol{K}_t = \left(K_{ij}(t) \right)$，$\boldsymbol{D}_t = \left(D_{ij}(t) \right)$，其中，$I_{ij}(t)$ 是 t 年中部门 j 在资本形成中使用的部门 i 产品的数量，$K_{ij}(t)$ 是 t 年末部门 j 在生产过程中占用的部门 i 产品的数量，$D_{ij}(t)$ 是 t 年中部门 j 在生产过程中消耗及损失的作为生产资本（固定资产和必要库存）的部门 i 产品的数

① 王栋，宋辉，刘新建. 基于投入产出结构的中国经济总供给-总需求模型研究[J]. 数量经济技术经济研究，2012，29（6）：152-161.

量，且定义

$$A_t = X_t \hat{Q}_t^{-1}, \quad B_t = (K_t - K_{t-1})(\hat{Q}_t - \hat{Q}_{t-1})^{-1}, \quad \Delta_t = D_t \hat{Q}_t^{-1} \quad (5\text{-}31)$$

其中，$\hat{Q}_t$ 表示与 Q_t 对应的对角矩阵；A_t、B_t 和 Δ_t 分别叫做直接投入系数矩阵、增量资本产出系数矩阵与资本损耗系数矩阵。于是，在多部门情况下，可以获得与式（5-25）和式（5-26）类似的动态投入占用产出模型[1]：

$$(B_t + \Delta_t)Q_t = (1 - A_{t-1} + B_t)Q_{t-1} - (C_{t-1} + G_{t-1} + \mathbf{NE}_{t-1}) \quad (5\text{-}32)$$

$$(1 - A_t + B_{t+1})Q_t = C_t + G_t + \mathbf{NE}_t + (B_{t+1} + \Delta_{t+1})Q_{t+1} \quad (5\text{-}33)$$

其中，

$$I_t = (I_{ij}(t)) = K_{t+1} - K_t + D_{t+1} = (B_{t+1} + \Delta_{t+1})\hat{Q}_{t+1} - B_{t+1}\hat{Q}_t \quad (5\text{-}34)$$

式（5-32）和式（5-33）同样存在与式（5-25）及式（5-26）类似的因果悖论，但是，这个悖论的解决因为存在系数矩阵的可逆性问题就稍微复杂一些。

如果式（5-32）左边的系数矩阵 $B_t + \Delta_t$ 是可逆的（在一定的部门分类下是可能的），则 Q_t 完全由上一年的经济活动所决定。此时，如前指出，如果 t 年的经济是充分就业满负荷运行的，则 t 年的实际经济增长率就等于潜在增长率，而 $t+1$ 年的增长率则是由 t 年的消费积累比例决定的。在多部门模型中，$t+1$ 年各部门的增长率则是由总投资（积累）在各产业的分布决定的。

在多部门模型中，式（5-32）左边的系数矩阵 $B_t + \Delta_t$ 一般是不可逆的，那么，式（5-32）不能完全决定各部门的总产出，有若干部门的总产出要由式（5-33）或计划决定。从数学上看，由式（5-33）可以解出的未知数最多是 n 个（假定将经济系统划分为 n 个生产部门），有较多的自由变量似乎可以通过规划决定，从而可以有计划地提高 t 年的增长率。但是，多部门系统总是可以合成单部门系统，因而，t 年的 GDP 潜在增长率总是由式（5-29）决定，所以，总产出可以自由决定（通过最终需求）的几个部门的平均（总体）增长率是有限制的。

三、增长动力观察

从前述模型的分析中可以看出，当年的潜在经济增长率不是由当年的经济活动决定的，而是由过去决定的。当年的经济活动能够决定的是未来的经济增长率和为实现潜在增长率而采取的保障行动——在消费与积累之

---

① 为了与资本形成变量进行区分，在公式中用数字 1（习惯上用 I）代表阶数随遇而定的单位矩阵。

间进行权衡。在经济结构失衡的情况下，会出现不能实现的生产能力，使实际增长率小于潜在增长率。

由式（5-33）可以推导出列昂惕夫动态逆方程。设规划期是从 $t=1$ 到 $T+1$ 年，则从式（5-33）可得出

$$
\begin{pmatrix} Q_1 \\ Q_2 \\ \vdots \\ \vdots \\ Q_T \end{pmatrix} = \begin{pmatrix} 1-A_1+B_2 & -(B_2+\Delta_2) & 0 & \cdots & 0 \\ 0 & 1-A_2+B_3 & -(B_3+\Delta_3) & \cdots & 0 \\ \vdots & \vdots & & & \vdots \\ \vdots & \vdots & & & \\ 0 & 0 & \cdots & \cdots & 1-A_T+B_{T+1} \end{pmatrix}^{-1} \begin{pmatrix} NY_1 \\ NY_2 \\ \vdots \\ \vdots \\ NY_T+(B_{T+1}+\Delta_{T+1})Q_{T+1} \end{pmatrix}
$$

$$（5\text{-}35）$$

其中，$NY_t = C_t + G_t + NE_t$。

根据式（5-35）可知，其右端的一列可以视作拉动增长的四驾马车的反映：$(B_{T+1}+\Delta_{T+1})Q_{T+1}$ 是投资动力，各 NY_t 是其他三种动力。由此看出，所谓投资动力，就是对未来经济增长的规划要求。但是，必须注意到，投资是一种引致需求，是由消费需求决定的，而消费需求是由投资需求保证的。所以，投资动力和其他三种动力并不是相互独立的。以分块 $L = (L_{ij})_{T \times T}$ 标记式（5-35）右端的动态逆矩阵，则可得

$$Q_k = \sum_{j=1}^{T} L_{kj}NY_j + L_{kT}(B_{T+1}+\Delta_{T+1})Q_{T+1}, \quad k = 1,2,\cdots,T \qquad （5\text{-}36）$$

注意：式（5-36）中的变量及参数符号都是矩阵或列向量。式（5-36）显示，形式上，规划期均衡条件下，任意一年的总产出不仅与当年及其以后的最终消费、净出口及规划期延后一年的总产出有关，而且还与以前年份的最终消费及净出口有关。不过，因为 $L = (L_{ij})_{T \times T}$ 是三角矩阵，所以，实际上，每年的总产出是由当年及未来时期的最终消费及净出口需求和规划期延后一年[①]的规划或预期总产出决定的，即

$$Q_k = \sum_{j=k}^{T} L_{kj}NY_j + L_{kT}(B_{T+1}+\Delta_{T+1})Q_{T+1}, \quad k = 1,2,\cdots,T \qquad （5\text{-}37）$$

但是，根据式（5-32）可知，Q_1 应该与过去的经济活动有关，或者 NY_1 并不能由外生完全决定。如果 $(B_t+\Delta_t)$ 是可逆的，那么，NY_1 就不是可以调控的，而是由对以后年份的 NY_t（$t=2,3,\cdots,T$）和 Q_{T+1} 的规划决定的，是在消费与积累之间做选择。由 NY_T 和 Q_{T+1} 决定 Q_T，由 NY_{T-1} 和 Q_T 决定 Q_{T-1}，以此倒推，当 Q_2 由 NY_2 和 Q_3 决定，而 Q_1 又由前一年的经济活动决定时，NY_1 就被 Q_1 和 Q_2 决定了。这说明，所谓的四驾马车主要应是由未

---

① 当存在两年以上的投资时滞时，会出现延后多年的情况。

来的经济增长要求所需要的投资决定的，而当年的宏观调控功能一是促进实现充分就业（即保证对潜在增长率的接近），二是在最终消费需求结构和进出口结构之间进行选择。当然，从规划的角度来看，可以对未来的居民消费、公共消费和进出口进行规划，即从发展的角度来看，经济增长是由未来需求的四驾马车决定的。但是，因为当年消费有一个下限，这个下限就为未来的增长规定了上限。

在多部门动态模型下进行经济调控，虽然不能改变潜在综合增长率，但可以合理安排产业结构，既实现经济增长又满足可持续发展要求。产业结构的调整可以通过进出口结构的调控来实现。对某一个产业，在满足内部需求的条件下，总产出可以通过改变进出口结构调控：进口减少出口增加就刺激国内生产，进口增加出口减少就抑制国内生产。

以上模型以年度为时间单位，适合做多年规划。如果能有季度数据，建立季度动态投入占用产出模型，则可以做年度内计划分析。根据季度模型，可以在年度潜在增长率既定的情况下，合理安排年度内的经济调控活动，协调各项增长动力，既实现本年度的充分就业，又为下一年度的期望增长准备条件。

四、小结

根据本节的理论分析，所谓拉动经济增长的四驾马车并不是可以任意选择的，它们是相互关联的。在由过去经济活动积累所形成的生产力限制下，宏观经济调控的基本功能在积累与消费之间进行选择。为了保持较长时期的高速增长，消费的增长就会受到限制。消费增长受到的限制，一是对未来增长速度的预期，二是决定生产效率的科技水平。后者从当前说，是由过去的投资结构决定的，在未来长期中与选择的生产力进步路径有关。当本国的科技水平比较低时，可以通过进口技术和装备快速提升生产效率，但是，为了进口就必须同时增加出口，在本国生产力水平较低时，这必然进一步压缩本国居民的消费。国民经济的目的是尽可能提高本国人民的生活水平。对发展中国家来说，虽然在短期可以通过引进战略、增加出口来保持较快的经济增长，但是，在达到一定水平时，必须转化为内需增长驱动，否则经济就会变成为出口而出口。无论是依靠消费需求驱动还是依靠出口驱动，都必须以投资增长为前提，均衡经济增长要实现投资与消费的协调驱动。经济可以为了长期增长目标而在短期依靠投资驱动，迅速提高生产力，但是，如果脱离了实际的消费需求，变成为投资而投资，最后必然形成生产过剩，进而造成经济减速甚至衰退。因为经济运动存在很强的惯性，所以，对经济发展和人民生活需要的重大基础设施与基础科学研究必须进行长期规划，提前布局。

三驾或四驾马车的说法就是关于经济增长的需求驱动理论，是经济增长动力理论的一种，目前还存在其他一些关于增长动力的分析框架，研究最多的是生产要素贡献说，是从经济增长理论出发的一种分析方法。赵振华[①]把增长动力分成三大类：①改革是促进经济增长的最大动力；②结构优化和调整成为经济持续增长的动力；③新经济增长点成为促进经济增长的新动力。其中，在结构动力方面包括产业结构、需求结构、区域结构和企业规模结构。实际上，不管从哪个角度观察经济增长的动力，最后都归结为需求和供给的增长。基于增长理论和生产要素的动力理论就是供给侧理论，其他动力理论则是从激励需求和供给主体的能动性出发。但是，任何主观的能动性都受到客观条件的约束，而基于均衡条件的投入占用产出动态理论则隐含了这些约束条件。本节动态投入占用产出模型已经包含增长的产品流量约束和生产资本存量约束，尚未包含人力资源和自然资源环境约束。进一步的研究可以在模型中建立要素供给与需求的联系，并引入激励劳动、投资和进出口的政策参数进行动力分析。

① 赵振华. 经济增长动力的演进逻辑[J]. 人民论坛，2015，（9）：20-21.

第六章　产业结构差异与变动分析

产业结构是社会经济特征的一个重要标识。在人类社会的发展进程中，不断发生社会分工，新的产业不断涌现出来并发展壮大。在历史过程中，一般首先是畜牧渔猎产业占经济的支配地位，进一步分化出农业，并逐渐占据主导支配地位，以致古代学者认为农业是人类财富价值的主要甚至唯一来源。之后一些手工业也开始独立。随后商业开始独立。与此同时，由于社会生活的需要，一些服务业也分化出来。工业革命之后，大机器工业迅速占据社会经济的主导地位，工业化成为一个社会发展进步的标志。20世纪末期，市场经济和科技进步的发展改变了人们的社会生活方式，服务业开始壮大起来，不仅日常生活需要大量的新兴服务业，而且从工业中不断分化出新的生产服务业，使服务业占优势并且成为发达国家经济的主要标志。

本章应用投入产出表数据和多因素多阶影响分析方法，通过中国与发达国家间的产业结构差异分析，以发现发展中经济与发达经济的产业结构差异，为发展中大国经济未来发展展示可能的方向。第一节评述流行多因素影响分析方法的缺陷，提出多因素多阶影响分析技术；第二节基于两个年份的投入产出表数据，比较中国与美国和德国产业结构的差异，第三节基于投入产出表结构数据，应用多因素多阶影响分析技术分析中国和美国产业结构差异形成的基本因素。

第一节　多因素影响分析

多因素影响分析的理论和方法起源于对物价指数与物量指数编制方法的借鉴。最早和最有影响力的两种指数是广泛流行的拉氏指数与帕氏指数。两种指数的差异在于权数选择的不同。这种差异的存在实际上反映了分析结果的非唯一性。为了使计算结果不因权数的选择而变化，学者们又构造了多种指数（表6-1）。自20世纪80年代末以来，以投入产出关系为基础发展的结构分解分析（structural decomposition analysis，SDA）已被广泛用于经济指标的多因素影响分析[1]。SDA 方法正是源于拉氏指数和帕氏指数。Ang 等于 2001 年提出了以 Divisia 指数为基础的 LMDI（logarithmic mean divisia index）方法[2]，这种方法在我国也获得了应用[3]。目前，这些因素分析方法的重要应用是关于能源消耗影响因素的分析。然而，无论哪种分析方法，都有一个基本缺陷：没有把一种因素的影响与其他因素的变化彻底分开，而且对分解结果的经济意义解释总是不能令人满意，感觉有些主观武断。这些困境的根本原因在于对影响因素分析的理论基础一直没有从本质上理顺清楚。下面将首先解释流行方法的基本缺陷，然后将建立新的影响因素分析模式——多因素多阶影响分析。

表 6-1　传统因素分析指数公式

指数名称	提出者	提出年份	质量因子公式 K_p	数量因子公式 K_q
拉氏指数	德国 Laspeyres	1864	$\dfrac{\sum p_1 q_0}{\sum p_0 q_0}$	$\dfrac{\sum p_1 q_1}{\sum p_1 q_0}$
帕氏指数	德国 Paasche	1874	$\dfrac{\sum p_1 q_1}{\sum p_0 q_1}$	$\dfrac{\sum p_0 q_1}{\sum p_0 q_0}$
阿瑟·杨格指数	英国 Arthur Young	1818	$\dfrac{\sum p_1 \dfrac{\sum q}{n}}{\sum p_0 \dfrac{\sum q}{n}}$	$\dfrac{\sum q_1 \dfrac{\sum p}{n}}{\sum q_0 \dfrac{\sum p}{n}}$
马歇尔-艾奇沃斯指数	英国 A. Marshall F. Y. Edgeworth	1887	$\dfrac{\sum p_1 (q_0+q_1)/2}{\sum p_0 (q_0+q_1)/2}$	$\dfrac{\sum q_1 (p_0+p_1)/2}{\sum q_0 (p_0+p_1)/2}$
卓比史指数			$\dfrac{1}{2}\left(\dfrac{\sum p_1 q_0}{\sum p_0 q_0}+\dfrac{\sum p_1 q_1}{\sum p_0 q_1}\right)$	$\dfrac{1}{2}\left(\dfrac{\sum p_0 q_1}{\sum p_0 q_0}+\dfrac{\sum p_1 q_1}{\sum p_1 q_0}\right)$
费希尔指数	美国 Fisher	1927	$\sqrt{\dfrac{\sum p_1 q_0}{\sum p_0 q_0}\times\dfrac{\sum p_1 q_1}{\sum p_0 q_1}}$	$\sqrt{\dfrac{\sum p_0 q_1}{\sum p_0 q_0}\times\dfrac{\sum p_1 q_1}{\sum p_1 q_0}}$
最大公因数指数			$\dfrac{\sum p_1 q_{GCD}}{\sum p_0 q_{GCD}}$	$\dfrac{\sum p_{GCD} q_1}{\sum p_{GCD} q_0}$
迪威夏指数	法国 Divisia	1924	$e^{\int_{t_p}\frac{\sum q_t dp_t}{\sum p_t q_t}}$	$e^{\int_{t_q}\frac{\sum p_t dq_t}{\sum q_t p_t}}$

注：本表根据徐国祥编著的《统计指数理论及其应用》的有关内容整理

[1] Milana C. The input-output structural decomposition analysis of "flexible" production systems[A]// Lahr M L, Dietzenbacher E. Input-Output Analysis: Frontiers and Extensions, Essays in Honor of Ronald E. Miller[C]. London: Macmillan Press, 2001; Skolka J. Input-output structural decomposition analysis for Austria[J]. Journal of Policy Modeling, 1989, 11（1）: 45-66.

[2] Ang B W, Liu F L. A new energy decomposition method: perfect in decomposition and consistent in aggregation[J]. Energy, 2001, 26（6）: 537-548; Ang B W. The LMDI approach to decomposition analysis: a practical guid[J]. Energy Policy, 2005, 33（7）: 867-871.

[3] 李国璋, 王双. 中国能源强度变动的区域因素分解分析——基于 LMDI 分解方法[J]. 财经研究, 2008,（8）: 52-63; 徐盈之, 张全振. 中国制造业能源消耗的分解效应: 基于 LMDI 模型的研究[J]. 东南大学学报（哲学社会科学版）, 2011,（4）: 55-60.

一、流行影响因素分析方法的缺陷分析

各种流行影响因素分析方法的缺陷都根植于其本源的简单指数模型，本节先对拉氏指数和帕氏指数的基本缺陷进行分析，然后分别讨论 SDA 的主要问题和 LMDI 方法的问题。

（一）拉氏指数和帕氏指数的经济意义分析

令 $V^t = \sum_{k=1}^{m} p_k^t q_k^t$，其中，$V$ 表示要考察的主指标，p 和 q 表示两个决定因素，$k=1,2,\cdots,m$，分别代表不同的统计单元（本节省略这个角标）。在传统的统计学原理中，p 被称为质量指标，如价格，q 被称为数量指标，如交易量。简单统计分析，分别研究质量指标和数量指标的发展指数。为叙述简化，下面分别考虑价格指数和交易量指数。按照传统统计方法，拉氏价格指数和交易量指数分别为

$$\lambda_p = \frac{\sum p^t q^0}{\sum p^0 q^0} = \sum \frac{p^t}{p^0}\left(\frac{p^0 q^0}{\sum p^0 q^0}\right), \quad \lambda_q = \frac{\sum p^t q^t}{\sum p^t q^0} = \sum \frac{q^t}{q^0}\left(\frac{p^t q^0}{\sum p^t q^0}\right)$$

帕氏价格指数和交易量指数分别为

$$\pi_p = \frac{\sum p^t q^t}{\sum p^0 q^t} = \sum \frac{p^t}{p^0}\left(\frac{p^0 q^t}{\sum p^0 q^t}\right), \quad \pi_q = \frac{\sum p^0 q^t}{\sum p^0 q^0} = \sum \frac{q^t}{q^0}\left(\frac{p^0 q^0}{\sum p^0 q^0}\right)$$

可以看出，单从价格指数或单从交易量指数来说，不同的指数不过是对各个统计单元的对应指数进行不同的加权，所以，是一种加权平均数。例如，上面的拉氏价格指数和帕氏交易量指数都是以基期价值比例为权数的。实际上，既然只是一个平均数，权数的选择就具有很大的任意性。例如，完全可以用报告期的交易价值结构比例甚至交易量结构比例（在交易物品质量可比的情况下）做权数。如果要满足从主指标出发的指数体系的要求，即要求 $\lambda_V = \lambda_p \times \lambda_q$，那么，任意给一种价格权数系统，就可以用待定系数法求出一种交易量权数系统（表 6-2），或者直接令交易量指数等于主指标指数除以价格指数。同理，也可以先确定交易量指数，再推出价格指数。从求平均数来说，只要所得平均数在最大值和最小值之间就都有一定的合理性，如众数、中位数、算术平均数和几何平均数就是这样的平均数。

表 6-2　价格与数量统计指数测算

产品序号	p^0	q^0	p^t	q^t	p^t/p^0	q^t/q^0	加权价格指数	数量权重	加权数量指数
1	2	11	3	22	1.50	2.00	0.06	0.05	0.11
2	4	33	5	44	1.25	1.33	0.16	0.09	0.12
3	5	45	7	50	1.40	1.11	0.29	0.10	0.11
4	6	63	8	30	1.33	0.48	0.19	0.17	0.08
5	7	7	4	86	0.57	12.29	0.12	0.00	0.06
6	2	9	6	33	3.00	4.13	0.35	0.01	0.06
7	4	55	2	32	0.50	0.58	0.02	0.16	0.09
8	1	22	2	23	2.00	1.05	0.05	0.11	0.11
9	5	30	6	16	1.20	0.53	0.07	0.16	0.09
10	6	25	3	18	0.50	0.72	0.02	0.14	0.10
总指数							1.34	1.00	0.92

注：此表指数体系是这样计算的：①表中的价格和数量基本数据是随意给定的；②价格指数的计算以报告期交易价值为权重；③数量权重的计算要求的基本约束条件是，各权重非负，权重之和等于 1，计算出的数量指数与已计算出的价格指数相乘等于总价值量指数；④其他要求是，数量权重最接近价格权重（如离差最小），并进行规划求解。存在的问题是，求出的某些品种的物量权重可能看起来不合理，如与基期或报告期的交易价值权重差异较大，这是多重约束的自由度造成的，与帕氏指数和拉氏指数的不合理性是等价的。其中，产品 5 的数量权重显示为 0.00 是因为四舍五入

从上述分析可以看出，对不同商品的综合价格指数，并不存在客观唯一的值，也不存在唯一的明晰的经济意义，仅仅是一种大致的水平意义。例如，当我们说 CPI 是 20% 时，在名义收入不变的情况下，并不能准确地解释为居民的生活水平平均下降了 20%。对不同人，这个含义不同。由此也可以看出，如果把居民的生活水平解释为一种福利水平，那么，这个水平不存在唯一的客观测量值。

（二）SDA 的主要缺陷

SDA 方法源于以拉氏指数或帕氏指数为基础的指数体系，目的是要把一个主指标的变化分解成几个影响因素变化的贡献之和。因为一般情况下，在关系模型中，无法把各因素变化的影响独立分离，所以就借鉴了一般多因素指数体系的编制方法。一般文献中考察的都是主指标等于各构成因素相乘的情况，下面以三因素为例进行说明。

令 $V = xyz$，在只有一个统计单位时，从指数来说，有 $\lambda_V = \lambda_x \times \lambda_y \times \lambda_z =$

$\dfrac{x^t}{x^0} \dfrac{y^t}{y^0} \dfrac{z^t}{z^0}$，但是，从变化量来分解就没有这么简明，其完全分解应该是

$$
\begin{aligned}
\Delta V &= V^t - V^0 = x^t y^t z^t - x^0 y^0 z^0 \\
&= (x^0 + \Delta x)(y^0 + \Delta y)(z^0 + \Delta z) - x^0 y^0 z^0 \\
&= x^0 \Delta y z^0 + \Delta x y^0 z^0 + \Delta x \Delta y z^0 + x^0 y^0 \Delta z + x^0 \Delta y \Delta z + \Delta x y^0 \Delta z + \Delta x \Delta y \Delta z
\end{aligned}
$$

$$(6\text{-}1)$$

在式（6-1）中，有的项是多因素混合变化的结果，且看起来不可分离。为了把变化归因，现流行的因素影响分析方法仿照多因素拉氏指数或帕氏指数编制方法，提出了如下的基本 SDA 分解模式：

$$
\Delta V = E(\Delta x) + E(\Delta y) + E(\Delta z) = \Delta x y^0 z^0 + x^t \Delta y z^0 + x^t y^t \Delta z \qquad (6\text{-}2)
$$

虽然可以证明式（6-1）和式（6-2）的值是相等的，但是，对这样的分解模式，有以下两点疑问：

（1）分解结果与各因素在模型中的排列顺序有关，即把 x、y 和 z 在公式中的顺序换一下，再应用式（6-2）计算各因素的贡献，其结果不同，那么，究竟应该采用哪种顺序分解模式？

（2）不同因素影响的测度的基础不同，如式（6-2）中 Δx 的系数是基期的，Δz 的系数是报告期的，Δy 的系数则是两期混合的，那么，其贡献数值是可比的吗？

对第一个疑问，人们给出了回答，就是把各种可能性排序结果进行平均，这样就消除了排序形式的影响，如对上述三因素模型，采取下述平均形式[1]：

$$
E(\Delta x) = \frac{1}{3}(\Delta x) y_0 z_0 + \frac{1}{6}(\Delta x) y_0 z_1 + \frac{1}{6}(\Delta x) y_1 z_0 + \frac{1}{3}(\Delta x) y_1 z_1
$$

$$
F(\Delta y) = \frac{1}{3} x_0 (\Delta y) z_0 + \frac{1}{6} x_0 (\Delta y) z_1 + \frac{1}{6} x_1 (\Delta y) z_0 + \frac{1}{3} x_1 (\Delta y) z_1
$$

$$
E(\Delta z) = \frac{1}{3} x_0 y_0 (\Delta z) + \frac{1}{6} x_0 y_1 (\Delta z) + \frac{1}{6} x_1 y_0 (\Delta z) + \frac{1}{3} x_1 y_1 (\Delta z)
$$

Dietzenbacher 和 Los 对各种排序解决方法及综合水平的选择进行了系统研究，发现不同方式的结果可以有很大的差异[2]，Rørmose 在此研究基础上考虑了更多因素的灵敏性分析，并考虑了实物变量和经济变量

---

① 李景华. SDA 模型的加权平均分解法及在中国第三产业经济发展分析中的应用[J]. 系统工程，2004，（9）：69-73.

② Dietzenbacher E，Los B. Structural decomposition techniques：sense and sensitivity[J]. Economic Systems Research，1998，10（3）：307-323.

的混合情况①。然而，无论采用怎样的平均分解形式，都无法消除这种分解模式的固有缺陷，即分解方式选择的非客观性和无经济意义根据性，这与拉氏指数和帕氏指数的缺陷是一样的。但是，与单纯的价格指数分析等不同，这种缺陷在这里的影响是根本性的，它完全破坏了SDA用于因素影响分析的学理依据。在根本上，我们不能把这里的各部分称为各因素对主指标变化的贡献。这同时与对第二个疑问的回答有关。

对第二个疑问，还未见有人提出过。从式（6-2）中可以看出：因素 x 变化的系数是基期的值，因素 z 变化的系数是报告期的值，这就相当于对 x 和 z 的变化影响贡献分别采用了基期权数系统与报告期权数系统，这样，两因素的贡献就是不可比的。例如，y 的贡献中掺和了 x 的贡献，z 的贡献中掺和了 x 和 y 的贡献。

综上分析，流行 SDA 作为因素影响分析模式是缺乏学理基础的。SDA存在三方面缺陷：

（1）无论 SDA 的各种改进如何组合和平均各种不同因素排序的计算结果，它们都只是要消除不同排序间的数量差异，而没人给出物理或经济上的解释理由。

（2）在使用这种方法的过程中，人们忘记了分析的真正目的，变成了就数论数。实际上，SDA 的确切目的是获得每个因素影响因变量的数量性信息，为经济决策提供参考，但是由于其结果的不确定性，其并没有实现这种目的。

（3）在一个有机系统中，一般情况下我们不能区分不同部分的作用大小。一只小螺丝脱落会毁掉整架飞机，因此无法用加权评价法把小螺丝与其他部件对飞机飞行安全的贡献大小区分出来。因此，用一种权重系统加权估计各种因素对因变量的贡献大小是没有意义的，更不用说对不同因素使用不同权重体系。

（三）LMDI 的主要问题

为了考察 LMDI 方法的合理性，先来看 Divisia 指数的合理性。Divisia指数的基本定义见表6-1，其推导过程如下。

令 $V = \sum_{k=1}^{m} p_k q_k = \boldsymbol{P'Q}$ ，$\boldsymbol{P}$ 和 $\boldsymbol{Q}$ 分别表示一个 m 维向量，对应各个统

① Rørmose P. 2010. Structural decomposition analysis: sense and sensitivity[C]. Proceeding of the 19th International Conference on Input-Output Techniques, Alexandria, USA.

计单元，设时间是连续变量，$P(t)$ 和 $Q(t)$ 连续可导，则有

$$\lambda_V = \frac{V^t}{V^0} = \mathrm{EXP}\left(\ln Q^{(t)} P^{(t)} - \ln Q^{(0)} P^{(0)}\right) = \mathrm{EXP}\left(\int_{x:0\to t} \frac{1}{Q(x)P(x)} \mathrm{d}\left(P(x)Q(x)\right)\right)$$

$$= \mathrm{EXP}\left(\int_{x:0\to t} \frac{Q(x)}{Q(x)P(x)} \mathrm{d}P(x) + \int_{x:0\to t} \frac{P(x)}{Q(x)P(x)} \mathrm{d}Q(x)\right) = \lambda_P \times \lambda_Q$$

$$（6\text{-}3）$$

单从形式上看，这个公式满足因素互换要求，即 P 和 Q 的顺序不影响结果，还满足连锁要求，即相隔多个时期的指数可以由中间时期的指数连乘而得。但是，很显然，在多统计单元，即 P 和 Q 是多维向量时，每个因素的指数都会受到其他因素变化的影响，因此，这就与指数的原本含义（一个因素变化其他因素不变）发生了冲突。所以，这个指数公式表面上经济意义清晰，逻辑严格，实际上偏离了指数的本来含义。由 Divisia 指数发展出来的 LMDI 影响因素分析方法同样无法避免这样的缺陷。

在离散时间下，LMDI 的分解模型如下。

令 $V^t = \sum\limits_{k=1}^{m} x_{1k}^t x_{2k}^t \cdots x_{nk}^t$，$\Delta V = V^t - V^0 = \sum\limits_{i=1}^{n} \Delta V_{x_i}$，其中，

$$\Delta V_{x_i} = \sum_{k=1}^{m} L(V_k^t, V_k^0) \ln\left(\frac{x_{ik}^t}{x_{ik}^0}\right) = \sum_{k=1}^{m} \frac{V_k^t - V_k^0}{\ln V_k^t - \ln V_k^0} \ln\left(\frac{x_{ik}^t}{x_{ik}^0}\right) \quad （6\text{-}4）$$

由式（6-4）可以看出，每个因素 x 的变化贡献都与所有因素共同引起的总变化 $V^0 \to V^t$ 有关。这样，LMDI 的分解效果就与采用完全平均的 SDA 的分解效果在学理上是一样的，没有优劣之分。把这种分解称为各因素的贡献也不具有决策意义，因为一个因素的变化必须与其他因素的变化相配合，想用一个或几个因素的独立变化实现经济目标是不可能的。

二、FOI

Sonis 和 Hewings 提出了一种概念——影响域（field of influence，FOI），并提供了一种形式化的一般工具来计算一个投入产出表或社会核算矩阵（SAM）中的直接系数矩阵变化对列昂惕夫逆或者相关变量的影响[1]。

---

[1] Sonis M, Hewings G, Guo J. Sources of structural change in input-output systems: a field of influence approach[J]. Economic Systems Research, 1996, 8（1）: 15-32.

令 $A = (a_{ij})$ 为直接投入系数矩阵，$E = (e_{ij})$ 为 A 的变化矩阵，$B_0 = (I - A)^{-1} = (b_{ij})$ 和 $B_t = B(E) = (I - A - E)^{-1}$ 分别为变化前后的列昂惕夫逆。一般记 $\det M$ 为矩阵 M 的行列式，则有

$$B_t = B(E) = B_0 + \frac{1}{Q(E)} \left[\sum_{k=1}^{n} \sum_{\substack{i_r \neq i_s \\ j_r \neq j_s}} {}'F \begin{pmatrix} i_1 \cdots i_k \\ j_1 \cdots j_k \end{pmatrix} e_{j_1 i_1} \cdots e_{j_k i_k} \right] \qquad (6\text{-}5)$$

其中，影响域矩阵 $F \begin{pmatrix} i_1 \cdots i_k \\ j_1 \cdots j_k \end{pmatrix}$ 的元素为[①]

$$f_{ij} \begin{pmatrix} i_1 \cdots i_k \\ j_1 \cdots j_k \end{pmatrix} = (-1)^k \left[B_{\text{or}} \begin{pmatrix} i_1 \cdots i_k \, i \\ j_1 \cdots j_k \, j \end{pmatrix} - b_{ij} B_{\text{or}} \begin{pmatrix} i_1 \cdots i_k \\ j_1 \cdots j_k \end{pmatrix} \right], \quad i, j = 1, \cdots, n$$

$$(6\text{-}6)$$

$$Q(E) = \frac{\det B_0}{\det B_t} = 1 - \sum_{j_1 i_1} b_{j_1 i_1} e_{i_1 j_1} + \sum_{k=2}^{n} (-1)^k \sum_{\substack{i_r \neq i_s \\ j_r \neq j_s}} {}'B_{\text{or}} \begin{pmatrix} j_1 \cdots j_k \\ i_1 \cdots i_k \end{pmatrix} e_{i_1 j_1} e_{i_2 j_2} \cdots e_{i_k j_k}$$

$$(6\text{-}7)$$

$B_{\text{or}} \begin{pmatrix} j_1 \cdots j_k \\ i_1 \cdots i_k \end{pmatrix}$ 是一个 k 阶行列式，包含来自列昂惕夫逆矩阵 B_0 的行 $(i_1 \cdots i_k)$ 和列 $(j_1 \cdots j_k)$ 的元素的有序集合。

作为一种应用，这种方法被用于分析总产出变化[②]：

$$\Delta x = B_0 \Delta f + \Delta B f_0 + \Delta B \Delta f$$

$$= B_0 \Delta f + \frac{1}{Q(E)} \left[\sum_{k=1}^{n} \sum_{\substack{i_r \neq i_s \\ j_r \neq j_s}} {}'F \begin{pmatrix} i_1 \cdots i_k \\ j_1 \cdots j_k \end{pmatrix} f_0 e_{j_1 i_1} \cdots e_{j_k i_k} \right] \qquad (6\text{-}8)$$

$$+ \frac{1}{Q(E)} \left[\sum_{k=1}^{n} \sum_{\substack{i_r \neq i_s \\ j_r \neq j_s}} {}'F \begin{pmatrix} i_1 \cdots i_k \\ j_1 \cdots j_k \end{pmatrix} \Delta f e_{j_1 i_1} \cdots e_{j_k i_k} \right]$$

其中，f_0 和 f 分别表示变化前后的最终使用向量。利用式（6-5）~式（6-8），A 中任何区域的元素变化对矩阵 B 或者其他与矩阵 A 相关的变量（如总产出或者增加值）的影响都能直接计算出。

---

① 式（6-5）把 B 的变化表示为 B_0 及 A 的变化矩阵 e 的元素的函数，发生变化的元素就组成了一个影响域。

② Sonis M, Hewings G. Superposition and decomposition principles in hierarchical social accounting and input-output analysis[A]//Harrigan F J, McGregor P G. Recent Advances in Regional Economic Modelling[C]. London: Pion, 1988: 46-65; Sonis M, Hewings G. Coefficient change in input-output models: theory and applications[J]. Economic Systems Research, 1992, (4): 143-157.

三、新因素影响分析模式——多因素多阶影响分析模式

因素影响分析的实质，在主指标与各因素存在连续函数关系的情况下，就相当于求偏导数。对此，我国学者杨启梓曾进行了系统讨论[1]，他将其叫做"多元函数全增量的统计分析"。首先，他把主指标的变化分解成一阶作用（他称为基本影响值）和高阶或交互作用（他称为交互影响总值），并指出交互作用可以按照这样的分解模式继续分解。其次，杨启梓提出了微分增量分析法，即泰勒公式展开法，并认为是对多元函数全增量的分解具有普遍意义的公式。最后，他对式（6-2）的基本 SDA（杨启梓将其称为赋予分析法或指数分析法）的缺陷通过数字计算进行了分析。但是杨启梓的研究尚未认识到流行 SDA 的缺陷本质，所以，他也提出了对交互效应进行处理的分摊分析法与积分增量分析法。因此，对改进后的 SDA 他就不会再反对。但是，正如前面指出的，不论是 SDA 还是 LMDI，相对于分析的目的来说，流行的因素影响分析法都是逻辑上不正确的方法。因素影响分析的本来目的是要把造成主指标变化的各种来源都找出来，并为未来的决策控制提供理论依据，而各种来源实际上既有各因素的单独作用，又有相互关联的共同作用。在分析中如果不把共同作用分离出来，而是分摊到各因素独立作用中去，就掩盖了交互作用，似乎只要某种因素变化了，就能实现流行方法计算出的贡献值，这其实是不可能的。所以，为了给决策提供正确的依据信息，应该采用不受主观排序及分摊处理影响的客观直接分解法，这就是多因素多阶影响分析（multi-factor and multi-order impact analysis，MMIA）[2]模式。

设 $y = f(x_1, x_2, \cdots, x_n)$ 是被研究的主指标函数，y 和 x_k 可以是任意的单变量或数组变量，如向量或矩阵，则

$$\Delta y = y^t - y^0 = f(x_1^t, x_2^t, \cdots, x_n^t) - f(x_1^0, x_2^0, \cdots, x_n^0) \qquad (6-9)$$

令

$$\Delta y_i = f(x_1^0, x_2^0, \cdots, x_i^t, \cdots, x_n^0) - f(x_1^0, x_2^0, \cdots, x_n^0), \quad i = 1, 2, \cdots, n \quad (6-10)$$

$$\Delta y_{ij} = f(x_1^0, x_2^0, \cdots, x_i^t, x_{i+1}^0, \cdots, x_j^t, x_{j+1}^0, \cdots, x_n^0) - f(x_1^0, x_2^0, \cdots, x_n^0), \quad i, j = 1, 2, \cdots, n$$
$$(6-11)$$

---

[1] 杨启梓. 论多元函数全增量的统计分析[J]. 统计研究，1995，（3）：38-45.
[2] 这里的多阶可以理解为多阶次，也可以理解为多阶段。多阶次是指每一贡献项涉及多个因素变化量，多阶段是指分阶段计算各阶次的贡献。

$$\Delta y_{ij}^{(2)} = \Delta y_{ij} - \Delta y_i - \Delta y_j, \quad i,j = 1,2,\cdots,n \qquad （6\text{-}12）$$

称 Δy、Δy_i、Δy_{ij} 和 $\Delta y_{ij}^{(2)}$ 分别为总变化、x_i 的一阶作用、x_i 与 x_j 的二阶总联合作用以及 x_i 与 x_j 的二阶纯联合作用。把自变量即影响因素集合 $N = \{x_i, i = 1,2,\cdots,n\}$ 的所有因素的一阶作用加总就得到全因素的一阶总作用，记作 $\Delta y_{(1)}$；把 N 的所有两因素组合的二阶纯联合作用加总就得到全因素的二阶纯联合作用，记作 $\Delta y^{(2)}$。一阶纯作用等于一阶总作用。把全因素一阶纯作用与二阶纯联合作用相加，就得到全因素二阶总作用，记作 $\Delta y_{(2)}$。同理，以 Δy_{ijk} 表示 x_i、x_j 与 x_k 的三阶总联合作用，则有

$$\Delta y_{ijk} = f\left(x_1, x_2, \cdots, x_n\right) \begin{vmatrix} x_i = x_i^t, x_j = x_j^t, \\ x_k = x_k^t, \\ \text{其余因素取基期值} \end{vmatrix} - f\left(x_1^0, x_2^0, \cdots, x_n^0\right), \quad i,j,k = 1,2,\cdots,n$$

$$（6\text{-}13）$$

而

$$\begin{aligned} \Delta y_{ijk}^{(3)} &= \Delta y_{ijk} - \Delta y_{ij}^{(2)} - \Delta y_{jk}^{(2)} - \Delta y_{ik}^{(2)} - \Delta y_i - \Delta y_j - \Delta y_k \\ &= \Delta y_{ijk} - \Delta y_{ijk}^{(2)} - \Delta y_{ijk}^{(1)}, \quad i,j,k = 1,2,\cdots,n \end{aligned} \qquad （6\text{-}14）$$

就是 x_i、x_j 与 x_k 的三阶纯联合作用。将 N 中所有三阶组合的三阶纯联合作用加总就得到全因素的三阶纯联合作用，记作 $\Delta y^{(3)}$；将全因素的一阶、二阶和三阶纯联合作用相加就得到全因素的三阶总联合作用 $\Delta y_{(3)}$。

一般设自变量即影响因素集合 $N = \{x_i, i = 1,2,\cdots,n\}$ 的一个 m 阶组合是

$$M = \{x_{i_k}, k = 1,2,\cdots,m\}, \quad T = N - M$$

令

$$\Delta y_{(m)}^M = f\left(x_1, x_2, \cdots, x_n\right) \begin{vmatrix} x_i = x_i^t, & 若 x_i \in M \\ x_i = x_i^0, & 若 x_i \in T \end{vmatrix} - f\left(x_1^0, x_2^0, \cdots, x_n^0\right) \quad （6\text{-}15）$$

称 $\Delta y_{(m)}^M$ 为因素集 M 的（m 阶）总联合作用。设 M_k 表示从 M 中取 k 个元素的一个组合（$k \leqslant m$），$\Delta y_{M_k}^{(k)}$ 表示基于 M_k 的 k 阶纯联合作用，将 M 中的所有 k 阶组合的 k 阶纯联合作用加总，就得到基于 M 的 k 阶纯联合作用，记为 $\Delta y_M^{(k)}$，而

$$\Delta y_{(k)}^M = \sum_{\beta=1}^{k} \Delta y_M^{(\beta)} \qquad （6\text{-}16）$$

就是基于 M 的 k 阶总联合作用，所以，基于 M 的 m 阶纯联合作用就是

$$\Delta y_M^{(m)} = \Delta y_{(m)}^M - \Delta y_{(m-1)}^M = \Delta y_{(m)}^M - \sum_{\beta=1}^{m-1} \Delta y_M^{(\beta)} \qquad (6\text{-}17)$$

式（6-17）为进行 MMIA 提供了一个可操作的递推计算关系，使从一阶作用开始，可依次计算出全体因素各种组合的各阶作用。

将 N 的所有 m 阶组合的 m 阶纯联合作用加总，所得和就是全因素的 m 阶纯联合作用，记作 $\Delta y^{(m)}$；将 N 的从 1 到 m 阶的纯联合作用加总就得到全因素的 m 阶总联合作用，记作 $\Delta y_{(m)}$。可以推知，全因素的 m 阶纯联合作用也等于全因素的 m 阶总联合作用减去全因素的 $m-1$ 阶总联合作用，即 $\Delta y^{(m)} = \Delta y_{(m)} - \Delta y_{(m-1)}$。将一阶作用和各种纯联合作用的数值除以主指标的总变化就是各种因素影响变化的贡献率。

第二节 中-美-德经济结构比较

在当今世界，中国和美国是远大于其他国家的两个经济大国，在未来三十年内，情况可能还是如此。但是，从以人均 GDP 为代表的发展水平看，两国还有很大差距，所以，将这两个国家的经济结构进行比较在大家看来会有疑问。但是，作者认为，将两个国家的经济结构进行比较还是有一定意义的。这是因为中国正在从中等收入国家向高收入国家迈进，处于经济转型的十字路口。做转型决策就得看准目标。在历史比较中，一个国家可以以比自己先进的国家为目标。马克思当年曾以英国和美国的情况警示自己的祖国德国。在经济结构上能够做中国的目标的必须是先进大国，在目前看美国堪当此任，其次是德国和日本。当然，以美国做目标是比较远期的目标，如作为 2050 年的目标。如果考虑到美国近二十年来经济结构的变化并不很大（幅度大约是中国的一半），那么，作为中国 2030 年的目标也是比较可靠的。

下面的讨论基于 WIOD（World Input-Output Database）编制的中国、美国、德国 1995 年和 2011 年 35 部门投入产出表，但合并了一些部门，其中的产业部门分类见表 6-3。WIOD 包括四种数据类型，即世界投入产出表、国家投入产出表、社会经济账户和环境账户，提供了 40 个国家和主要地区 1995~2011 年的投入产出表。

表 6-3　产业部门分类

代码	部门名称	代码	部门名称	代码	部门名称
01	农林牧渔业	12	机械制造业	23	其他运输支持与辅助活动、旅行社活动
02	采掘业	13	电气和光学设备制造业	24	邮政通信业
03	食品工业	14	通信设备制造业	25	金融业
04	纺织业	15	其他制造业	26	房地产业
05	皮革和鞋类加工业	16	电力、燃气、水的供应业	27	机械设备租赁及其他商务服务业
06	木材加工业	17	建筑业	28	公共管理（含国防及强制社保）
07	造纸、印刷和出版业	18	商业	29	教育
08	燃料工业	19	住宿和餐饮业	30	卫生及社会工作
09	化学工业	20	内陆运输业	31	其他服务业
10	其他非金属矿物制品业	21	水运输业		
11	金属制品业	22	航空运输业		

一、中国、美国和德国的产业结构差异

关于经济的产业结构可以用多种指标表示，其中用得最多的是各产业部门的增加值比例。增加值反映的是部门的产出规模大小。表 6-4 列出了2011 年中国、美国、德国基于增加值结构的前五大部门。

表 6-4　2011 年中国、美国、德国基于增加值结构的前五大部门（单位：%）

中国		美国		德国	
部门	比例	部门	比例	部门	比例
农林牧渔业	10.11	机械设备租赁及其他商务服务业	13.89	机械设备租赁及其他商务服务业	13.50
商业	8.69	商业	12.99	房地产业	11.75
建筑业	6.79	公共管理	12.28	商业	9.98
房地产业	5.59	房地产业	10.29	卫生及社会工作	7.63
金属制品业	5.25	金融业	9.18	公共管理	5.76
合计	36.43	合计	58.63	合计	48.62

（1）三个国家产业结构的共同点。三个国家在前五大部门中都包括商业和房地产业。中国与美国的商业和房地产业的排序相同，分别是第二位和第四位。德国和美国房地产业的排位虽然有差别，但是占比接近。中

国房地产业的占比与德国和美国相比有较大差距，大约是其二分之一。德国和美国之间有四个部门相同，并且最类似的是机械设备租赁及其他商务服务业，为其第一大部门，这可能反映了它们的发达经济特征。

将中国、美国、德国的产业结构进行比较，最醒目的还是其差异性。中国的五大部门只有两个服务业部门，而德国和美国的前五大产业部门都是服务业，并且经济的部门集中度也远大于中国。当然，也可以说，中国经济产业结构比较均衡。

在两个发达经济体之间，重要的差异有以下四点：一是美国的商业比例大于德国约3个百分点；二是美国的公共管理大于德国6.52个百分点（这可能源于两国在国防服务上的巨大不同）；三是美国的金融业在前五大部门之列，且大于德国5.9个百分点；四是德国的卫生及社会工作虽然进入前五位，但是占比与美国相同。在卫生及社会工作方面，中国远远落后于两个发达经济体，比例只有1.59%。

（2）从动态变化来考察。1995~2011年，中国的大多数部门是增大的，只有12个部门是下降的，而德国和美国大多数部门是下降的，美国只有10个部门是增大的，德国有12个部门是增大的。表6-5是1995~2011年中国、美国和德国经济增加值比例提高最大的五个部门，表6-6是比例下降最大的五大部门。可以看出，除了机械设备租赁及其他商务服务业，中国增大和下降最多的部门与德国、美国完全不同，体现了中国作为一个发展中国家的特征，并表明中国经济的转型在进行中。最典型的是第一产业比例的大幅度下降（表6-6）。

表6-5　1995~2011年中国、美国、德国增加值比例提升最大的前五大部门（单位：%）

中国		美国		德国	
部门	比例变化	部门	比例变化	部门	比例变化
房地产业	1.726	机械设备租赁及其他商务服务业	3.344	机械设备租赁及其他商务服务业	2.919
邮政通信业	1.705	金融业	1.914	卫生及社会工作	1.374
机械设备租赁及其他商务服务业	1.539	卫生及社会工作	1.197	通信设备制造业	0.801
电气和光学设备制造业	1.486	采掘业	0.831	其他运输支持与辅助活动、旅行社活动	0.788
公共管理	1.385	燃料工业	0.740	金属制品业	0.633
合计	7.841	合计	8.026	合计	6.515

表 6-6　1995~2011 年中国、美国、德国增加值比例下降最大的前五大部门（单位：%）

中国		美国		德国	
部门	比例变化	部门	比例变化	部门	比例变化
农林牧渔业	−9.797	商业	−1.825	建筑业	−2.566
其他非金属矿物制品业	−1.532	通信设备制造业	−0.993	公共管理	−0.971
纺织业	−1.147	金属制品业	−0.751	商业	−0.910
内陆运输业	−0.732	房地产业	−0.706	邮政通信业	−0.761
食品工业	−0.642	造纸、印刷和出版业	−0.631	食品工业	−0.677
合计	−13.850	合计	−4.906	合计	−5.885

　　德国和美国的产业结构变化方向既体现了它们作为发达国家的特征，也体现了 2008 年经济危机影响的后果。德国和美国除了机械设备租赁及其他商务服务业与卫生及社会工作部门共同提升以外，其他部门的变动差异都较大。美国金融业增大显著，虽然危机使金融业损失巨大，但是在经济总体中的比重依然是上升的，体现了美国的金融大国、强国地位。美国的采掘业有显著提升，这正是美国页岩油产业迅速扩大的反映。德国的通信设备制造业增大显著，表明德国作为制造业强国的地位的巩固和加强。德国的机械工业增大量虽然没有进入前五位，但也达到 0.5 个百分点，相反，美国的机械制造业比重是下降的。美国的通信设备制造业下降幅度进入前五位。经历经济危机后，德国的建筑业受影响最大，但相关的房地产业反而是增强的，其比例提高 0.55 个百分点，而美国的建筑业和房地产业受影响程度相当，前者下降 0.55 个百分点，后者下降约 0.7 个百分点。

二、最终需求结构比较

　　在投入产出表中，最终需求又称为最终使用，由最终消费、资本形成（投资）和出口三大项目组成，也就是俗称的拉动经济增长的三驾马车。最终消费的产品结构反映了一个国家民众的生活水平。

　　2011 年，中国、美国、德国最终产品的最终消费、资本形成和出口比例结构分别是 39∶38∶24、76∶13∶11、52∶11∶37[①]。从这种结构看，中国是投资拉动型经济，美国是消费型国家，德国是最依赖出口的国家。实际上，国家或区域越小，对贸易的依赖就会越大；发展中国家必然是投资驱动型国家。只有较高的投资率（即较高的储蓄率）才能有较高的增长

---

① 在消费和资本形成中除去了进口。

速度。1995 年，中国、美国、德国的三驾马车最终使用结构是 48∶32∶20、75∶15∶10 和 62∶17∶21。从变化看，这期间中国增长的投资依赖在增大，美国的结构基本不变，德国的出口依赖在增大，德国和美国的投资率都在减小。实际上，这期间中国经济增长速度保持了平均 10% 的高速增长，德国和美国的经济在减速，并出现最严重的经济危机。1995~2011 年，德国经济一直波动起伏，年均增速为 1.4%；美国经济在经历了 20 世纪 90 年代的中速平稳增长以后，2001~2011 年经历了一个波谷到波谷的周期，最高增速为 3.8%，最低是-2.8%，年均 1.6%。

观察三个国家的居民消费结构差异性。表 6-7 列出了中国、美国、德国居民消费结构的前五大产品产业类。很明显，中国仍然是发展中国家，居民的食物消费比例最大，在食品工业和农林牧渔产品上的消费比例合计约为 30%。据有关统计，中国目前的恩格尔系数是 30%，而发达国家在 20% 以下，美国则在 10% 以下[①]。

表 6-7　2011 年中国、美国、德国居民消费结构比例最大的前五大产品类（单位：%）

中国		美国		德国	
部门	比例	部门	比例	部门	比例
食品工业	17.72	商业	16.53	房地产业	17.20
农林牧渔业	12.30	卫生和社会工作	16.47	商业	12.26
商业	10.57	房地产业	14.52	食品工业	7.30
房地产业	8.75	金融业	7.63	金融业	7.01
住宿和餐饮业	5.77	住宿和餐饮业	6.28	其他服务业	6.24
合计	55.11	合计	61.43	合计	50.01

商业是三个国家共同的大比例消费构成部门，只是中国的商业比例比德国和美国小，甚至比美国大约小 6 个百分点，这可能是因为中国的农村居民依然具有自产自用的特征，农业商业化程度还有提高的空间。美国的商业化程度也显著大于德国，比德国高 4 个百分点。

房地产业是三个国家另一个共同的大比例部门。房地产业是从事房地产开发、建设、经营、管理以及维修、装饰和服务的集多种经济活动为一体的综合性服务产业。它的发展依赖于两个方面：一是新开工建设的建筑设施；二是已经存在的建筑设施规模。如果没有新开工项目，那么房地产业的增长

---

① 恩格尔系数是食物消费占个人家庭总消费支出的比例，收入越高比例越小。发达国家之间的差别与社会保障制度不同有一定关系。

波动就决定于以前的建筑业周期。中国房地产业的高比例主要是因为中国最近时期不断扩大的大规模建筑开发工程。德国和美国房地产业的高比例则是由现存房屋建筑的规模决定的。德国的比例高于美国可能意味着德国比美国拥有更大比例的古老建筑，从而需要更多的维护和管理。中国房地产业的消费比例是德国和美国的一半，表明中国未来在这一领域有较大的发展空间。

虽然理财产品在社会上已是非常热闹，但是中国居民对金融业的消费结构比例目前只有德国和美国的一半多。

在我国目前的经济发展水平下，居民对住宿餐饮业的消费比例与德国和美国相当，这应该与我国巨大的农民工规模有关，农民工提高了对社会住宿餐饮的需求。

三、中国经济未来发展启示

上文对中国、美国、德国经济结构的比较对中国经济未来发展的方向给出了强烈的启示。

第一，中国经济总体产业结构中，要特别注意加强公共管理部门的投入，目标比例应大于德国，或小于美国。作为社会主义制度国家，政府承担的社会责任更大。目前，这个比例是3.6%，第一步可以瞄准德国目标，达到6%，长期可以接近10%。中共中央已经在"十三五"规划建议中从多个方面提出加强公共服务供给，包括城市基础设施的大规模改造工程将大幅度提高中国公共管理的供给比例。

第二，中国其他产业的商业化进程已经比较充分，但是，农业的商业化进程需要加快。这一方面需要提高农业的产业化和现代化水平，另一方面也有赖于城市化水平的提高。

第三，房地产业和金融业在我国是需要继续加强的产业。由于我国人口规模比美国大得多，所以，房地产业在我国仍然是一个有巨大发展空间的产业，不过要提高服务的层次和服务的质量，政府要积极做好相关立法和修法工作，增强居民对房地产服务业的信任。金融业的发展不能走资本主义的老路，总是为虚拟金融资本的利润服务，而要使金融回归本位，为实体经济服务，为居民生活便利服务。一定要坚决控制金融的虚拟泡沫化，没有风险就谈不上风险投资，风险应该让金融大鳄承担，应该为虚拟金融交易（衍生金融产品）规定较高的入市门槛，使一般民众不参与金融大资本的博弈。

第四，中国的卫生和社会工作亟待发展提高，与发达国家在这方面的差距是最大的。我国普遍存在的医院排长队现象主要还是医疗资源不足造成的。国家在医疗卫生教育上应给予更大的投入，加快医疗人才的培养。

在社会工作方面要整合各方面的力量，加强社区和乡村文化中心建设，形成有中国特色的社会工作者队伍。可以整合的力量包括党、团、群、会及宗教团体的力量。

第五，我国的机械设备租赁业还非常落后，比例上只有德国和美国的零头，必须大力促进其加快发展。设备租赁可以极大地节约社会资源，降低企业生产成本，避免同样的设备在有的企业闲置，而在有的企业没得用。

第六，德国的成功为我们提供了以制造业立国的榜样。金融危机之后，德国的机械制造业部门的比例不降反升，而美国的汽车制造业遭受巨大损失，著名的底特律城濒临破产。当然，美国也提出了再次工业化问题，但回头是困难的。我国要以"双创"为驱动力，由制造业大国向制造业强国迅速升级，牢固树立实业兴邦的理念。

2013 年以来，中国产业结构在经济危机制约和国家政策的调控下，变化很大。如果没有远期目标的指引就可能再次陷于结构失调，形成巨大的社会资源浪费。作为快速发展的、中央控制强大的经济，必须科学地制定目标，既要避免头痛医头脚痛医脚的短期行为，也要避免抉择失策，走入歧途。

第三节　中国和美国产业结构差异的因素影响分析

基于 2011 年中国和美国的投入产出表，本节将应用多因素多阶影响分析技术对形成中国和美国产业结构差异的基本因素进行定量分析[①]。因为一些技术原因，相对于第二节内容，本节先对部门划分进行调整，并重新确定重点部门用于更具体的分析。首先，根据结构比例对中国和美国产业结构差异的总体情况进行分析；其次，依据多因素多阶分析原理，给出基于投入产出表数据，用于地区间产业结构差异影响因素分析的基本模型；再次，基于 MMIA 计算，对一些重点部门差异进行深入分析；最后，提出一些重要的结论观点。

一、中国和美国产业结构差异比较

在详细分析中国和美国产业结构差异的影响因素之前，先观察结构本身。产业结构分别考虑总产出结构和增加值结构。2011 年中国和美国的投入产出表仍然来源于世界投入产出数据库（WIOD），为了计算方便，将 WIOD 中的 35 部门投入产出表缩编统一为 29 部门投入产出表，部门名称见表6-8。

①　本节主要内容参见：刘新建，张强. 基于多因素多阶影响分析的中美产业结构差异分析[J]. 燕山大学学报（哲学社会科学版），2007，18（1）：60-71。

表 6-8　部门名称

代码	部门名称	代码	部门名称
01	农林牧渔业	16	电力、燃气、水的供应业
02	采掘业	17	建筑业
03	食品工业	18	机动车的销售、维修业和燃料零售业
04	纺织业	19	批发零售贸易业（机动车除外）及家庭用品修理业
05	皮革和鞋类加工业	20	住宿和餐饮业
06	木材加工业	21	交通运输业及旅游代理活动
07	造纸、印刷和出版业	22	邮政通信业
08	燃料工业	23	金融业
09	化学工业	24	房地产业
10	其他非金属矿物制品业	25	机械设备租赁和其他商务服务业
11	金属制品业	26	公共管理
12	机械制造业	27	教育
13	电气和光学设备制造业	28	卫生和社会工作
14	通信设备制造业	29	其他服务业
15	其他制造业（含废品废料）		

（一）基于总产出份额的结构比较分析

用各部门在总产出中所占的份额（即比例）来反映产业结构，则 2011 年中国和美国的产业结构差异如图 6-1 所示。

先考察中国和美国的主导产业部门，以前五大部门表示。从图 6-1 中可以找出 2011 年中国和美国 29 部门中总产出份额较大的前 5 个部门，将其列在表 6-9 中。可以发现，中国的前五大部门是建筑业、电气和光学设备制造业、金属制品业、化学工业以及农林牧渔业；美国的前五大部门是公共管理、机械设备租赁和其他商务服务业、批发零售贸易业（机动车除外）及家庭用品修理业、金融业以及房地产业。中国和美国基于总产出结构的前五大部门有明显的不同。中国以第二产业为主，并且第一产业也占有一定的比例；而美国都是第三产业。与美国相比，中国的第三产业发展靠后，内部结构需要进一步完善。从第三产业内部结构看，美国主要以信息、科技、金融等新兴产业为主；而中国的商业餐饮、交通运输等传统服务业所占比重较大，邮电通信、金融保险等基础性服务业以及信息咨询、科研开发等新兴服务业虽然发展较快，但比重仍然不高，发育仍然不足[①]。

---

① 邹东涛，欧阳日辉. 发展和改革蓝皮书（No.1）[EB/OL]. http://theory.people.com.cn/GB/68294/131889/134760/8089367.html，2008-09-23.

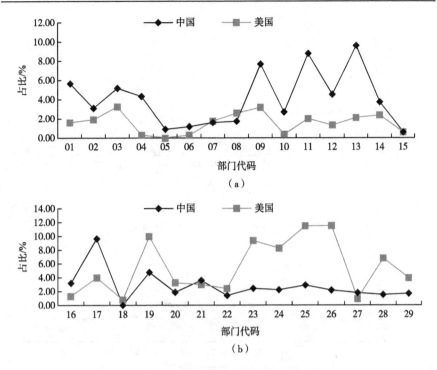

图 6-1　基于总产出的结构比较

表 6-9　中国和美国基于总产出结构的前五大部门（单位：%）

中国			美国		
部门	代码	比例	部门	代码	比例
建筑业	17	9.62	公共管理	26	11.51
电气和光学设备制造业	13	9.57	机械设备租赁和其他商务服务业	25	11.49
金属制品业	11	8.74	批发零售贸易业（机动车除外）及家庭用品修理业	19	9.93
化学工业	09	7.65	金融业	23	9.36
农林牧渔业	01	5.66	房地产业	24	8.25
合计		41.24	合计		50.54

（二）基于增加值的结构比较分析

图 6-2 是以增加值结构表示的中国和美国产业结构差异，表 6-10 给出了两个国家基于增加值份额所得到的前五大部门。

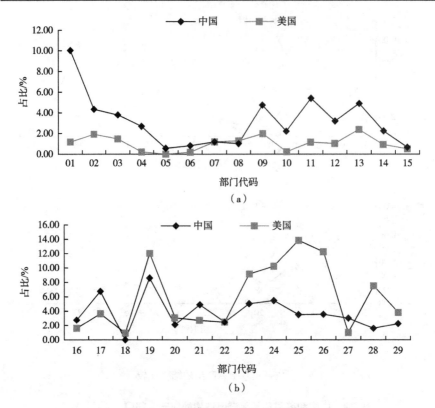

图 6-2　基于增加值结构的比较分析

表 6-10　中国和美国基于增加值结构的前五大部门[①]（单位：%）

中国			美国		
部门	代码	比例	部门	代码	比例
农林牧渔业	01	10.02	机械设备租赁和其他商务服务业	25	13.84
批发零售贸易业（机动车除外）及家庭用品修理业	19	8.60	公共管理	26	12.27
建筑业	17	6.77	批发零售贸易业（机动车除外）及家庭用品修理业	19	12.03
房地产业	24	5.53	房地产业	24	10.25
金属制品业	11	5.42	金融业	23	9.14
合计		36.34	合计		57.53

　　2011 年，中国和美国基于增加值结构的前五大部门也明显不同。中国农业的增加值份额较大，排首位，这是因为中国的农业是劳动密集型产业，具有较大的劳动报酬系数，达到 0.56（根据中国 2010 年投入产出表计算而

---

① 表 6-10 与表 6-4 中的中国和美国数据由于部门合并所以存在微小差异。

得）。而美国机械设备租赁和其他商务服务业的增加值份额较大，排首位，这与美国该部门具有较大的营业盈余系数有关。

一般情况下，总产出越大，增加值也越大。对比表 6-9 和表 6-10 发现，美国的前五大部门相同，只是排序上略有不同；而中国的批发零售贸易业（机动车除外）及家庭用品修理业、房地产业的增加值率较大，分别是 0.60 和 0.83，所以这两个部门跻升增加值结构的前五大部门之列，分别位居第 2 位和第 4 位。

（三）中国和美国比例差异较大的部门

为了对产业结构差异幅度有一个直观的概念，本小节提出一个量化指标——结构差异指数（SDI）[1]。为了使差异数值突出，本小节用部门份额绝对差值的 100 倍作为测量结构差异幅度的指数，即结构差异指数。用 s_2 表示中国的比例份额，s_1 表示美国的比例份额，则用绝对数表示的结构差异指数的公式如下：

$$SDI = 100|s_2 - s_1| \qquad (6\text{-}18)$$

根据结构差异指数的公式可以得出基于总产出比例份额的结构差异指数（QSDI）和基于增加值比例份额的结构差异指数（ZSDI），其公式分别为

$$QSDI = 100|q_2 - q_1| \qquad (6\text{-}19)$$

$$ZSDI = 100|z_2 - z_1| \qquad (6\text{-}20)$$

图 6-3 给出了中国和美国 29 部门的基于总产出比例份额的结构差异指数以及基于增加值比例份额的结构差异指数。可以看出：基于总产出结构差异较大的前五大部门是机械设备租赁和其他商务服务业、公共管理、农林牧渔业、卫生和社会工作、房地产业；基于增加值结构差异较大的前五大部门是公共管理、机械设备租赁和其他商务服务业、电气和光学设备制造业、金融业、金属制品业。无论是基于总产出结构还是增加值结构，中国和美国比例差异较大的部门都有公共管理、机械设备租赁和其他商务服务业两个部门，且这两个部门的比例差异分别列居第一位和第二位。

由上述分析可以看出：①无论是总产出结构还是增加值结构，美国的产业结构都比中国较为集中，且都集中在第三产业上。中国的前五大部门

---

[1] 本节只使用了单部门结构差异指数。结构差异指数的完整应用是同一地区的序列时期结构差异和多个不同区域产业结构差异的比较分析。单部门结构差异指数用两个地区该部门结构比例的差的绝对值表示，总体结构差异的结构差异指数一是可以用所有部门结构差异指数的平均数表示，二是可以用两列结构比例的相关系数的倒数表示，具体内容参见：刘新建. 北京经济产业结构变化分析[A]// 彭志龙, 佟仁城, 陈璋. 中国投入产出理论与实践——2013[C]. 北京: 中国统计出版社, 2015: 15-36.

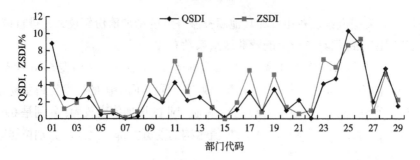

图 6-3　中国和美国 29 部门的 SDI 走势

总产出份额合计是 41.24%，增加值份额合计是 36.34%；而美国前五大部门总产出份额合计是 50.54%，增加值份额合计是 57.53%。②中国和美国比例差异较大的部门在三次产业中都有分布，但更集中在第三产业，其中，中国第三产业的部门比例比美国小，而第二产业的比例比美国大。由此也印证了美国已完成工业化而中国尚处在后工业化时期这一事实。③从图 6-1和图 6-2 可以看出三个几乎重合的点，即总产出份额和增加值份额差异不明显的三个部门为造纸、印刷和出版业，其他制造业以及邮政通信业。下文将对这些差异特征突出的部门进行更深入的因素影响分析。

二、产业结构差异分析模型

基于投入产出表的框架，我们可以得到特殊的 MMIA 模型来分析产业结构变动的因素影响。设基本的投入产出表模式是

$$\begin{pmatrix} X & Y & Q \\ Z' & & \\ Q' & & \end{pmatrix} \tag{6-21}$$

其中，Q 为总产出向量；X 为中间流量矩阵；Y 为最终使用矩阵或向量；Z 为最初投入矩阵或向量。在更精细的结构中，Y 和 Z 可能是由几个部分组成的矩阵，但是本书不考虑多个组成部分的情形，仅以向量表示。假设 A 为直接投入系数矩阵，B 为列昂惕夫逆矩阵，则在投入产出表中有以下公式成立：

$$X = A\hat{Q}, Q = (I - A)^{-1}Y = BY, B = (I - A)^{-1},$$
$$Z = Q - X'e, Z = BY - \langle BY \rangle A'e \tag{6-22}$$

其中，e 为所有元素都为 1 的向量，被称为求和向量；$\langle BY \rangle$ 为行向量或者列向量；BY 为对应的对角矩阵。

以份额比例作为结构的表示，则增加值结构、最终使用结构、总产出结构分别为

$$z = Z\bar{Z}^{-1}, \ y = Y\bar{Y}^{-1}, \ q = Q\bar{Q}^{-1} \qquad (6\text{-}23)$$

根据投入产出行向与列向平衡关系，则式（6-24）成立：

$$\bar{Z} = eZ = \bar{Y} = eY \qquad (6\text{-}24)$$

因此，总产出结构、增加值结构可以分别表示为

$$q = BY\frac{1}{\bar{Y}}\frac{\bar{Y}}{\bar{Q}} = By\bar{m}, \ z = By - \langle By\rangle A'e \qquad (6\text{-}25)$$

式（6-25）中，$\bar{m}$ 表示经济总体的增加值率。

分别以总产出结构和增加值结构作为产业结构的代表，分析两个经济体产业结构差异的模型可以表示为式（6-28）和式（6-32）。

（一）总产出结构差异

$$\begin{aligned}
\Delta q &= \Delta(By)(\bar{m}+\Delta\bar{m}) + By\Delta\bar{m} \\
&= (\Delta By + B\Delta y + \Delta B\Delta y)(\bar{m}+\Delta\bar{m}) + By\Delta\bar{m} \\
&= \Delta By\bar{m} + B\Delta y\bar{m} + By\Delta\bar{m} \\
&\quad + \Delta B\Delta y\bar{m} + \Delta By\Delta\bar{m} + B\Delta y\Delta\bar{m} + \Delta B\Delta y\Delta\bar{m}
\end{aligned} \qquad (6\text{-}26)$$

如果令

$$\Delta q^B = \Delta By\bar{m}, \ \Delta q^y = B\Delta y\bar{m}, \ \Delta q^{\bar{m}} = By\Delta\bar{m},$$

$$\Delta q^{By} = \Delta B\Delta y\bar{m}, \ \Delta q^{B\bar{m}} = \Delta By\Delta\bar{m}, \ \Delta q^{y\bar{m}} = B\Delta y\Delta\bar{m}, \qquad (6\text{-}27)$$

$$\Delta q^{By\bar{m}} = \Delta B\Delta y\Delta\bar{m}$$

则有

$$\Delta q = \Delta q^B + \Delta q^y + \Delta q^{\bar{m}} + \Delta q^{By} + \Delta q^{B\bar{m}} + \Delta q^{y\bar{m}} + \Delta q^{By\bar{m}} \qquad (6\text{-}28)$$

$$\Delta q^{(1)} = \Delta q^B + \Delta q^y + \Delta q^{\bar{m}}$$

$$\Delta q^{(2)} = \Delta q^{By} + \Delta q^{B\bar{m}} + \Delta q^{y\bar{m}} \qquad (6\text{-}29)$$

$$\Delta q^{(3)} = \Delta q^{By\bar{m}}$$

式（6-28）表示总产出份额差 Δq 等于三个一阶纯影响、三个二阶纯影响、一个三阶纯影响之和。其中，三个一阶纯影响分别是 B、y、$\bar{m}$ 对 q 的纯影响，三个二阶纯影响分别是 By、$B\bar{m}$、$y\bar{m}$ 对 q 的纯联动影响。

（二）增加值结构差异

$$\begin{aligned}
\Delta z &= \Delta By + B\Delta y + \Delta B\Delta y - \{\langle B\Delta y\rangle A'e + \langle\Delta By\rangle A'e + \langle By\rangle\Delta A'e \\
&\quad + \langle\Delta By\rangle\Delta A'e + \langle\Delta B\Delta y\rangle A'e + \langle B\Delta y\rangle\Delta A'e + \langle\Delta B\Delta y\rangle\Delta A'e\} \\
&= \{\Delta By - \langle\Delta By\rangle A'e - \langle By\rangle\Delta A'e - \langle\Delta By\rangle\Delta A'e\} + \{B\Delta y - \langle B\Delta y\rangle A'e\} \\
&\quad + \{\Delta B\Delta y - \langle\Delta B\Delta y\rangle A'e - \langle B\Delta y\rangle\Delta A'e - \langle\Delta B\Delta y\rangle\Delta A'e\}
\end{aligned}$$

$$(6\text{-}30)$$

如果令

$$\Delta z^A = \Delta B y - \langle \Delta B y \rangle A'e - \langle B y \rangle \Delta A'e - \langle \Delta B y \rangle \Delta A'e$$

$$\Delta z^y = B \Delta y - \langle B \Delta y \rangle A'e \qquad\qquad (6\text{-}31)$$

$$\Delta z^{Ay} = \Delta B \Delta y - \langle \Delta B \Delta y \rangle A'e - \langle B \Delta y \rangle \Delta A'e - \langle \Delta B \Delta y \rangle \Delta A'e$$

可以得到

$$\Delta z = \Delta z^A + \Delta z^y + \Delta z^{Ay} \qquad\qquad (6\text{-}32)$$

$$\Delta z^{(1)} = \Delta z^A + \Delta z^y, \quad \Delta z^{(2)} = \Delta z^{Ay} \qquad\qquad (6\text{-}33)$$

式（6-32）表示增加值份额差Δz等于两个一阶纯影响与一个二阶纯影响之和。

上述模型既可用于一个国家或地区产业结构的时序变动分析[①]，也可用于不同经济体的产业结构差异比较分析。

三、中国和美国产业结构差异影响因素分析

为了追溯结构差异的源头，本小节基于投入产出表数据，用 MMIA 来考察影响中国和美国产业结构差异更深入的内部情况。先应用式（6-22）~式（6-32）计算出表 6-11 和表 6-12 的数据，接下来的内容分为两部分，第一部分比较分析中国和美国的主导产业部门及比例差异较大部门，第二部分分析中国和美国之间差异不明显的三个部门。

表 6-11　各因素对 q 的差异贡献（单位：%）

部门代码	q的总差异	差异贡献率						
		$\Delta B \times y \times \bar{m}$	$B \times \Delta y \times \bar{m}$	$B \times y \times \Delta \bar{m}$	$\Delta B \times \Delta y \times \bar{m}$	$\Delta B \times y \times \Delta \bar{m}$	$B \times \Delta y \times \Delta \bar{m}$	$\Delta B \times \Delta y \times \Delta \bar{m}$
01	4.093	86.12	94.54	−15.76	15.91	−35.41	−38.87	−6.54
02	1.195	295.20	−178.91	−65.01	163.92	−121.36	73.55	−67.39
03	1.913	149.90	134.28	−69.73	4.03	−61.63	−55.20	−1.66
04	4.053	57.90	79.14	−2.61	37.21	−23.80	−32.53	−15.30
05	0.891	29.61	97.39	−0.47	43.61	−12.17	−40.04	−17.93
06	0.909	107.92	38.96	−12.01	43.32	−44.37	−16.02	−17.81
07	−0.151	−1 350.88	425.36	468.08	300.49	555.36	−174.87	−123.53
08	−0.866	−88.51	29.74	121.87	21.63	36.39	−12.23	−8.89

① Liu X J. Industrial structural changes of Beijing economy: a field of influence approach[EB/OL]. http://www.paper.edu.cn/lwzx/en_releasepaper/content/4584508.html，2014-02-17（刘新建. 北京经济产业结构变化分析[A]//彭志龙，佟仁城，陈璋. 中国投入产出理论与实践——2013[C]. 北京：中国统计出版社，2015：15-36）。

续表

部门代码	q 的总差异	差异贡献率						
		$\Delta B \times y \times \bar{m}$	$B \times \Delta y \times \bar{m}$	$B \times y \times \Delta\bar{m}$	$\Delta B \times \Delta y \times \bar{m}$	$\Delta B \times y \times \Delta\bar{m}$	$B \times \Delta y \times \Delta\bar{m}$	$\Delta B \times \Delta y \times \Delta\bar{m}$
09	4.482	192.88	26.75	−29.04	−0.51	−79.29	−11.00	0.21
10	2.304	49.20	32.86	−6.41	98.63	−20.23	−13.51	−40.55
11	6.770	69.10	45.93	−11.99	75.13	−28.41	−18.88	−30.89
12	3.205	77.37	84.17	−16.66	36.57	−31.81	−34.60	−15.03
13	7.487	73.43	69.61	−11.45	46.22	−30.19	−28.62	−19.00
14	1.383	143.03	116.57	−69.62	28.42	−58.80	−47.92	−11.68
15	0.011	991.91	2 945.87	−2 120.34	−167.41	−407.78	−1 211.07	68.82
16	1.915	187.16	−13.63	−27.36	42.75	−76.94	5.60	−17.58
17	5.665	0.33	216.91	−28.68	1.28	−0.14	−89.17	−0.52
18	−0.782	18.61	80.35	41.11	1.04	−7.65	−33.03	−0.43
19	−5.191	−18.78	44.89	78.65	10.15	7.72	−18.45	−4.17
20	−1.384	−123.05	106.48	96.43	22.63	50.59	−43.78	−9.30
21	0.611	339.60	30.91	−199.66	138.34	−139.61	−12.71	−56.87
22	−0.984	−10.39	28.48	100.15	−18.34	4.27	−11.71	7.54
23	−6.941	42.04	55.32	55.46	−21.73	−17.28	−22.74	8.93
24	−6.052	16.30	63.12	56.04	−4.78	−6.70	−25.95	1.96
25	−8.628	62.46	20.96	54.74	−6.57	−25.68	−8.62	2.70
26	−9.353	5.04	79.07	50.59	−0.21	−2.07	−32.50	0.09
27	0.900	62.85	198.60	−40.42	−23.01	−25.84	−81.65	9.46
28	−5.225	−1.97	84.44	53.06	−2.76	0.81	−34.71	1.14
29	−2.231	−16.72	55.67	72.00	8.60	6.88	−22.89	−3.53

表 6-12　各因素对 z 的差异贡献（单位：%）

部门代码	z 的总差异	差异贡献率		
		Δz^A	Δz^y	Δz^{Ay}
01	8.834	46.65	33.19	20.16
02	2.445	106.09	−88.32	82.23
03	2.338	50.69	50.05	−0.74
04	2.519	31.09	86.69	−17.79
05	0.534	16.40	156.23	−72.63
06	0.648	53.37	32.45	14.17

部门代码	z 的总差异	差异贡献率		
		Δz^A	Δz^y	Δz^{Ay}
07	−0.004	−10 899.81	10 022.03	977.78
08	−0.310	51.29	41.77	6.95
09	2.752	84.44	27.20	−11.63
10	1.979	24.63	26.38	48.99
11	4.259	29.73	43.03	27.25
12	2.173	25.57	97.85	−23.42
13	2.530	−3.34	234.15	−130.81
14	1.310	45.81	48.83	5.36
15	0.151	−32.41	185.90	−53.49
16	1.120	74.62	−30.00	55.38
17	3.120	−64.21	363.68	−199.46
18	−0.929	−21.62	80.35	41.27
19	−3.431	11.06	82.25	6.69
20	−1.017	−17.61	139.89	−22.27
21	2.181	61.57	8.01	30.42
22	0.080	230.98	−356.61	225.63
23	−4.105	30.46	91.32	−21.78
24	−4.720	−10.79	100.53	10.25
25	−10.308	91.24	21.14	−12.38
26	−8.692	17.18	90.68	−7.85
27	1.986	20.76	104.97	−25.74
28	−5.902	55.53	83.00	−38.53
29	−1.541	25.25	78.96	−4.21

　　表 6-11 的差异贡献率数据是应用式（6-22）~式（6-25）和式（6-26）~式（6-28）计算出的，表 6-12 的数据是应用式（6-22）~式（6-25）和式（6-30）~式（6-32）计算出的。如果贡献率为正，说明该因素有助于结构差异变化方向；如果贡献率为负，说明该因素对结构差异变化是抑制的。例如，在表 6-11 的部门 01 中，B 对 q 的一阶贡献率是 86.12，为正，说明中间消耗系数对中国农业较大的总产出份额有促进作用；$\bar{m}$ 对 q 的一阶贡献率是−15.76，为负，说明总增加值率对中国农业较大的总产出份额有阻碍作用。

　　综合中国和美国经济的五大主导部门及比例差异较大部门，下面确定

11 个部门以深入分析造成其结构差异的基本因素。

1）关于部门 01——农林牧渔业

在这个部门中，q 和 z 的总差异分别为 4.093% 与 8.834%，表明中国农林牧渔业的总产出份额与增加值份额都显著大于美国。表 6-11 中，$B(A)$ 和 y 的不同导致两国 q 的差异较大，两者的一阶贡献都是 $\overline{m}$ 的 5 倍多。二阶影响有正有负。三阶影响是负向的，其作用相对于一阶影响和二阶影响来说较小。表 6-12 中，同表 6-11 相同，$B(A)$ 和 y 的一阶贡献都显著，且一阶影响和二阶影响都是正向的。在该部门中，中间消耗系数的影响最大，最终需求带动作用较强，这正说明中国和美国农业生产方式差异较大，农产品在中国经济中是重要的生产资料，最终消费结构显著影响农业产业发展。

2）关于部门 19——批发零售贸易业（机动车除外）及家庭用品修理业

在这个部门中，q 和 z 的总差异分别为 -5.191% 与 -3.431%，表明该部门的总产出份额与增加值份额都小于美国，说明中国的商业仍不发达。在表 6-11 中，B、y 和 $\overline{m}$ 对 q 的一阶贡献分别为 -18.78%、44.89% 和 78.65%。它显示 $\overline{m}$ 是主导影响因素，表明在该部门中，总增加值率的不同是导致两国总产出份额不同的主要因素，其次是最终需求结构。其中，美国的总增加值率是 0.56，中国的总增加值率是 0.33。而在表 6-12 中，y 是主导因素，对 z 的贡献作用显著。中国和美国的该部门都进入前五大部门之列，说明无论是在中国还是美国，该部门的增加值份额都较大。在中国，批发零售贸易业具有较高的营业盈余系数，该系数是 0.28（根据国家统计局编制的 2010 年投入产出表计算得到）；而在美国批发零售贸易业具有较高的劳动者报酬系数，该系数是 0.36（根据美国经济分析局编制的 2010 年投入产出表计算得到），反映了美国有较高的劳动力成本。

3）关于部门 17——建筑业

在这个部门中，q 和 z 的总差异分别为 5.665% 与 3.120%，表明中国建筑业的总产出份额与增加值份额都大于美国。在表 6-11 中，三个因素对 q 的一阶影响中，y 的贡献显著大于另外两个因素的贡献。在二阶纯影响中，y 和 $\overline{m}$ 的协同作用显著大于另外两种情形的协同作用。三阶影响作用很小。在表 6-12 中，同表 6-11 一样，y 的作用是主要的，是 A 的贡献的 5 倍多。以上结果表明，中国建筑业的 q 和 z 大于美国是因为中国该部门的最终需求的拉动作用较强。中国建筑业的总产出份额排首位，增加值份额排第 3 位，而美国的建筑业并未在前五大部门之列，表明建筑业在中国占有更重要的地位。建筑业是中国国民经济的支柱产业，产业关联度高，全社会 50% 以上固定资产都要通过该部门才能形成新的使用价值或生产能力。事实上，2010 年，中国在超越日本成为仅次于美国的全球第二大经济体的同时摘得全球建筑业桂冠。在快速增长的经济中，对建筑业的需求是最大的，所以建筑业份额大应是起飞中的发展中经济的特征。

4）关于部门 24——房地产业

在这个部门中，q 和 z 的总差异分别为 -6.052% 与 -4.720%，表明中国房地产业的 q 和 z 都小于美国。在表 6-11 中，B、y 和 $\bar{m}$ 对 q 的一阶贡献分别为 16.30%、63.12% 和 56.04%。y 和 $\bar{m}$ 对 q 的作用相当，是 B 贡献的 3 倍多，且一阶影响都是正的。而三个因素的二阶影响却都是负的。在表 6-12 中，y 的贡献最大，是 A 的 10 倍左右。以上结果表明，美国的房地产业的最终需求的拉动作用较强，带动了该部门的总产出份额和增加值份额。无论是基于总产出还是增加值结构，美国的房地产业都在前五大部门之列，说明房地产业在美国占有重要地位。事实上，作为第三产业的房地产业，中国该部门与美国相比，更多被第二产业部门所消耗，中国的房地产业倾向于生产开发，美国的房地产业倾向于生活消费。房地产业作为美国的支柱性产业，已走向质量提升集约发展阶段，而中国的房地产业尚处在粗放扩张和数量积累的发展阶段[①]。

5）关于部门 11——金属制品业

在这个部门中，q 和 z 的总差异分别为 6.770% 与 4.259%，表明中国金属制品业的 q 和 z 都大于美国。表 6-11 中，B 的一阶贡献最大，是 y 的 1.4 倍，是 $\bar{m}$ 的 5 倍多。该部门的二阶影响作用显著，B 和 y 的协同影响大于 B 的一阶影响。三阶影响达到 -30.89%，其作用不可小视。表 6-12 中 y 的贡献是 A 的 1.45 倍，一阶影响和二阶影响都是正向的。在该部门，$B(A)$ 和 y 对 q 与 z 的影响相当。以上结果表明，中国金属制品业的中间消耗影响大，最终需求拉动作用强，导致了较大的总产出份额和增加值份额。无论是基于总产出还是增加值结构，中国的金属制品业都在前五大部门之列，说明作为第二产业的金属制品业在中国占有更重要的地位。中国的金属制品业子行业众多，主要包括结构性金属制品，金属工具，集装箱及金属包装容器，金属丝绳及制品，建筑、安全用金属品，金属表面处理及热处理加工，搪瓷制品，不锈钢及类似日用金属制品八个行业。中国的金属制品业产业关联度高，港口运输、公路铁路运输、小家电、住宅建设、汽车等产业对金属制品业大而稳定的配套需求刺激中国的金属制品业持续增长，同时中国的金属制品业又带动了相关产业的进一步发展。事实上，中国已

---

① 赵龙节，闫永涛. 中美房地产业投入产出比较分析[J]. 经济社会体制比较，2007，（2）：110-116.

成为世界第一金属制品生产大国，这也印证了中国的制造业大国地位。

6）关于部门25——机械设备租赁和其他商务服务业

在这个部门中，q 和 z 的总差异分别为-8.628%与-10.308%，表明中国该部门的 q 和 z 都小于美国。B、y 和 $\bar{m}$ 对 q 的一阶贡献分别为62.46%、20.96%与54.74%。三个因素的一阶影响都是正的，但二阶影响都是负的。表6-12中，A 对 z 的贡献份额最大，是 y 的4倍多，且影响都是正向的，但二阶影响却是负向的。表明美国该部门的中间消耗系数影响大，导致了美国较大的总产出份额和增加值份额。美国租赁服务业的增加值系数结构中，营业盈余系数最大，其次是劳动者报酬系数，可见美国租赁服务业的盈利水平较高，劳动密集性的特点比较突出。事实上，美国机械设备租赁业发达，租赁的设备大到飞机、船舶，小到医疗、印刷设备等。由于美国的设备制造业非常先进，加上美国的现行税法给予美国设备出租人较大的税收优惠，所以美国的租赁公司在国际租赁市场上以其优惠的价格和先进的设备保持竞争的绝对优势。美国的一些租赁公司通过直接开展跨国租赁或进行间接对外租赁，有力地促进了美国设备制造业的产品出口，并对国际租赁的发展起了决定性的推动作用。根据20世纪80年代的数据可知，美国的租赁公司租给国外承租人的设备价值为80亿~100亿美元，美国出租人占世界跨国租赁市场的75%，其中大部分市场在欧洲、日本、加拿大等发达国家[①]。

7）关于部门26——公共管理

在这个部门中，q 和 z 的总差异分别为-9.353%与-8.692%，表明中国该部门的 q 和 z 都远小于美国。对 q 和 z 影响最大的都是 y，表明最终需求的带动作用不同导致中国的 q 和 z 小于美国。总增加值率对 q 的影响与 y 相当，不可忽略。同部门24一样，对 q 的一阶影响都是正的，但二阶影响是负的。无论是基于总产出还是增加值结构，美国公共管理都在前五大部门之列，说明该部门在美国占有更重要的地位。2011年美国该部门的总产出是309 838 725万美元，占美国全部总产出的11.51%，而中国该部门的总产出是48 053 583万美元，占中国全部总产出的2.16%，美国该部门的总产出是中国的6倍多。由此更能看出，公共管理在美国地位的重要性。

8）关于部门23——金融业

在这个部门中，q 和 z 的总差异分别为-6.941%与-4.105%，表明中国金融业的 q 和 z 都小于美国。$B(A)$、y 和 $\bar{m}$ 对 q 的一阶影响大小相当，其

---

① 全球分析网.2012—2016年中国租赁业投资分析及前景预测报告.

贡献分别为 42.04%、55.32% 和 55.46%，都是正向的。二阶影响大小相当，但作用都是负向的。三阶影响是正向的，贡献较小。表明美国该部门的中间消耗系数、最终需求结构和总增加值率对较大的总产出份额都很重要。同对 q 的影响一样，对 z 的一阶影响都是正的，二阶影响都是负的。y 对 z 的贡献是 A 的 3 倍左右，最终需求带动了美国该部门较高的增加值份额。2011 年，美国金融业的总产出是 252 050 075 万美元，占全部总产出 9.4%，而中国金融业的总产出是 53 950 676 万美元，占全部总产出的 2.4%，美国金融业的总产出是中国的 4 倍多。美国较为完善的金融体系、居世界首位的金融创新速度、美元的世界性货币地位发挥的作用都使美国形成了发达的金融业。

9）关于部门 13——电气和光学设备制造业

在这个部门中，q 和 z 的总差异分别为 7.487% 与 2.530%，表明中国电气和光学设备制造业的 q 与 z 都大于美国。表 6-11 中，$B(A)$、y 和 $\overline{m}$ 对 q 的一阶影响分别是 73.43%、69.61%、-11.45%。$B(A)$ 和 y 对 q 的影响都很大，说明中间消耗系数和最终需求结构都对中国该部门较大的总产出份额有重要贡献。表 6-12 中，y 对 z 的贡献最大，贡献比例达 234.15，Ay 的对 z 的二阶影响是 -130.81，贡献仅次于 y，说明中国该部门较大的增加值份额主要是因为最终需求的带动，其次是因为中间消耗系数和最终需求结构的协同影响。

10）关于部门 28——卫生和社会工作

在这个部门中，q 和 z 的总差异分别为 -5.225% 与 -5.902%，表明该部门的 q 和 z 都小于美国。同部门 26 一样，对 q 和 z 影响最大的都是 y，表明最终需求的带动作用不同导致中国的 q 和 z 小于美国。美国该部门的增加值率是 0.35，中国该部门的增加值率是 0.63，所以中国和美国该部门的差异较大。在增加值系数结构中，美国该部门的劳动者报酬系数较大，而中国该部门的固定资产折旧系数较大，这也反映了中国和美国该部门运作方式的差异。另外，不可忽视总增加值率对 q 影响以及中间消耗系数对 z 的影响。

11）关于部门 09——化学工业

在这个部门中，q 和 z 的总差异分别为 4.482% 与 2.752%，表明中国该部门的 q 和 z 都大于美国。$B(A)$ 是主导影响因素，对 q 和 z 的一阶贡献分别是 192.88%、84.44%，远大于其他因素。各因素对 q 和 z 的二阶影响都是负的，对 q 的三阶影响很小，可忽略不计。以上分析表明，中间消耗系数的差异是导致中国该部门的 q 和 z 较大的主要影响因素。化学工业是属于知识和资金密集型的行业，包括基本化学工业和塑料、合成纤维、石油、橡胶、药剂、染料工业等。近年来，中国化工行业的强劲增长得力于蓬勃发展的汽车、消费产品、建筑、纺织等行业广泛应用化工产品。但是中国化学工业是建立在以煤炭、石油和天然气为主要能源基础上的，中国化工企业高耗能、低附加值的粗放经营形式，与美国不断研发和应用新技术、新工艺使化工企业形成低能耗、高附加值的集约经营模式形成鲜明对比。

四、差异不明显部门的因素影响分析

在比较分析了中国和美国前五大部门的影响因素后，再对中国、美国增加值份额和总产出份额差异较小即差异不明显的三个部门做进一步分析。

1）关于部门 07——造纸、印刷和出版业

在这个部门中，q 和 z 的总差异分别为–0.151%与–0.004%。在该部门，各因素对 q 和 z 的各阶贡献值与其他部门相比，值都非常大。$B(A)$、y 和 $\bar{m}$ 对 q 的一阶纯影响的贡献比例分别为–1 350.88%、425.36%、468.08%；二阶纯影响的贡献比例分别是 300.49%、555.36%、–174.87%；三阶纯影响的贡献比例是–123.53%。A 和 y 对 z 的一阶纯影响的贡献比例分别为–10 899.81%、10 022.03%；二阶纯影响的贡献比例是 977.78%。在表 6-11和表 6-12 中，该部门的主导因素都是 $B(A)$，且影响都是负向的。这些结果表明：最终需求促进了美国对该行业的生产需求，而中国对该行业产品的中间需求较大。因为中国经济规模仍小于美国，所以该行业在中国还有非常大的发展空间。

2）关于部门 15——其他制造业（含废品废料）

在这个部门中，q 和 z 的总差异分别为 0.011%与 0.151%。同部门 07一样，该部门各因素对 q 和 z 的贡献值与其他部门相比较大。B、y 和 $\bar{m}$ 对 q 的一阶纯影响的贡献率分别为 991.91%、2 945.87%、–2 120.34%；二阶纯影响的贡献率分别是–167.41%、–407.78%和–1 211.07%；三阶纯影响的贡献率是 68.82%。A 和 y 对 z 的一阶纯影响的贡献率分别为–32.41%、185.90%；二阶纯影响的贡献率是–53.49%。在表 6-11 中，该部门的主导因素是 y，对 q 的影响是正向的，且不能忽视 $\bar{m}$ 的作用。同表 6-11 一样，表 6-12 中，该部门的主导因素也是 y，但对 z 的影响是负向的。说明该部门的最终需求结构对中国较大的总产出份额有促进作用的同时，对中国较大的增加值份额却有阻碍作用，使中国和美国该部门的总产出份额与增加值份额相差不大。基于总产出结构，中国该部门的排名是 28，美国该部门

的排名是 25；基于增加值结构，中国该部门的排名是 27，美国该部门的排名是 25，排名都很靠后且比较稳定。

3）关于部门 22——邮政通信业

在这个部门中，q 和 z 的总差异分别为–0.984% 与 0.080%。在表 6-11 中，$\bar{m}$ 是主导因素，对 q 的贡献达到 100.15%，其贡献值是 B 的 9 倍多，是 y 的 3 倍多。在表 6-12 中，A 和 y 对 z 的贡献分别是 230.98% 与–356.61%，贡献大小相当，方向相反；对 z 的二阶影响也很显著，达到 225.63%。最终需求结构、中间消耗系数的差异以及二者的协同作用综合起来使中国和美国该部门的增加值份额差异不明显。从作用方向看，总增加值率使美国对邮政通信的需求显著大于中国。总增加值率首先影响收入，通过收入影响最终需求。另外，可以发现，最终需求结构对美国邮政通信业的需求增大也是促进的，而中间消耗抑制了中国对邮政通信业的需求，这说明：中国发掘居民对邮政通信业的最终需求还有很大潜力。基于总产出结构，中国该部门的排名是 25，美国该部门的排名是 14；基于增加值结构，中国该部门的排名是 18，美国该部门的排名是 11。虽然中国和美国邮政通信业的总产出份额与增加值份额差异较小，但是该部门在美国的地位比中国要高，中国的邮政通信业有待进一步发展。

五、基本结论

根据上述分析及数据可得出以下几点结论：

（1）不同部门主要影响因素不同。基于总产出结构的差异，45% 的部门主要是因为中间消耗系数的不同，38% 的部门主要是因为最终需求结构的不同，其余 17% 的部门主要是因为总增加值率的不同。这说明技术结构是总产出结构差异的主要影响因素，技术结构与产业结构之间存在内在的必然联系。基于增加值结构的差异，34.5% 的部门主要是因为中间消耗系数的不同，62% 的部门主要是因为最终需求结构的不同，3.5% 的部门主要是因为中间消耗系数和最终需求结构的协同影响。这说明最终需求结构是增加值结构差异的主要影响因素。同一部门除了受主要因素的影响外，次要因素影响与因素间的协同影响也不能忽视。

（2）在美国前五大主导部门上，Δq 和 Δz 都是负的，即美国该五个部门总产出份额和增加值份额都大于中国。表 6-11 中除了批发零售贸易业（机动车除外）及家庭用品修理外，其余四个部门的一阶纯影响都是正的，二阶纯影响却都是负的，三阶纯影响都是正的，且影响因素的贡献值及作用方向也较为稳定。这说明美国主导部门的发展有相似的地方，已处于稳定发展阶段。

（3）对中国和美国差异很小的三个部门，它们每种影响因素的绝对贡献值都非常大，只是作用方向相反。即使中国和美国某个部门的 Δq 或者 Δz 很小，这也并不代表该部门在两国的地位相同。

（4）无论是基于总产出结构还是增加值结构，中国的前五大部门以第二产业为主，美国则都是第三产业；中国和美国产业总产出结构的不同主要受中间消耗（即技术差异）的影响，增加值结构的不同主要受最终需求结构差异的影响。

（5）中国农业和工业的未来发展要加快技术的创新与设备工业的更新改造；第三产业中金融业，邮政通信业，公共管理、国防与社会基本保障业，卫生和社会工作，以及租赁与维修等行业存在较大的发展空间，因此，在继续提升传统服务业水平的基础上，大力发展高技术含量和高文化含量的现代服务业将是中国第三产业的发展方向。最近，中央出台的发展改革文件中已经注意到，实现经济转型要大力发展融资租赁[1]及公共管理服务业，拓展基础设施建设空间，实施重大公共设施和基础设施工程[2]。

---

[1]　国务院办公厅. 国务院办公厅关于加快融资租赁业发展的指导意见[EB/OL]. http://www.gov.cn/zhengce/content/2015-09/07/content_10144.htm, 2015-08-31.

[2]　中共中央关于制定国民经济和社会发展第十三个五年规划的建议[EB/OL]. http://news.xinhuanet.com/fortune/2015-11/03/c_1117027676.htm.

第七章　经济周期频谱分析

经济发展过程中的周期波动是长期困扰经济学家、管理者甚至普通公民的重要问题。经济周期中的衰退或危机阶段对各个国家的经济及企业能够造成重大的甚至是毁灭性的打击。自资本主义经济制度建立发展以来，主流经济学家们对危机的存在从否认到承认，其间各种理论应运而生，试图揭示其运动的本质。2008 年金融海啸发生以来，危机再一次冲击人们的生活，引起经济学家们的再次重视。我国自改革开放以来，经济发展的波动也曾十分剧烈，至今已经经历四或五轮周期（具体可参见本章第四节）。相当多的人将始于 2008 年的经济危机归因于美国的金融监管不严，但是，这可能只是表象，更深刻的原因在于各经济体固有的一些机制属性，而这些属性必然地，尽管是隐含地，反映在相应的经济数据中。投入产出表是一个包含经济系统相当全面的数据的一个数据仓库，其结构反映了经济系统内部的多种结构联系，所以可能是包含经济周期信息的一个信息库。

第一节　周期增长模型研究概述

回顾现代周期理论的研究进程，Arnold 将现代经济周期理论划分为五个主要流派，即凯恩斯经济周期理论、货币主义经济周期理论、新古典经济周期理论、实际经济周期理论和新凯恩斯经济周期理论[1]。凯恩斯经济周期理论强调经济的需求面，并认为政府可以通过需求管理政策（即反周期的财政政策）来影响总需求，消除通货膨胀或通货紧缩，实现宏观经济的稳定。货币主义经济周期理论认为财政政策不能改变整个总需求水平，政府支出本身不能造成经济波动，其强调货币供给对经济周期波动的影响，并利用现代货币数量论说明货币供给冲击对经济周期波动的影响，把货币政策的变化作为经济周期的原因，主张政府实行单一的货币政策。新古典经济周期理论强调理性预期对经济周期波动的决定作用，认为非预期的货币供给冲击会引发非预期的通货膨胀波动，进而引起经济周期波动。实际

---

① Arnold L G. Business Cycle Theory[M]. Oxford：Oxford University Press，2002：1-12.

经济周期理论强调实际经济因素（尤其是技术进步率）的冲击。新凯恩斯经济周期理论强调实际刚性、名义刚性与总需求的外部性等因素对经济周期波动的影响，认为存在信息和市场不完全等市场失灵因素，导致名义变量与实际变量的不协调，从而引起波动。这些现代主流经济周期理论各自都强调了引起经济波动的一个或两三个经济变量，但并未说明波动的周期性特征，不少人将其看做一种随机扰动[1]。

　　在数理经济周期模型的研究中，比较有代表性的是萨缪尔森的线性"乘数–加速数"模型和希克斯的非线性"乘数–加速数"模型。同时期的Goodwin 于 1951 年发表了一篇关于非线性加速数的经济周期理论模型的论文[2]，其表述更为数学化，以分段线性动态方程形式建立了一个拟非线性模型，描述内生性经济周期波动。该模型有两大特点：第一，经济体系中存在一个固定的自行维持的振荡，它既不需要希克斯的那种上限，也不需要一系列外生不规则振荡；第二，繁荣和萧条的长度一般不相等，前者长于后者。但是此模型是一种更加抽象的理论模型，它虽然说明了经济体系中存在自生内在周期振荡机制的可能性，但离解释现实周期距离甚远，只能具有理论指导的意义，为更加复杂的扩展研究提供了一个起始点[3]。1967年，Goodwin 提出了一个增长周期模型[4]，该模型的每一个初始点都位于一个闭轨道上，由此解释了在一个增长经济中，劳动收入份额和就业率的演化情形，其结果也支持经济是持续波动的思想。此外，他以列昂惕夫投入产出闭系统为对象第一个观察和描述了价格与数量交叉调整的周期结果，证明了即使简单的相互依存流量也会经历具有理论上可计算的固定频率的周期摆动。Pohjola 研究了 Goodwin 模型的一种一维离散形式，认为在这种模型形式中产生混沌时间轨迹是可能的[5]。Samuelson 讨论了 Goodwin 模型中严格的不稳定性质，通过引入规模收益递减的概念，把保守的 Goodwin 模型变成一个耗散系统，即当外部驱动力趋向于零时，系统将退化为一个

① 李勇，王满仓. 中西经济周期理论研究评价与思考[J]. 西部论坛，2010，20（5）：87-93.

② Goodwin R M. The nonlinear accelerator and the persistence of business cycles[J]. Econometrica, 1951, 19（1）: 1-17.

③ Goodwin R. Static and dynamic linear general equilibrium models[A]//Goodwin R. Essays in Linear Economic Structures[C]. London: Macmillan Press, 1983: 75-120.

④ Goodwin R. A growth cycle[A]//Feinstein C H. Socialism, Capitalism and Growth[C]. Cambridge: Cambridge University Press, 1967: 1-15.

⑤ Pohjola M J. Stable and chaotic growth: the dynamics of a discrete version of Goodwin's growth cycle model[J]. Zeitschrift für Nationalökonomie, 1981, （41）: 27-38.

非振荡的不动点[①]。近年来，国际学界对 Goodwin 周期模型开始了新一轮的研究。Rodousakis 应用希腊 1988 年对称投入产出表数据分析发现：无论是从定性还是定量来看，Goodwin 模型都不足以描述希腊经济中工人收入份额与就业率的长期变动轨迹，但是对中期分析，Goodwin 模型在定性水平上对描述工人收入份额与就业率的动态行为是充分的[②]。Tarassow 研究了美国经济中工人收入份额与就业率变动的动力学[③]。Veneziani 讨论了 Goodwin 模型的结构稳定性，认为该模型比结构稳定的模型更适用于分配冲突的形式化研究，而不是用于研究受到扰动的周期运动[④]。Harvie 用经济合作与发展组织（Organization for Economic Co-operation and Development，OECD）10个成员方的数据对 Goodwin 模型进行了实证分析[⑤]。Bródy 将 Goodwin 模型中的流量模型发展，并建立引入存货的存量模型，构造了一个由对称和斜对称矩阵组成的波动方程，据此提出了一个波动矩阵。该矩阵的特征值给出了可能的波动频率，被称为分析增长周期的智能数学工具[⑥]。与其他的研究相比，Bródy 的研究更侧重于发现经济增长运动的周期频谱，揭示经济系统本身固有的周期分类，他还解释了各种周期的内因。

　　在我国，对经济系统周期运动的研究起步较晚。随着改革开放，国家经济结构、产业部门发生重大变化，以及一些新的经济现象的出现和发展，不少学者开始研究经济系统周期理论，并对我国经济运动进行了一系列实证分析，取得了很大的进展。研究方法从主要对中华人民共和国成立以来历次经济周期进行统计描述、分析原因逐步发展到利用各种数理模型研究经济体制内部的周期运动根源。然而，我国学者对 Goodwin 经济周期模型的研究还很少。谭欣欣仅仅对一个简单 Goodwin 宏观经济模型给出了一种解法[⑦]。朱

①　Samuelson P A. Generalized predator-prey oscillations in ecological and economic equilibrium[J]. Proceedings of the National Academy of Sciences，1971，68（5）：980-983.

②　Rodousakis N. Testing Goodwin's growth cycle disaggregated models：evidence from the input-output table of the Greek economy for the year 1988[EB/OL]. https://mpra.ub.uni-muenchen.de/24171/，2015-04-24.

③　Tarassow A. The empirical relevance of Goodwin's business cycle model for the US economy[EB/OL]. https://mpra.ub.uni-muenchen.de/22271/，2015-12-31.

④　Veneziani R. Structural stability and Goodwin's a growth cycle[J]. Structural Change and Economic Dynamics，2006，17（4）：437-451.

⑤　Harvie D. Test Goodwin：growth cycles in ten OECD countries[J]. Journal of Economics，2004，24（3）：349-376.

⑥　Bródy A. Near Equilibrium：A Research Report on Cyclic Growth[M]. Budapest：Aula，2004：57.（布劳迪 A. 近均衡：周期增长理论研究[M]. 刘新建译. 北京：知识产权出版社，2009：51.）

⑦　谭欣欣. Goodwin 宏观经济学模型的一个注记[J]. 数学的实践与认识，2002，32（1）：166-167.

洪亮将离散时滞引入 Goodwin 增长周期模型中[1]，借助于 Hopf 分支定理，得到了周期解的存在性，改进了 Lorenz、Chiarella 等[2]关于 Goodwin 模型经济周期方面的研究结果，但是其研究基本上属于数学性质的分析。童光荣利用 Goodwin 模型分析了经济增长与收入分配之间的混沌关系，讨论了经济增长过程中工资机制的确定、利润与劳动投入的关系，尤其是就业率的影响力、经济增长与金融的支持等问题，其研究的重点是概念性的和总量性的，离实际应用较远，但其特点之一是引入了金融关系[3]。进行相似研究的还有孙学英和李佼瑞[4]、赵俊峰和李伟[5]。马元和柳欣选择工资份额与资本存量作为对偶变量组构建了一类 Goodwin 模型，将产生波动的根本原因归于工资性收入与资本性收入（即资本存量）之间的比例结构的波动[6]，该研究虽然提出了以工资和资本性收入作为描述劳动与资本的对立的分析思路，但是，实际上由于其总量性，无法给出文章结尾所提出的通过产业结构调整来改善就业与收入分配的政策的具体操作建议。

可以看出，国内学者已有的关于 Goodwin 模型的研究，一是集中在研究数学性质上，二是以总量模型为对象，而且仍然以主流宏观经济学的基本理论思想为基础，没有考虑中间产品的作用。然而，作为典型复杂系统的国民经济系统，是一个由许多性质不同但又相互之间发生联系的生产部门和消费部门构成的体系，其中，每一个部门的生产需要依靠其他部门的产品作为它的投入物，同时该部门生产的总产出又将分解为不同生产部门所需要的投入物和最终消费需求，各个部门之间都存在一种普遍的相互依赖关系，而这种依赖关系随着经济的发展和生产的社会化程度提高而增强，部门划分越细则越强[7]。中间产品的流量状况体现当前的技术水平、生产规模及管理水平等相关情况，是部门运转、经济系统运行的重要信息反映，反映了部门间的关系。我国统计部门已建立了系列比较完整的投入产出表体系，为部门间联系分析经济周期提供了比较充分的条件。

① 朱洪亮. 具有时滞的 Doodwin 增长周期模型[J]. 经济数学，2002，19（4）：63-68.
② Chiarella C. The Elements of A Nonlinear Theory of Economic Dynamics[M]. Berlin：Spinger-Verlag Press，1990：1-30；Lorenz H W. Nonlinear Dynamical Economics and Chaotic Motion[M]. Berlin：Springer-Verlag Press，1989：1-20.
③ 童光荣. 由 Goodwin 模型混沌分析看经济增长与收入分配的关系[J]. 数量经济技术经济研究，2003，（8）：73-77.
④ 孙学英，李佼瑞. 对非线性经济周期模型分岔的研究[J]. 统计与信息论坛，2009，24（10）：14-17.
⑤ 赵俊峰，李伟. 一个经济周期模型的分岔与混沌[J]. 动力学与控制学报，2005，3（4）：39-42.
⑥ 马元，柳欣. 一个古典经济周期波动模型——对 Goodwin 古典周期模型的重构[J]. 当代经济科学，2010，32（5）：50-56.
⑦ 方爱丽. 基于复杂网络理论的投入产出关联分析[D]. 青岛大学博士学位论文，2008：1-5.

第二节　Bródy 周期增长模型及其修正

匈牙利经济学家 Bródy 于 2004 年出版了一个研究报告,改造了 Goodwin 模型中的投入产出流量模型,并引入存量矩阵,构造了一个基于价格和数量交互调整的由对称与斜对称矩阵组成的波动方程,并据此提出了一个波动矩阵。该矩阵的特征值给出了可能的波动频率,被称为分析增长周期的智能数学工具[①]。这个模型被认为是对瓦尔拉斯均衡模型的完善,避免了规模报酬不变的假定[②]。与其他的研究相比,Bródy 的研究重点不是经济指标预测,而是更侧重于发现经济增长运动的周期频谱,揭示经济系统本身固有的周期分类,描述经济系统的运动轨迹,他还解释了各种周期的内因。

本节在 Bródy 非线性对数模型的基础上,建立开放式投入产出矩阵下的修改模型,使模型更接近实际投入产出表数据基础,第三节在简化情况下对我国经济系统的周期频谱进行分析[③]。

一、Goodwin 模型原型

Goodwin 模型基于价格和数量相互影响的原始市场经济原理,是一个非常简单的经济系统。

假设研究对象是一个自我更新的经济体,即一个不能生产也不适用于生产任何剩余的经济体。它所能做的就是替代那些在制造完全相同的商品的过程中消耗掉的中间产品;有一种产品,就有一个价格与之对应;供给和需求之差表现为产出与必要的中间投入的差异。这种假定不是说没有最终消费,而是可以把居民部门与其他产品生产部门共同处理,形成一个投入产出闭模型。

设一个经济系统划分为 n 个生产部门,第 i 个部门的产品称为产品 i。令 x_i 表示产品 i 的总产出,p_j 表示产品 j 的价格水平,a_{ij} 表示生产单位产品 j 所需投入的产品 i 的数量,即投入系数,于是 Goodwin 线性模型可以表示为

---

① Bródy A. Near Equilibrium：A Research Report on Cyclic Growth[M]. Budapest：Aula，2004：57.

② ten Raa T. Book review：near equilibrium — a research report on cyclic growth[J]. Economic Systems Research，2007，19（1）：111-113.

③ 本节及第三节的原始材料来自：刘新建,陆敬辉. 基于投入产出系数矩阵的周期增长模型[J]. 中国管理科学,2012,20（2）：57-61；陆敬辉. 基于投入产出结构的中国经济周期分析[D]. 燕山大学硕士学位论文,2011,本书作者将其进行了修改和重新计算。

$$\begin{cases} \mathrm{d}p_i / \mathrm{d}t = \sum_{j=1}^{n} a_{ij}x_j - x_i, & i = 1, 2, \cdots, n & (7\text{-}1) \\[3mm] \mathrm{d}x_j / \mathrm{d}t = p_j - \sum_{i=1}^{n} p_i a_{ij}, & j = 1, 2, \cdots, n & (7\text{-}2) \end{cases}$$

写成矩阵形式为

$$\mathrm{d}z / \mathrm{d}t = \begin{pmatrix} 0 & A-1 \\ 1-A' & 0 \end{pmatrix} z = Kz \qquad (7\text{-}3)$$

其中，$z' = (p_1, p_2, \cdots, p_n, x_1, x_2, \cdots, x_n)$，是由 $p' = (p_1, p_2, \cdots, p_n)$ 和 $x' = (x_1, x_2, \cdots, x_n)$ 组合而成的；K 表示一个斜对称矩阵[①]，称作系统矩阵，由 $A-1$ 和 $1-A'$ 构成。

该模型表达的经济思想如下：价格的变化由超额需求决定，数量的变化由经营盈余决定。这是用投入产出技术表示的市场法则。当经济均衡时，价格和数量都不再变化，实现持续均衡简单再生产。

二、Bródy 周期增长模型

Bródy 对 Goodwin 模型的改进如下：用相对变化代替绝对变化，用超额需求率代替超额需求量，用盈余价值率代替盈余价值量。同时，Bródy 注意到了量纲问题：在式（7-1）中，左边是单位商品的价格，而右边是货物量，式（7-2）与之相反。于是，Bródy 建立流量对数模型：

$$\mathrm{d}\ln p_i / \mathrm{d}t = \frac{\dot{p}_i}{p_i} = \frac{\sum_{j=1}^{n} a_{ij}x_j - x_i}{x_i}, \quad i = 1, 2, \cdots, n \qquad (7\text{-}4)$$

$$\mathrm{d}\ln x_j / \mathrm{d}t = \frac{\dot{x}_j}{x_j} = \frac{p_j - \sum_{i=1}^{n} p_i a_{ij}}{p_j}, \quad j = 1, 2, \cdots, n \qquad (7\text{-}5)$$

写成矩阵形式则为

$$\begin{pmatrix} \langle x./p \rangle & 0 \\ 0 & \langle p./x \rangle \end{pmatrix} \frac{\mathrm{d}z}{\mathrm{d}t} = \begin{pmatrix} 0 & A-1 \\ 1-A' & 0 \end{pmatrix} z \qquad (7\text{-}6)$$

其中，$x./p$ 表示 x 与 p 的对应元素相除；$\langle x \rangle$ 表示以 x 的元素为主对角元素的对角矩阵；$\dot{p}_i$ 表示 p_i 对时间的导数，其他类同。

---

① 如果一个矩阵与其转置矩阵之和为零矩阵，则称其为斜对称矩阵。

三、对 Bródy 模型的改进

Bródy 是按照封闭系统的思路建立模型的，其中的 $\sum_{j=1}^{n} a_{ij}x_j - x_i$ 被看做超额需求。超额需求率越大，价格膨胀率就越大。而在一般开放投入产出系统中，均衡时并不存在 $x_i = \sum_{j=1}^{n} a_{ij}x_j$，而是 $x_i \geq \sum_{j=1}^{n} a_{ij}x_j$。同样，在一般开放投入产出系统中，均衡时也有 $p_j \geq \sum_{i=1}^{n} a_{ij}p_i$。为了继续使用这种数量和价格之间的交叉调节机制，将模型的原理假设改为如下：

（1）价格的变动率 $\dot{p}_i/p_i$ 与超额需求率 $\left[y_i^* - \left(x_i - \sum_{j=1}^{n} a_{ij}x_j\right)\right]\Big/ x_i$ 成正比，其中，y_i^* 表示均衡的最终需求（不包括居民消费）。

（2）总产出的变动率 $\dot{x}_j/x_j$ 与超额增加值率 $\left[\left(p_j - \sum_{i=1}^{n} a_{ij}p_i\right) - v_j^*\right]\Big/ p_j$ 成正比，其中，v_j^* 表示均衡的增加值率（不包括劳动者报酬）。

于是有

$$\begin{cases} \dfrac{\dot{p}_i}{p_i} = \dfrac{y_i^* - \left(x_i - \sum_{j=1}^{n} a_{ij}x_j\right)}{x_i}, & i=1,2,\cdots,n \qquad (7\text{-}7) \\[3mm] \dfrac{\dot{x}_j}{x_j} = \dfrac{\left(p_j - \sum_{i=1}^{n} a_{ij}p_i\right) - v_i^*}{p_j}, & j=1,2,\cdots,n \qquad (7\text{-}8) \end{cases}$$

写成矩阵形式为

$$\begin{pmatrix} \langle x./p \rangle & 0 \\ 0 & \langle p./x \rangle \end{pmatrix} \frac{\mathrm{d}z}{\mathrm{d}t} = \begin{pmatrix} 0 & A-1 \\ 1-A' & 0 \end{pmatrix} z - h^* \qquad (7\text{-}9)$$

其中，h^* 表示均衡时的最终使用向量负值和增加值向量构成的列向量。

方程（7-7）和方程（7-8）只是一种行为假定，并不是绝对成立的数量恒等式。为了便于求解，可以使用均衡点 $x = x^*$ 和 $p = p^*$ 代替式（7-9）左边对角矩阵中的 x 和 p，并令

$$S = \begin{bmatrix} \langle x./p^* \rangle & 0 \\ 0 & \langle p./x^* \rangle \end{bmatrix}, \quad K = \begin{bmatrix} 0 & A-1 \\ 1-A' & 0 \end{bmatrix}$$

于是式（7-9）变为

$$\frac{\mathrm{d}z}{\mathrm{d}t} = S^{-1}Kz - S^{-1}h^{*} \qquad (7\text{-}10)$$

四、模型求解

根据齐次线性微分方程组的特征值解法，假设 λ 是常系数一阶方程组 $\mathrm{d}x/\mathrm{d}t = Ax$ 的一个特征值，α 是一个与 λ 对应的特征向量，那么 $x(t) = \alpha \mathrm{e}^{\lambda t}$ 是方程组的一个解。

对方程组（7-3），由于系统矩阵 K 是斜对称矩阵，即它的转置 K' 加上本身 K 可得一个零矩阵，且矩阵 K 的迹为零，使矩阵 K 的所有特征值都是纯共轭虚数，那么，系统除了均衡解以外只有周期解，那些特征值就是系统的周期频率。如果系统是一个简单再生产系统，即 Bródy 所指的自我更新系统，那么，均衡时有 $Ax = x$，从而使 $A-1$ 和 K 成为奇异矩阵，系统有一个对应均衡解的零特征值，因而对应 n 个部门的系统，其最大的可能周期种类个数是 $n-1$。下面证明只有两个部门的系统的情况。

假设系统只存在部门 1 和部门 2，部门 1 单位总产出消耗的部门 2 产品的量为 μ，部门 2 单位生产消耗的部门 1 产品的量为 v，那么矩阵 A 则可以表示为 $\begin{pmatrix} 1-\mu & v \\ \mu & 1-v \end{pmatrix}$，于是，根据式（7-3），矩阵 K 可以表示为

$$\begin{pmatrix} 0 & 0 & -\mu & v \\ 0 & 0 & \mu & -v \\ \mu & -\mu & 0 & 0 \\ -v & v & 0 & 0 \end{pmatrix} \qquad (7\text{-}11)$$

根据求解矩阵特征值的方程 $|\lambda 1 - K| = 0$，将矩阵 K 代入可得

$$\begin{vmatrix} \lambda & 0 & \mu & -v \\ 0 & \lambda & -\mu & v \\ -\mu & \mu & \lambda & 0 \\ v & -v & 0 & \lambda \end{vmatrix} = 0$$

化简得

$$\lambda^4 + 2\left(\mu^2 + v^2\right)\lambda^2 = 0$$

即

$$\lambda^2 \left(\lambda^2 + 2\left(\mu^2 + v^2\right)\right) = 0$$

解得

$$\lambda_{1,2} = 0, \ \lambda_{3,4} = \pm i\sqrt{2\left(\mu^2 + v^2\right)}$$

对二重根 $\lambda_{1,2} = 0$，对应的一对无关特征向量是

$$\boldsymbol{\alpha}_1 = \begin{pmatrix} 1 & 1 & 0 & 0 \end{pmatrix}', \boldsymbol{\alpha}_2 = \begin{pmatrix} 0 & 0 & \upsilon & \mu \end{pmatrix}'$$

对一对共轭虚特征根 $\lambda_{3,4}$，其对应的特征向量分别是

$$\boldsymbol{\alpha}_3 = \begin{pmatrix} 1 & -1 & -ih_1w & ih_2w \end{pmatrix}', \boldsymbol{\alpha}_4 = \begin{pmatrix} 1 & -1 & ih_1w & -ih_2w \end{pmatrix}'$$

其中，$h_1 = \dfrac{\mu}{\mu^2 + v^2}$，$h_2 = \dfrac{v}{\mu^2 + v^2}$，$w = \sqrt{2(\mu^2 + v^2)}$。

由 λ_3 和 λ_4 得到的基本解分别是

$$\varphi_3 = \begin{pmatrix} 1 \\ -1 \\ -ih_1w \\ ih_2w \end{pmatrix} e^{iwt} = \begin{pmatrix} \cos wt + i\sin wt \\ -\cos wt - i\sin wt \\ h_1w\sin wt - ih_1w\cos wt \\ -h_2w\sin wt + ih_2w\cos wt \end{pmatrix} = \begin{pmatrix} \cos wt \\ -\cos wt \\ h_1w\sin wt \\ -h_2w\sin wt \end{pmatrix} + i \begin{pmatrix} \sin wt \\ -\sin wt \\ -h_1w\cos wt \\ h_2w\cos wt \end{pmatrix}$$

$$\varphi_4 = \begin{pmatrix} 1 \\ -1 \\ ih_1w \\ -ih_2w \end{pmatrix} e^{-iwt} = \begin{pmatrix} \cos wt - i\sin wt \\ -\cos wt + i\sin wt \\ h_1w\sin wt + ih_1w\cos wt \\ -h_2w\sin wt - ih_2w\cos wt \end{pmatrix} = \begin{pmatrix} \cos wt \\ -\cos wt \\ h_1w\sin wt \\ -h_2w\sin wt \end{pmatrix} - i \begin{pmatrix} \sin wt \\ -\sin wt \\ -h_1w\cos wt \\ h_2w\cos wt \end{pmatrix}$$

由此可得基解矩阵为

$$\Phi(t) = \begin{pmatrix} 1 & 0 & \cos wt & \sin wt \\ 1 & 0 & -\cos wt & -\sin wt \\ 0 & v & h_1w\sin wt & -h_1w\cos wt \\ 0 & \mu & -h_2w\sin wt & h_2w\cos wt \end{pmatrix}$$

假设该经济系统的初始状态是 $z(0) = \begin{pmatrix} z_1^0 & z_2^0 & z_3^0 & z_4^0 \end{pmatrix}'$，则有

$$z(0) = \begin{pmatrix} z_1^0 \\ z_2^0 \\ z_3^0 \\ z_4^0 \end{pmatrix} = \begin{pmatrix} 1 & 0 & 1 & 0 \\ 1 & 0 & -1 & 0 \\ 0 & v & 0 & -h_1w \\ 0 & \mu & 0 & h_2w \end{pmatrix} \begin{pmatrix} \eta_1 \\ \eta_2 \\ \eta_3 \\ \eta_4 \end{pmatrix} = \begin{pmatrix} \eta_1 + \eta_3 \\ \eta_1 - \eta_3 \\ v\eta_2 - h_1w\eta_4 \\ \mu\eta_2 + h_2w\eta_4 \end{pmatrix}$$

由以上方程组可以解得

$$\boldsymbol{\eta} = \begin{pmatrix} \eta_1 & \eta_2 & \eta_3 & \eta_4 \end{pmatrix}'$$

$$= \left(\frac{1}{2}(z_1^0 + z_2^0) \quad h_2z_3^0 + h_1z_4^0 \quad \frac{1}{2}(z_1^0 - z_2^0) \quad \frac{1}{w}(z_4^0 v - z_3^0 \mu) \right)'$$

于是，满足初始状态的一个解是

$$z(t) = \begin{pmatrix} 1 & 0 & \cos wt & \sin wt \\ 1 & 0 & -\cos wt & -\sin wt \\ 0 & v & h_1 w \sin wt & -h_1 w \cos wt \\ 0 & \mu & -h_2 w \sin wt & h_2 w \cos wt \end{pmatrix} \begin{pmatrix} \frac{1}{2}\left(z_1^0 + z_2^0\right) \\ h_2 z_3^0 + h_1 z_4^0 \\ \frac{1}{2}\left(z_1^0 - z_2^0\right) \\ \frac{1}{w}\left(z_4^0 v - z_3^0 \mu\right) \end{pmatrix}$$

$$z(t) = \begin{pmatrix} \frac{1}{2}\left(z_1^0 + z_2^0\right) + \frac{1}{2}\left(z_1^0 - z_2^0\right)\cos wt + \frac{1}{w}\left(z_4^0 v - z_3^0 \mu\right)\sin wt \\ \frac{1}{2}\left(z_1^0 + z_2^0\right) - \frac{1}{2}\left(z_1^0 - z_2^0\right)\cos wt - \frac{1}{w}\left(z_4^0 v - z_3^0 \mu\right)\sin wt \\ v h_2 z_3^0 + v h_1 z_4^0 + \frac{1}{2}\left(z_1^0 - z_2^0\right)h_1 w \sin wt - \frac{1}{w}\left(z_4^0 v - z_3^0 \mu\right)h_1 w \cos wt \\ \mu h_2 z_3^0 + \mu h_1 z_4^0 - \frac{1}{2}\left(z_1^0 - z_2^0\right)h_2 w \sin wt + \frac{1}{w}\left(z_4^0 v - z_3^0 \mu\right)h_2 w \cos wt \end{pmatrix}$$

在上式中，每一个状态分量除常数项外，其余项的周期是 $2\pi / w = 2\pi\big/ \sqrt{2\left(\mu^2 + v^2\right)}$，因此，如果初始状态不在均衡点，则该经济系统将有周期运动。上述解的形式显示，系统绕均衡点周期运动。

对式（7-6），新组成的系统矩阵仍满足斜对称矩阵的条件，其求解方法相同。

对拓展后的一般开放系统［式（7-10）］，为了求解，考察式（7-10）对应的齐次线性方程组：

$$\frac{\mathrm{d}z}{\mathrm{d}t} = S^{-1} K z \tag{7-12}$$

基于前面对式（7-10）的假设，式（7-10）是由齐次方程组（7-12）加上一组常数向量构成的，它的通解形式可以表示为

$$z(t) = z_c(t) + z_p(t) \tag{7-13}$$

其中，$z_c(t) = \Phi(t)c$；$\Phi(t)$ 表示式（7-12）的基解矩阵；c 为确定的常数列向量；$z_p(t)$ 表示特解。对开放系统，$Ax \leqslant x$，使 $A-1$ 和 K 为非奇异矩阵，从而齐次系统除了零解外，不存在传统意义上的均衡解，系统可能的周期个数也变为 n 个。

由于式（7-10）是由式（7-12）加常数向量组成的，在常系数线性微分方程组的求解中，解的基本形式 $z_t = \mathrm{e}^{Kt}z_0$ 是不变的，根据方程组系数矩阵的性质，其特征值全部为共轭纯虚数，将决定系统的运动周期，增加的常数向量部分不会影响系统的周期，因此，式（7-12）与式（7-10）具有

相同的周期频谱。系统的周期频谱可以通过对矩阵 $S^{-1}K$ 的特征值来计算。如果 λ 是 $S^{-1}K$ 的一个特征值，那么 $2\pi/\lambda$ 就是系统的周期波长之一。对价值型投入产出表，可以令 $p^* = (1,1,\cdots,1)$，那么 x^* 就是基年的总产出向量。

第三节　中国经济周期频谱计算分析

本节对中国经济的周期频谱进行实证分析，以 2002 年和 2007 年的 42 个部门投入产出表为基础，分别考察部门数、部门划分、统计数据时期对经济频谱分析结果的影响。在下文的计算中，实际上都假定 2002 年和 2007 年的经济运行结果是均衡的。

一、部门合并方式对计算周期频谱的影响

七部门系统的部门划分参照了 Bródy 的划分方法，同时考虑了产业部门的三种组合。其中，住户部门是利用投入产出表的劳动报酬行和居民消费列构造的，其总产出为各部门劳动报酬总和。具体三种组合划分分别见表 7-1~表 7-3。

表 7-1　七部门系统划分 1

7 部门（分类1）	42 部门
农业	农业
工业	煤炭开采和洗选业，石油和天然气开采业，金属矿采选业，非金属矿及其他矿采选业，食品制造及烟草加工业，纺织业，纺织服装鞋帽皮革羽绒及其制造业，木材加工及家具制造业，造纸印刷及文教体育用品制造业，石油加工、炼焦及核燃料加工业，化学工业，非金属矿物制品业，金属冶炼及压延加工业，金属制品业，通用、专用设备制造业，交通运输设备制造业，电气机械及器材制造业，通信设备、计算机及其他电子设备制造业，仪器仪表及文化办公用机械制造业，工艺品及其他制造业，废品废料，电力、热力的生产和供应业，燃气生产和供应业，水的生产和供应业
建筑业	建筑业
交通运输业	交通运输业
商业	邮政业，信息传输、计算机服务和软件业，批发和零售业，住宿和餐饮业，金融业，房地产业，租赁和商务服务业
其他服务业	研究与试验发展业，综合技术服务业，教育，卫生、社会保障和社会福利业，文化、体育和娱乐业，水利、环境和公共设施管理业，公共管理和社会组织，居民服务和其他服务业
住户	住户

注：住户一般不计入部门数

表 7-2 七部门系统划分 2

7 部门（分类 2）	42 部门
农业	农业
采掘和制造业	煤炭开采和洗选业，石油和天然气开采业，金属矿采选业，非金属矿及其他矿采选业，食品制造及烟草加工业，纺织业，纺织服装鞋帽皮革羽绒及其制造业，木材加工及家具制造业，造纸印刷及文教体育用品制造业，石油加工、炼焦及核燃料加工业，化学工业，非金属矿物制品业，金属冶炼及压延加工业，金属制品业，通用、专用设备制造业，交通运输设备制造业，电气机械及器材制造业，通信设备、计算机及其他电子设备制造业，仪器仪表及文化办公用机械制造业，工艺品及其他制造业，废品废料
建筑业	建筑业
能源动力业	电力、热力的生产和供应业，燃气生产和供应业，水的生产和供应业，交通运输业
商业	邮政业，信息传输、计算机服务和软件业，批发和零售业，住宿和餐饮业，金融业，房地产业，租赁和商务服务业
其他服务业	研究与试验发展业，综合技术服务业，教育，卫生、社会保障和社会福利业，文化、体育和娱乐业，水利、环境和公共设施管理业，公共管理和社会组织，居民服务和其他服务业
住户	住户

注：住户一般不计入部门数

表 7-3 七部门系统划分 3

7 部门（分类 3）	42 部门
初级产业	农林牧渔业，煤炭开采和洗选业，石油和天然气开采业，金属矿采选业，非金属矿及其他矿采选业
制造业	食品制造及烟草加工业，纺织业，纺织服装鞋帽皮革羽绒及其制造业，木材加工及家具制造业，造纸印刷及文教体育用品制造业，石油加工、炼焦及核燃料加工业，化学工业，非金属矿物制品业，金属冶炼及压延加工业，金属制品业，通用、专用设备制造业，交通运输设备制造业，电气机械及器材制造业，通信设备、计算机及其他电子设备制造业，仪器仪表及文化办公用机械制造业，工艺品及其他制造业，废品废料
电热气水产业	电力、热力的生产和供应业，燃气生产和供应业，水的生产和供应业
建筑业	建筑业
交通运输业	交通运输及仓储业
其他服务业	邮政业，信息传输、计算机服务和软件业，批发和零售业，住宿和餐饮业，金融业，房地产业，租赁和商务服务业，研究与试验发展业，综合技术服务业，水利、环境和公共设施管理业，居民服务和其他服务业，教育，卫生、社会保障和社会福利业，文化、体育和娱乐业，公共管理和社会组织
住户	住户

注：住户一般不计入部门数

通过求矩阵 $S^{-1}K$ 的特征值，可得到每种部门划分下的周期频谱，见表 7-4[①]。在周期的计算过程中，结果取值精确到小数点后两位，最终周期

---

① 本章波动矩阵 $S^{-1}K$ 特征值和特征向量的计算使用软件 Mathematica 9。

的取得采取四舍五入的原则，精确到整数年。

表 7-4　七部门分类周期频谱（单位：年）

周期	2002 年	2007 年	2012 年
周期（分类 1）	5, 6, 7, 7, 7, 9, 34	5, 6, 6, 7, 7, 9, 35	5, 6, 7, 7, 8, 9, 35
周期（分类 2）	5, 6, 7, 7, 7, 9, 34	5, 6, 7, 7, 8, 9, 35	5, 6, 7, 7, 8, 9, 35
周期（分类 3）	5, 6, 7, 7, 7, 9, 35	5, 6, 7, 7, 8, 9, 36	5, 6, 7, 7, 9, 9, 36

二、中国经济周期频谱的时序变化

为了进一步考察部门划分的不同对可能计算出的系统周期频谱的影响，以及自改革开放以来我国经济系统的周期频谱情况。本小节选取我国自 1987 年编制投入产出表以来全部有代表性年份的中型投入产出表，它们分别是 1987 年、1992 年、1997 年、2002 年、2005 年和 2007 年的投入产出表。1987 年的投入产出表与 1992 年以后的投入产出表在统计制度、统计口径、部门划分上有较大的差别，1992 年的数据作为一个过渡，使各个表之间有所参照和对比。其中，1987 年和 1992 年的投入产出表包括 33 个部门，而 1997 年的投入产出表包括 40 个部门，2002 年、2005 年、2007 年和 2012 年的投入产出表中为 42 个部门。以这些投入产出表数据为基础，按照上文的假设条件添加相应的住户部门，然后利用各自的流量矩阵计算波动矩阵 $S^{-1}K$ 的特征值，所得周期频谱见表 7-5。

表 7-5　系列投入产出表周期频谱（单位：年）

数据年份	周期
1987 年 （33 部门）	4, 5, 5, 5, 6, 6, 6, 6, 6, 6, 6, 6, 6, 6, 6, 6, 7, 7, 7, 7, 7, 7, 7, 7, 7, 8, 8, 8, 8, 8, 9, 10, 11, 13, 40
1992 年 （33 部门）	4, 5, 5, 6, 6, 6, 6, 6, 6, 6, 6, 6, 6, 6, 6, 6, 7, 7, 7, 7, 7, 7, 7, 8, 8, 8, 8, 9, 9, 9, 10, 13, 38
1997 年 （40 部门）	4, 5, 5, 6, 6, 6, 6, 6, 6, 6, 6, 6, 6, 6, 6, 6, 6, 7, 7, 7, 7, 7, 7, 7, 7, 7, 7, 7, 7, 7, 8, 8, 8, 9, 9, 9, 10, 11, 11, 13, 39
2002 年 （42 部门）	4, 5, 5, 6, 6, 6, 6, 6, 6, 6, 6, 6, 6, 6, 6, 6, 6, 7, 7, 7, 7, 7, 7, 7, 7, 7, 7, 7, 7, 8, 8, 9, 9, 10, 10, 12, 13, 34
2005 年 （42 部门）	5, 5, 5, 6, 6, 6, 6, 6, 6, 6, 6, 6, 6, 6, 6, 6, 6, 6, 7, 7, 7, 7, 7, 7, 7, 7, 7, 7, 7, 8, 8, 8, 9, 9, 10, 10, 11, 12, 14, 35
2007 年 （42 部门）	4, 5, 6, 6, 6, 6, 6, 6, 6, 6, 6, 6, 6, 6, 6, 7, 7, 7, 7, 7, 7, 7, 7, 7, 7, 7, 7, 7, 8, 9, 9, 10, 10, 11, 11, 13, 15, 35
2012 年 （42 部门）	4, 5, 5, 6, 6, 6, 6, 6, 6, 6, 6, 6, 6, 6, 6, 6, 7, 7, 7, 7, 7, 7, 7, 7, 7, 7, 7, 7, 7, 8, 8, 9, 9, 9, 10, 10, 10, 11, 12, 13, 15, 35

三、结果分析

根据计算出的各种情况下的周期频谱，有以下几点发现：

（1）观察表 7-4 发现，在纯流量模型的情况下，不同的部门划分对计算出的周期种类影响不大。出现的变化如下：三个年份的部门划分 3 的最长周期都比前两个划分加长了一年，2002 年从 34 年变为 35 年，2007 年和 2012 年从 35 年变为 36 年；对 2002 年，三种划分的中短周期完全一致，对 2007 年，划分 2 和划分 3 出现了 8 年周期，对 2012 年，划分 3 少了一个 8 年周期。因为划分 3 与其他两个划分的部门组合结构差别较大，所以计算结果说明，在部门种类数确定的情况下，产业组合方式对周期频谱影响不大。

（2）对照表 7-4 和表 7-5 发现，部门数量的增加使计算出的周期种类增多。这说明，在部门少的情况下，可能会掩盖中间更精细的结构关系，出现诸如原子能谱中的能级简并现象。

（3）从表 7-5 发现，6 年和 7 年的周期出现的次数最多，可以看做我国经济的主要周期。Bródy 认为，大约 7 年的周期是新技术设备周期，这个周期对快速发展中的经济应该比较明显。

（4）根据系列投入产出表计算的周期频谱可以发现，周期分布在保持稳定的基础上出现了缓慢变动，除了最长周期外，10 年以上的中周期有加长的趋向，从起初的最长 13 年，延长到 15 年。这些变动应该是生产结构和技术结构逐步变化引起的，说明我国经济运行的稳定性在加强。

（5）相对于 Bródy 的封闭流量模型，开放模型增加了 34~40 年的长周期，可能周期个数与部门数一致，而不是部门数减 1。

四、模型鲁棒性检验

鲁棒性分析是现代控制工程研究的重要内容，是对系统抗干扰能力的评估。现代控制理论已经不同于传统控制理论仅适用于线性、定常、单输入、单输出的系统，而是扩展到适用于多输入、多输出及非线性的系统。经济增长周期模型所代表的正是一个多输入、多输出的非线性系统，其中的投入流量系数矩阵作为系统的状态转移矩阵，包含了模型所描述的系统的自由运动的全部信息。在现实中，由于经济统计数据的高度不确定性，模型系统的鲁棒性必须被考虑，否则对现实系统分析结果的可靠性和可应用意义就大打折扣。鲁棒性分析在实质上也相当于数学规划中的灵敏性分析，即改变系统的一些参数，观察输出结果的变化情况。

首先，观察数据精确度的影响。选取上文计算中使用的 2007 年七部门划分 1 作为对象进行检验。计算的结果是，无论是保留三位小数还是一位小数，在整数水平上，计算出的周期频谱与表 7-4 中完全一致。这说明，数据的精确度差异对分析结论不会造成影响。

其次，观察数据随机误差的影响。在模型系数的统计获取和计算中，个别系数的摄动在所难免。选取 2007 年七部门划分 3 的流量矩阵作为检验对象，同时对矩阵中的 a_{11}、a_{24} 和 a_{47} 分别上调 20%、30%、10%进行验证。结果显示，除了最长周期增加一年成为 37 年外，其余完全一致。如果 a_{24} 不变，仅改变其余两个，则结果与表 7-4 中一致。a_{24} 是所有系数中最大的，如果只改变它一个，则即使使其加倍，计算出的周期谱也只是使最长周期加长一年；如果令 $a_{24}=0$，则使最长周期减少一年。

通过以上检验分析，表明模型系统具有较好的鲁棒性。根据控制理论，系统的稳定性与系统矩阵 A 的稳定性等价，而矩阵 A 稳定的充要条件是其所有特征值都在复平面的左半部分[①]。正如上文所说明的，由投入产出表得到的模型系统矩阵，其特征值全部是共轭纯虚数，必然全部分布在复平面的左半部分。由此，这也说明模型是具有稳定性的。

第四节　中国经济实际周期运动分析

为了获得对模型结果可靠性的进一步认识，本节对中国经济增长的实际周期情况进行分析，并与上文的模型结论进行对比。

一、中国经济周期的实际表现

从国家统计局网站数据库获取 1953~2014 年的 GDP 增长率数据，并绘制年度经济增长率图，见图 7-1。

对我国的经济周期，大多数学者的划分认识较为一致，按照"谷-谷"法划分一般认为，1953 年至今，共经历了 10 个周期[②]：①1954~1957 年，历时 3 年，峰年为 1956 年；②1957~1962 年，历时 5 年，峰年为 1958 年；③1962~1968 年，历时 6 年，峰年为 1964 年；④1968~1972 年，历时 4 年，

---

① 刘丁酉. 矩阵分析[M]. 武汉：武汉大学出版社，2003：177-216.
② 如果采用"峰-峰"法定周期，并且不把一年升一年降的波动看做周期，那么获得的周期分段如下：1953~1958 年，5 年；1958~1964 年，6 年；1964~1970 年，6 年；1970~1978 年，8 年；1978~1984 年，6 年；1984~1992 年，8 年；1992~2007 年，15 年；2007~2016 年，已经 8 年尚未到谷底。共 8 个周期段。

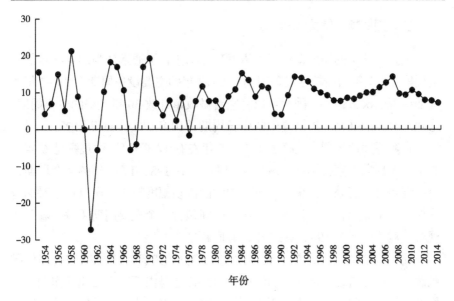

图 7-1　1953~2014 年经济增长率

资料来源：http://data.stats.gov.cn/easyquery.htm?cn=C01, 2016-07-23

峰年为 1970 年；⑤1972~1976 年，历时 4 年，峰年为 1975 年；⑥1976~1981
年，历时 5 年，峰年为 1978 年；⑦1981~1986 年，历时 5 年，峰年为
1984 年；⑧1986~1990 年，历时 4 年，峰年为 1987 年；⑨1990~1999
年，历时 9 年，峰年为 1992 年；⑩1999 年至今，新谷底尚未确认，峰
年为 2007 年。

其中，1961 年、1962 年、1967 年和 1968 年都是负增长，虽然后一年
比前一年负值幅度减小，但仍以 1962 年和 1968 年为谷底。1972~1976 年
实际有三个波谷和两个波峰。2008 年世界经济危机以来，虽然 2010 年和
2011 年我国 GDP 增长率有小幅度反弹，但其后持续处于缓慢下降中，所
以，目前仍不能说新周期已经结束。这次危机在世界经济周期史上也是非
常特殊的，比 20 世纪 30 年代的大萧条对生产力破坏似乎要小，但进入长
期低迷脆弱状态。

纵观自 1953 年我国国民经济建设开始第一个"五年计划"以来的经
济运行情况，在 1976 年以前共出现了 5 个周期，其中 3 个为古典型周期，
2 个为增长型周期，周期的长度为五年左右，在总体上呈现出一种"大起
大落"；而 1976 年之后则均表现为增长型周期，经济波动幅度明显减弱，
周期的长度在加长。

二、周期频谱结构解释

观察计算出的周期谱结果可以发现：①包含了通常认为的 4~5 年的存货周期、6~7 年的新技术设备周期和 9~12 年的主要设备周期；②6~7 年的周期出现的次数最多，因而可以将它看做改革开放 30 年经济的主要周期；③随着时间的推移，周期谱中的中长周期（10 年以上）逐渐增多。

在实际周期表现中，表面上看，5 年左右（"峰-峰"法观察是 6 年左右）的短周期一直持续到 1990 年，但是，对 1981~1990 年的两个周期，考虑到经济一直处于正增长状态，中间的波动幅度较小，所以这个时期应视作一个主周期，周期长度为 9 年，中间包含一个次要周期（"峰-峰"法观察，对应时期是 1984~1992 年，时间跨度为 8 年）。

现代经济周期理论把周期产生的机制分为外部冲击机制和内部传导机制。外部冲击是外部因素引起的，内部传导是内部因素的相互作用。对内外的划分界限，不同人的观点可能不同。本书认为，内外的划分应以所考察经济系统的边界为准。这包含两层意思：首先，研究对象是经济系统而不是其他（如政治系统），所以内因是经济因素，而不是政治因素。作为外部的政治因素既可以是资本主义国家的选举事件，也可以是我国以前的政治运动，或其他任何重大政治事件，如战争。其次，除了非经济因素外，外部因素是指外部系统的因素，即在第一章第一节指出的外部经济系统和自然系统。另外，对考察其周期性质的经济系统，其各个实体部分（地理划分或部门划分）必须是经济上相互关联的，否则，应分别研究各部分的周期动力学。一个经济系统首先有自己的固有周期，这是由其内在经济因素相互作用形成的，既有自然的机制，如人口出生周期机制，也有不同部分或变量的变化相位差机制，如投资形成的设备或建筑周期。经济制度因素通过这种周期而起作用。外部冲击与内部机制的叠加会改变周期的表现。强烈而频繁的外部冲击会中断内部机制，使周期表现为冲击的周期。虽然说事物变化的根本原因在事物的内部，但是，由于系统边界的相对性，当扩展系统的边界后，有些外部因素就变成内部因素，如一个国家经济与紧密联系的世界经济。当然，外部因素的作用会内化于所考察系统的内部变量表现，如投入系数矩阵，这样就可以通过分析内部变量的表现而发现对应的周期运动特征。这依赖于外部冲击的周期性。如果冲击没有周期性，那么，一次冲击的效果仅表现为一个脉冲，然后会减弱趋于消失，而不是形成周期运动。

　　刘恒分析发现[①]，中国改革开放前的周期形成机理是"计划–供给"型，改革开放后是"市场–需求"型。无论是"计划–供给"型还是"市场–需求"，都有外部冲击和内部传导两种机制。刘恒认为，改革开放前的外部扩张冲击首先和主要的是"中央计划者的内在扩张冲动"，即"计划者冲动"，是人为主观意志对经济运行的随意干扰，而外部收缩冲击包括政治变动、自然灾害和政府急刹车式的经济调控；改革开放前的内在传导机制是以供给为龙头的核心因果链，供给的变动决定需求的变动。核心因果链向下转折的主要动因是生产结构的横向失调以及资源配置不合理，导致部分资源过度利用后短期内供给严重不足，致使扩张终止。刘恒认为，改革开放后的外部扩张冲击主体多元化，包括中央计划者、地方计划者和企业，且冲击的力度大幅度减弱；改革开放后的内在传导机制是一个以需求为龙头的核心因果链，需求的变动决定供给的变动，最终决定整个经济的运行轨迹。在市场机制下，消费需求的增加会带来投资的增加，不仅乘数机制起作用，而且加速数机制也会发挥作用。当在短线部门扩张导致基础部门"短板"形成资源制约时，收缩就会开始。

　　刘恒的分析在主要逻辑上是正确的，不过对内外的划分不太严谨。在计划经济时期，除了政治因素干扰外，计划本身是具有相当大的内因性的，计划是根据对内在供求状态的认识做出的。结构失衡是对供求的认识失误造成的。不能简单以认识的主客观性来划分内外因。经济行为作为人的行为必然受主观认识的制约，对经济的认识形成指导经济行为的决策应该属于经济系统的内因。在市场经济中，我国的各级计划者和企业的扩张冲动都属于内因。对1976年之前的周期，除一两个外（如第一个五年计划周期），主要可以看做政治周期和灾害周期，频繁的外部冲击干扰了内在周期的正常运行，几个五年计划基本没有完成自身的计划周期就被外部冲击打断了（政治正确性不是本书讨论的问题）。1976年之后，除了1989年的政治风波之外，经济主要受内在因素的推动。因此，如果除去1990年的异常点，数据显示，我国改革开放时期的主要经济周期是10年左右的中周期，而且波动幅度较低。中国经济周期跨度逐渐加长的新近表现说明，政府在经济调控上的经验逐渐成熟，结构协调性增强。但是，根据Bródy的周期增长理论，由一些基本经济因素决定的固有周期恐怕无法避免。例如，20世纪前期的战争造成的人口锐减、50年代和60年代的人口出生高峰期，会通过劳动力资源约束形成一定的周期

---

①　刘恒. 改革开放30年中国经济周期形成机理比较分析[J]. 宏观经济研究, 2008,（11）: 19-24.

因素。人口周期属于 20~30 年的长周期，如果与某些经济因素决定的短周期共振叠加，则会加强波动的幅度。人口因素属于内部因素，是需求力和劳动力的决定因素之一。世界资本主义经济的普遍周期会形成对我国经济的周期性冲击。人口周期和外部冲击周期最终要落实在投资的驱动上，而固定资产投资由设备的寿命决定，又形成自己的周期，其周期长度为 9 年左右，并可能逐渐延长。例如，中国近年来经历的铁路、公路建设高潮和汽车需求高潮，在未来会形成建筑周期和设备周期。对这种内在周期，如果能准确把握，就可以通过提前安排建设节奏和经济转型，对经济波动进行减振。这或许是可以发挥我国社会主义经济特性的地方。在市场经济下，对经济运行的小幅度波动可以采取宽容的态度，由市场本身来调节。

2012 年以来，中国经济增长速度持续减缓，这是发展动力转换和内外部经济关系类型转换的必要阶段，即所谓的换档期和转型期。一个经济系统的结构在一定时期内保持稳定，既是系统内在特性的反映，也是符合经济主体利益的。但是，结构变化或迟或早总是不可避免的，特别是当外部环境发生剧变时，变化会加速，在不利冲击下经济就下行。2008 年世界经济危机以来，中国经济在有力的宏观调控下，逐渐而平稳地发生变化，结构在持续进步中。从一般周期规律看，未来五年，世界经济有可能经历新的危机，因为中国与世界紧密联系，所以，有可能被波及，应有预案准备，但是，根据中国固有的新周期特征，中国在未来五年内可能触底反弹，重新达到超过 7%接近 8%的较高速增长，形成一个接近 10 年的增长半周期。

在市场起决定性作用的经济中，对经济因素的任何冲击都是通过价格这个市场信号器起作用或表现出来的，即系统各个部门之间的超额需求引起产品价格的变化，产品价格的变化影响政府和企业的行为，进而影响各部门的产出，两者交叉调整，相互影响，决定系统的周期运动。这就是前述周期增长模型的理论基础。

以人们熟悉的单摆运动分析周期运动的机制。首先，单摆如果初始是静止的，那么，必须借助外力（冲击）周期运动才能开始。其次，只有在没有阻尼的情况下，周期运动才能持续下去，否则，终有停摆的时刻。这个机制表明，尽管系统有固有周期，但是，并不等于必然形成周期运动。反思经济系统。第一，在理论的理想情况下，系统可以结构协调，没有周期波动，但是，大经济系统是个复杂巨系统（单摆是个简单系统），不协调的情况是每时每刻存在的。第二，在没有外部冲击的情况下，如不与外部经济系统联系（如远古社会）、没有自然灾害、没有政治冲击，系统会有自己的周期运动，如人口周期、农业社会的自然周期、投资周期、不规则创新周期（会与投资周期相互作用）。多个动力周期叠加，形成经济增长周期。第三，经济系统存在复杂的阻尼因素，任何单个的动力冲击形成的周期运动都会衰减下去，所以，经济周期的动力是不断变化的，是推陈出新的。第四，在资本主义制度下，投资周期的基本动力机制是资本主义的基本矛盾运动。这种基本矛盾是任何市场经济都存在的，但在强力政府干预机制下，波动形式会发生改变，波动幅度可以被削弱。第五，虽然政府决策主体之不同的主导思想对经济的引导方向、政策措施的利益导向会不同，但是，经济系统会以自己内在的规律的强制力驱动经济变量走向均衡协调，以经济产出的周期危机对社会力量给出警告提示。因为社会主体也是经济系统的一部分，社会会出现"后人复哀后人"的周期现象。

作为流量矩阵的重要组成部分的直接消耗系数矩阵通常由一国的技术水平与产业形态决定，部门间消耗系数的变化往往是部门间技术水平、管理水平、生产规模水平和产业结构相对变化的综合体现，它们都反映生产技术特征下决定的投入结构。矩阵中系数的改变表示相应生产部门之间相互关系的变化，这些变化代表供求的转变，引起产量和价格的交叉调整，最终改变系统的周期频谱。影响它的因素主要包括以下几点：①经济系统内的技术水平变化。例如，钱纳里等认为，"在不同的经济发展阶段，生产力水平、技术水平不同会影响到生产要素的组合方式。当经济发展处于较低水平时，由于技术水平低，在生产经营活动中，投入的劳动和初级资源相对较多，而资本和技术的使用较少；随着经济的发展、固定资产的积累，生产力水平和技术水平大幅度提高，要求使用大量的资金和技术，劳动力使用比例会有一定程度的下降"。②规模生产和价格水平的变化。规模生产会使部门产出成本急剧下降，从而改变部门投入要素间的相对价格，由此诱发部门生产投入要素组合发生改变。实质上，生产要素组合方式变化，从数量上来说，就表现为部门间直接消耗系数的变化。③管理与创新水平的提高。通常，中间投入水平的变化发生在新技术层出不穷的部门，新技术的运用改变了原有的中间投入的产品组合，从而改变直接消耗系数；而在技术比较成熟的部门，中间投入变化相对比较缓慢[①]。

---

① 段志刚，李善同，王其文. 中国投入产出表中投入产出系数变化的分析[J]. 中国软科学，2006，（8）：58-63.

通过研究对比 1987~2007 年我国的投入产出表数据可以发现，各产业对第二产业的使用率大幅度增加，同时全社会对公共事业（电力）和石油等基础能源行业消耗系数增加，这些作为重要的标志表明，我国工业化进程有了重大进步，生产结构和技术结构的逐步变化引起了部门间流量联系结构的变化。已有学者研究证明，我国改革开放以来经济系统中间总投入比，即所有部门的中间投入与总产出之比，呈现出逐年上升的趋势；在三次产业中，第一产业和第三产业的中间投入比逐年上升，而第二产业的中间投入比出现略微下降；各个部门的中间投入比呈现出上升趋势、下降趋势、下降后平稳三类趋势[①]。许多发达国家的经验都表明：一个国家从不发达经济阶段到准工业化阶段，再到工业化和成熟工业化阶段，在经济转型过程中，部门间的消耗系数，尤其是对制造业和基础能源行业的消耗系数，大多会经历一个先逐步上升，随后缓慢下降的过程。对我国部门间消耗系数的研究中，也已经发现了这些变化趋势，它表明资源的走向和分配逐步发生改变，需求量和价格也在相应的变化与调整，进而会引起经济系统周期长度的改变。而随着技术水平成熟和生产规模的稳定，各个部门之间的消耗系数会趋于平稳，系统的周期频谱也会趋于平稳。

综上，可以认为，我国现今经济系统的周期运动情况是系统自身某些机制决定的，周期长度包括存货周期（4~5 年）、新技术设备周期（7 年左右，它在快速发展的经济系统中作用明显）和主要设备周期（也称为朱格拉周期，为期 10~12 年），经济实际发生的周期将由这些周期的叠加情况决定。

第五节　考虑存量的周期增长模型

布劳迪认为[②]，价格的变化率不仅应考虑超额消耗（费）需求与产出的差异，而且必须考虑存量积累需求，并且总供给是市场的全部未消耗存量，因此，价格变动率与超额需求率关系如下：

$$\frac{\dot{p}_i}{p_i} = \frac{\sum\limits_{j=1}^{n} b_{ij}\dot{x}_j + \sum\limits_{j=1}^{n} a_{ij}x_j - x_i}{\sum\limits_{j=1}^{n} b_{ij}x_j} \tag{7-14}$$

① 王宇鹏, 许健, 吴灿. 中国投入产出表直接消耗系数变动研究[J]. 统计研究, 2010, 27（7）: 73-77.

② 布劳迪 A. 近均衡——周期增长理论研究[M]. 刘新建译. 北京: 知识产权出版社, 2009: 47-51.

其中，b_{ij} 表示单位时间内生产单位产品 j 占用的产品 i 的数量。同样，影响供给变化的盈余应进一步考虑由价格变动引起的存量资产升值，盈余率应是相对于全部存量资产，于是有

$$\frac{\dot{x}_j}{x_j} = \frac{\sum_{i=1}^{n} b_{ij}\dot{p}_i + p_j - \sum_{i=1}^{n} a_{ij}p_i}{\sum_{i=1}^{n} p_i b_{ij}} \qquad (7\text{-}15)$$

将式（7-14）和式（7-15）写成矩阵式，即

$$\begin{pmatrix} \langle \boldsymbol{Bx.} / \boldsymbol{p} \rangle & -\boldsymbol{B} \\ -\boldsymbol{B}' & \langle \boldsymbol{B'p.} / \boldsymbol{x} \rangle \end{pmatrix} \frac{\mathrm{d}z}{\mathrm{d}t} = \boldsymbol{K}z \qquad (7\text{-}16)$$

除了零特征值以外，式（7-16）仍然是一个有周期解的方程。但是，前面的流量模型的更深刻的缺陷应该是占用要素的增长和损耗补偿问题。从前面的两部门模型的解中也可以看出，在封闭型流量模型中，系统实际上只能做围绕固定均衡点的周期波动，谈不上增长。经济要出现真正的增长，必须有生产力的不断发展。生产力的不断增长发展，在短期忽略技术进步的情况下，就是资本存量的不断增长。另外，在 Bródy 所说的利润率与资本关系中，如果资本只是固定资产和存货等物质资本，则仍然是不完整的资本概念。在马克思经济学中，资本的完整概念不仅分流动资本和固定资本，而且分不变资本和可变资本。在数量上，总资本就是一个企业在既定时间用于当前生产所使用的全部资金价值[①]。

一、模型修订

为了描述开放经济情况下的经济运动，我们在式（7-7）和式（7-8）的基础上继续做如下改变。

（1）在式（7-7）等号右边，最终需求项 y_i^* 用由经济增长需要的资本投资来代替。设没有对外贸易或所有产品的净出口为 0。传统最终需求中的消费需求（如本章前面做法）包含在中间需求中。于是，新模型中，式（7-7）修改为

---

① 全部资金价值的具体含义有点复杂。第一，它在货币的形式上是自该企业建立以来所投入而没有撤出的全部资金总额，包括从外部进入的全部资金；第二，包括没有拿出去并资本化的全部利润；第三，过去已经转化为物质资产的资本，其资本化价值需要根据新的市场价格重估，即遵循西方经济学中反复强调的机会成本概念。所以，严格的资本计量概念具有不确定性，且是一个即时值。分析实践中只能取某种平均值。

$$\frac{\dot{p}_i}{p_i} = \frac{\sum\limits_{j=1}^{n}(b_{ij}\dot{x}_j + d_{ij}x_j) - \left(x_i - \sum\limits_{j=1}^{n}a_{ij}x_j\right)}{x_i}, \quad i = 1, 2, \cdots, n \qquad (7\text{-}17)$$

在这里，我们不认为分母需要修改为存量，因为满足当前需求的就是当前的总产出，而当前需求对库存的使用已包含在最终需求中。式（7-17）分子中第一个括号内的第一项是生产速率的变化所需要增加占用的存量，b_{ij} 是生产单位产品 j 需要占用的存量产品 i，第二项是需要补充的损耗了的存量，d_{ij} 是生产单位产品 j 需要消耗的存量资产 i，相当于中间消耗。

（2）需要考虑资产存量的损耗，应作为成本补偿，即盈余是净盈余。同时，应考虑因为价格变动带来的资产升值的影响。至于选择依据是相对于全部资产存量的利润率还是相对于流量总产值的利润率并不是原则性的。于是，式（7-8）修改为

$$\frac{\dot{x}_j}{x_j} = \frac{\left(\sum\limits_{i=1}^{n}b_{ij}\dot{p}_i + p_j - \sum\limits_{i=1}^{n}(a_{ij}+d_{ij})p_i\right)}{p_j}, \quad j = 1, 2, \cdots, n \qquad (7\text{-}18)$$

式（7-17）可以写成矩阵式：

$$\langle p \rangle^{-1}\dot{p} = \langle x \rangle^{-1}[B\dot{x} + (A + D - 1)x] \qquad (7\text{-}19)$$

式（7-18）可以写成矩阵式：

$$\langle x \rangle^{-1}\dot{x} = \langle p \rangle^{-1}[B'\dot{p} + (1 - A' - D')p] \qquad (7\text{-}20)$$

（一）单部门分析

在只有一个部门的极端情况下，式（7-19）和式（7-20）缩减为

$$\frac{\dot{p}}{p} = b\frac{\dot{x}}{x} - (1 - a - d) \qquad (7\text{-}21)$$

$$\frac{\dot{x}}{x} = b\frac{\dot{p}}{p} + (1 - a - d) \qquad (7\text{-}22)$$

式（7-21）和式（7-22）联立可以解得

$$\frac{\dot{x}}{x} = \frac{1 - a - d}{b + 1}, \quad \frac{\dot{p}}{p} = -\frac{1 - a - d}{b + 1} \qquad (7\text{-}23)$$

式（7-23）具有以下经济含义：经济增长的必要条件是 $1 - a - d > 0$，即总产出除去中间消耗和损耗补偿后还有剩余，这一般能保证。根据有

关数据[①]，目前中国的 a 在 0.45 左右，b 在 5 左右；美国经济的 a 在 0.49 附近，b 在 7~9。将 $a=0.45$，$d=0.05$，$b=5$ 代入可得中国经济的增长率估计为 8.3%；将 $a=0.49$，$d=0.05$，$b=8$ 代入可得美国经济的增长率估计为 5.1%。

上述简单模型的明显缺陷是通货膨胀率为负，这不符合一般情况[②]。为了使模型比较符合正常情况，可以插入一些参数或系数，并假定当经济均衡增长，即 $b\dot{x}-(1-a-d)x=0$ 时[③]，通货膨胀率为 0。这样，参照式（7-17）和式（7-18），单部门模型就可以修改为

$$\begin{cases} \dfrac{\dot{p}}{p}=k_1\dfrac{b\dot{x}-(1-a-d)x}{x}=k_1\left[b\dfrac{\dot{x}}{x}-(1-a-d)\right], & k_1>0 \\[3mm] \dfrac{\dot{x}}{x}=k_2\dfrac{b\dot{p}+(1-a-d)p}{p}-\lambda^*=k_2\left[b\dfrac{\dot{p}}{p}+(1-a-d)\right]-\lambda^*, & k_2>0 \end{cases}$$

（7-24）

由此可以解得

$$\begin{cases} \dfrac{\dot{p}}{p}=k_1\dfrac{b\lambda^*-(1-a-d)(k_2b-1)}{k_1k_2b^2-1} \\[3mm] \dfrac{\dot{x}}{x}=\dfrac{k_2(k_1b-1)(1-a-d)+\lambda^*}{k_1k_2b^2-1} \end{cases}$$

（7-25）

当 $\lambda^*=(k_2b-1)(1-a-d)/b$ 时，通货膨胀率为 0，均衡增长的增长率为 $(1-a-d)/b$。一般地，$\dot{p}/p>0$，增长率大于 0，所以，一般 $\lambda^*>(k_2b-1)(1-a-d)/b$。当经济处于衰退期时，可能出现 $\lambda^*<(k_2b-1)(1-a-d)/b$，即通货紧缩。根据前面的数据，可以估计得到中国的均衡增长率是 10%，美国是 5.7%[④]。对上述公式的理解要注意发展性。随着经济的发展，中国的物质资本系数会逐渐增大，美国则相对稳定。根据 WIOD

---

① 这里 a 的数值是根据 WIOD 数据库（http://www.wiod.org/new_site/database/niots.htm）2011 年的投入产出表考虑最终消费后计算的；b 是根据历年的经济增长率、GDP 和资本形成数据计算的（其中假设投资时滞为 1 年），基本数据来自国家统计局网站数据库。

② 实际上 Bródy 的原始流量模型［式（7-4）］对单部门也是通胀率为负，其存量模型［式（7-16）］对单部门的解是不定方程，在实际数据下，计算出的通胀率一般也是负的。例如，对美国经济，经济增长率设为 3%，a 设为 0.5，b 设为 8，则计算出的通胀是-3.25%；对中国经济，增长率设为 8%，a 设为 0.45，b 设为 5，则计算出的通胀率为-1%。

③ $b\dot{x}$ 表示增长所需的资本增量，$1-a-d$ 表示总产出用于中间消耗、最终消费和资本损耗补偿后剩余的可供给量。

④ 与中国和美国的实际增长率进行对比可知：中国的实际增长率接近于这里的均衡增长率，美国的实际增长率则远小于这里的均衡增长率。这个现象或可解释如下：中国经济的阻尼较小，美国经济的阻尼较大。阻尼大小反映了经济体制效率。

组织的投入产出表，2001~2011 年，中国的中间投入率（不包括居民部门）从 0.61 增大到 0.67，而美国在 2001 年是 0.444，而在 2011 年是 0.437。随着中国快速向以服务业为主导的经济转型，中国的中间投入率变化会反转，即逐渐减小。随着经济进入现代化时期，原来嵌入工业中的服务业，特别是高端服务业（如财务金融、生产技术服务、管理与信息技术服务）都逐渐剥离形成新的产业，所以，服务业在投入结构中的比例会不断增大。

（二）多部门扩展

对应式（7-24）的类似假定，多部门经济增长模型如下：

$$
\begin{cases}
\dfrac{\dot{p}_i}{p_i} = k_{1i} \dfrac{\displaystyle\sum_{j=1}^{n} b_{ij}\dot{x}_j - \left(x_i - \displaystyle\sum_{j=1}^{n}(a_{ij}+d_{ij})x_j\right)}{x_i} \\[4mm]
\dfrac{\dot{x}_j}{x_j} = k_{2j} \dfrac{\displaystyle\sum_{i=1}^{n} b_{ij}\dot{p}_i + \left(p_j - \displaystyle\sum_{i=1}^{n}(a_{ij}+d_{ij})p_i\right)}{p_j} - \lambda_j^{*}
\end{cases}
\tag{7-26}
$$

写成矩阵式，即

$$
\langle p \rangle^{-1} \dot{p} = \langle k_1 \rangle \langle x \rangle^{-1}[B\dot{x} - (1-A-D)x] \tag{7-27}
$$

$$
\langle x \rangle^{-1} \dot{x} = \langle k_2 \rangle \langle p \rangle^{-1}[B'\dot{p} + (1-A'-D')p] - \lambda^{*} \tag{7-28}
$$

由式（7-27）可知，若把均衡增长定义为无通货膨胀的增长，即 $\dot{p}=0$，则均衡增长时应有 $B\dot{x}=(1-A-D)x$，由此得到的解即是均衡增长路径[①]。

式（7-27）和式（7-28）可以写成分块矩阵形式[②]：

$$
\begin{pmatrix} \hat{k}_1^{-1}\hat{x}\hat{p}^{-1} & -B \\ -B' & \hat{k}_2^{-1}\hat{p}\hat{x}^{-1} \end{pmatrix}
\begin{pmatrix} \dot{p} \\ \dot{x} \end{pmatrix}
=
\begin{pmatrix} 0 & -(1-A-D) \\ 1-A'-D' & 0 \end{pmatrix}
\begin{pmatrix} p \\ x \end{pmatrix}
-
\begin{pmatrix} 0 \\ \lambda^{*} \end{pmatrix}
\tag{7-29}
$$

记

$$
S = \begin{pmatrix} \hat{k}_1^{-1}\hat{x}\hat{p}^{-1} & -B \\ -B' & \hat{k}_2^{-1}\hat{p}\hat{x}^{-1} \end{pmatrix},\
K = \begin{pmatrix} 0 & -(1-A-D) \\ 1-A'-D' & 0 \end{pmatrix},\
z = \begin{pmatrix} p \\ x \end{pmatrix},\
\lambda = \begin{pmatrix} 0 \\ \lambda^{*} \end{pmatrix}
$$

则有

$$
\dot{z} = S^{-1}Kz - \lambda \tag{7-30}
$$

因为 K 是斜对称矩阵，所以此方程对 z 仍然具有周期解。

---

① 严格逻辑上讲，总通货膨胀率为 0，不要求每个部门的价格都静止。

② 为了缩短公式长度，下面将向量对应的对角矩阵的符号改为在向量符号上方加 "^"。

二、数字计算

根据矩阵方程理论，增加的参数不会改变解的周期频谱特征，所以，下面考虑没有附加参数时的方程组（7-19）和方程组（7-20）的解的周期特征。为了考察新模型的解的周期特征，本小节用 Bródy 使用过的七部门投入产出表数据进行模拟运算。因为精确 D 的统计缺失，所以这里以 A 代替 $A+D$。因为实质上 A 和 D 都是中间消耗，所以不影响对解的一般性质的讨论。

（一）均衡增长的解

根据上文对均衡增长的定义可知，由式（7-27）得到的均衡增长路径方程是

$$Bx = (1-A-D)x \qquad (7-31)$$

在给定的七部门分类下，对所用数据，存量占用矩阵 B 是可逆的，求得 $B^{-1}(1-A-D)$ 的七个特征值和特征向量见表 7-6。

表 7-6　均衡增长方程的特征值与特征向量

特征向量＼特征值	−198.248	24.221 9+4.463 62 i	24.221 9−4.463 62 i	1.190 78	0.916 514	0.322 433	0.039 437 2
1	−0.002 132	−0.031 223+0.010 852 i	−0.031 223−0.010 852 i	−0.794 211	−0.594 597	0.085 526	0.390 984
2	−0.000 262	0.000 941+0.000 499 i	0.000 941−0.000 499 i	0.378 654	−0.240 835	−0.704 246	0.127 409
3	0.000 010	−0.000 271+0.000 498 i	−0.000 271−0.000 498 i	−0.001 894	−0.004 964	−0.627 349	0.142 825
4	0.000 137	−0.000 261−0.000 748 i	−0.000 261+0.000 748 i	−0.001 946	0.020 424	0.167 959	0.061 385
5	0.003 795	−0.293 358+0.419 065 i	−0.293 358−0.419 065 i	0.020 187	−0.130 418	−0.064 669	0.115 128
6	−0.159 272	0.637 99+0i	0.637 99+0i	−0.184 236	−0.591 315	−0.240 278	0.666 048
7	0.987 225	0.569 147−0.079 194 i	0.569 147+0.079 194 i	−0.437 597	−0.470 478	−0.114 145	0.591 487

由于有一个复特征根，所以，均衡增长路径也是一个周期路径，周期是 $2\pi/4.5 \approx 1.4$。实际上，这里的均衡增长模型正是连续时间形式下的动态投入占用产出模型。投入占用产出模型符合一般均衡的条件，动态投入占用产出模型表现的是动态经济均衡。

（二）周期频谱

对式（7-30），令参数 $k_{1j} = k_{2j} = 1$，$\lambda_j = 0$（$j=1, 2, \cdots, 7$），并且对 S 中的 p 和 x，取 $p_j =1$ 及当年的总产出结构值作为均衡点，求得 $S^{-1}Kz$ 的特征值与特征向量，见表 7-7。

表 7-7　周期谱长的周期频谱

特征向量 ＼ 特征值	$-1.153\,38\times10^{-11}$ $+1.451\,09i$	$-1.153\,38\times10^{-11}$ $-1.451\,09i$	$-1.810\,89\times10^{-9}$ $+0.780\,503\,i$	$-1.810\,89\times10^{-9}$ $-0.780\,503\,i$	$1.259\,82\times10^{-9}$ $+0.732\,824\,i$	$1.259\,82\times10^{-9}$ $-0.732\,824\,i$	$-4.587\,39\times10^{-11}$ $+0.641\,897\,i$
1	−0.001 394 18 −0.013 326 3i	−0.001 394 18 +0.013 326 3i	0.018 743 7 +0.042 576 2i	0.018 743 7 −0.042 576 2i	−0.014 983 7 −0.010 882 3i	−0.014 983 7 +0.010 882 3i	0.021 317 2 −0.015 118 i
2	0.009 964 49 +0.016 830 8i	0.009 964 49 −0.016 830 8i	0.028 997 4 +0.001 734 26i	0.028 997 4 −0.001 734 26i	0.048 144 6 +0.068 987 1i	0.048 144 6 −0.068 987 1i	0.040 294 9 +0.074 584 2i
3	−0.006 411 23 +0.001 620 58i	−0.006 411 23 −0.001 620 58i	−0.016 067 5 +0.001 706 08i	−0.016 067 5 −0.001 706 08i	−0.006 203 4 +0.050 083 3i	−0.006 203 4 −0.050 083 3i	0.002 524 64 −0.047 222 1i
4	0.004 803 24 −0.003 559 52i	0.004 803 24 +0.003 559 52i	−0.005 199 08 +0.011 041 3i	−0.005 199 08 −0.011 041 3i	−0.013 015 6 +0.009 953 71i	−0.013 015 6 −0.009 953 71i	−0.003 465 61 +0.015 645 4i
5	−0.000 089 827 8 −0.010 293 4i	−0.000 089 827 8 +0.010 293 4i	0.019 522 9 +0.014 544 6i	0.019 522 9 −0.014 544 6i	0.090 188 2 +0.049 437 4i	0.090 188 2 −0.049 437 4i	−0.096 631 7 +0.032 808 i
6	0.000 128 765 −0.028 153 i	0.000 128 765 +0.028 153 i	−0.006 860 32 −0.014 484 6i	−0.006 860 32 +0.014 484 6i	−0.008 395 76 +0.006 822 67i	−0.008 395 76 −0.006 822 67i	−0.009 025 39 +0.000 540 402 i
7	−0.000 464 965 +0.021 930 7i	−0.000 464 965 −0.021 930 7i	−0.000 273 259 +0.003 002 17i	−0.000 273 259 −0.003 002 17i	−0.003 305 6 +0.002 413 97i	−0.003 305 6 −0.002 413 97i	−0.001 437 55 −0.001 394 34i
8	−0.140 469 −0.029 908 7i	−0.140 469 −0.029 908 7i	0.749 286 +0.i	0.749 286 +0.i	−0.297 119 +0.178 218 i	−0.297 119 −0.178 218 i	−0.166 213 −0.477 772 i
9	0.008 177 83 −0.164 731 i	0.008 177 83 +0.164 731 i	0.138 748 −0.184 325 i	0.138 748 +0.184 325 i	0.646 679 +0.i	0.646 679 +0.i	0.579 131 +0.i
10	−0.025 874 5 +0.024 424 i	−0.025 874 5 −0.024 423 6i	−0.049 556 2 −0.024 411 i	−0.049 556 2 +0.024 411 i	−0.053 517 5 +0.158 98i	−0.053 517 5 −0.158 98i	−0.063 152 7 −0.161 407 i
11	0.009 404 33 −0.010 242 1i	0.009 404 33 +0.010 242 1i	−0.004 365 6 +0.021 885 5i	−0.004 365 6 −0.021 885 5i	−0.015 315 2 +0.031 871 8i	−0.015 315 2 −0.031 871 8i	−0.006 871 22 −0.044 048 5i
12	−0.015 090 5 +0.002 368 95i	−0.015 090 5 −0.002 368 95i	0.068 400 1 −0.087 797 6i	0.068 400 1 +0.087 797 6i	−0.212 186 +0.429 206 i	−0.212 186 −0.429 206 i	0.156 971 +0.508 626 i
13	−0.601 976 −0.000 478 848 i	−0.601 976 +0.000 478 848 i	−0.499 015 +0.240 883 i	−0.499 015 −0.240 883 i	0.294 344 +0.291 765 i	0.294 344 −0.291 765 i	0.045 665 9 +0.236 526 i

续表

特征值	$-1.153\ 38\times10^{-11}$ $+1.451\ 09i$	$-1.153\ 38\times10^{-11}$ $-1.451\ 09i$	$-1.810\ 89\times10^{-9}$ $+0.780\ 503\ i$	$-1.810\ 89\times10^{-9}$ $-0.780\ 503\ i$	$1.259\ 82\times10^{-9}$ $+0.732\ 824\ i$	$1.259\ 82\times10^{-9}$ $-0.732\ 824\ i$	$-4.587\ 39\times10^{-11}$ $+0.641\ 897\ i$
14	$0.765\ 56+0.i$	$0.765\ 56+0.i$	$-0.221\ 728$ $+0.094\ 480\ 8i$	$-0.221\ 728$ $-0.094\ 480\ 8i$	$0.102\ 087$ $-0.000\ 560\ 975\ i$	$0.102\ 087$ $+0.000\ 560\ 975\ i$	$-0.025\ 813\ 2$ $-0.117\ 417\ i$

特征值	$-4.587\ 39\times10^{-11}$ $-0.641\ 897\ i$	$0.348\ 601$	$-0.348\ 601$	$4.214\ 87\times10^{-11}$ $+0.156\ 484\ i$	$4.214\ 87\times10^{-11}$ $-0.156\ 484\ i$	$0.041\ 540\ 2$	$-0.041\ 540\ 2$
特征向量							
1	$0.021\ 317\ 2$ $+0.015\ 118\ i$	$-0.005\ 787\ 66$	$-0.040\ 313\ 8$	$0.008\ 301\ 68$ $+0.012\ 157\ 7i$	$0.008\ 301\ 68$ $-0.012\ 157\ 7i$	$0.005\ 974\ 69$	$-0.110\ 016$
2	$0.040\ 294\ 9$ $-0.074\ 584\ 2i$	$0.039\ 175$	$-0.015\ 805\ 7$	$0.007\ 017\ 05$ $+0.004\ 076\ 26i$	$0.007\ 017\ 05$ $-0.004\ 076\ 26i$	$0.004\ 677\ 76$	$-0.121\ 895$
3	$0.002\ 524\ 64$ $+0.047\ 222\ 1i$	$0.002\ 879$	$0.218\ 563$	$0.008\ 454\ 5$ $-0.011\ 297\ 5i$	$0.008\ 454\ 5$ $+0.011\ 297\ 5i$	$0.001\ 883\ 07$	$-0.176\ 599$
4	$-0.003\ 465\ 61$ $-0.015\ 645\ 4i$	$-0.013\ 936\ 8$	$-0.164\ 201$	$0.016\ 775$ $-0.058\ 417\ 7i$	$0.016\ 775$ $+0.058\ 417\ 7i$	$-0.004\ 125\ 16$	$-0.445\ 721$
5	$-0.096\ 631\ 7$ $-0.032\ 808\ i$	$0.001\ 191\ 68$	$-0.016\ 463\ 2$	$0.003\ 757\ 99$ $+0.002\ 292\ 6i$	$0.003\ 757\ 99$ $-0.002\ 292\ 6i$	$0.002\ 838$	$-0.080\ 617\ 5$
6	$-0.009\ 025\ 39$ $-0.000\ 540\ 402\ i$	$-0.001\ 097\ 49$	$-0.025\ 673\ 4$	$0.006\ 346\ 37$ $+0.009\ 162\ 82i$	$0.006\ 346\ 37$ $-0.009\ 162\ 82i$	$0.005\ 406\ 8$	$-0.111\ 715$
7	$-0.001\ 437\ 55$ $+0.001\ 394\ 34i$	$-0.002\ 571\ 38$	$-0.034\ 710\ 7$	$0.006\ 502\ 92$ $+0.012\ 730\ 9i$	$0.006\ 502\ 92$ $-0.012\ 730\ 9i$	$0.006\ 181\ 13$	$-0.105\ 632$
8	$-0.166\ 213$ $+0.477\ 772\ i$	$-0.216\ 713$	$0.113\ 564$	$0.424\ 392$ $+0.007\ 498\ 24i$	$0.424\ 392$ $-0.007\ 498\ 24i$	$0.387\ 031$	$-0.374\ 8$
9	$0.579\ 131+0.i$	$0.650\ 415$	$-0.138\ 547$	$0.080\ 664\ 1$ $-0.032\ 984\ 1i$	$0.080\ 664\ 1$ $+0.032\ 984\ 1i$	$0.129\ 907$	$-0.077\ 759\ 4$
10	$-0.063\ 152\ 7$ $+0.161\ 407\ i$	$0.698\ 449$	$0.562\ 648$	$0.070\ 659\ 1$ $-0.023\ 339\ 5i$	$0.070\ 659\ 1$ $+0.023\ 339\ 5i$	$0.146\ 991$	$-0.108\ 724$
11	$-0.006\ 871\ 22$ $-0.044\ 048\ 5i$	$-0.184\ 922$	$-0.181\ 422$	$-0.013\ 532\ 6$ $+0.026\ 899\ 9i$	$-0.013\ 532\ 6$ $-0.026\ 899\ 9i$	$0.064\ 326\ 5$	$-0.163\ 058$

续表

特征向量 \ 特征值	$-4.587\,39\times10^{-11}$ $-0.641\,897\,i$	$0.348\,601$	$-0.348\,601$	$4.214\,87\times10^{-11}$ $+0.156\,484\,i$	$4.214\,87\times10^{-11}$ $-0.156\,484\,i$	$0.041\,540\,2$	$-0.041\,540\,2$
12	$0.156\,971$ $-0.508\,626\,i$	$0.014\,557\,1$	$0.098\,868\,5$	$0.109\,42$ $+0.002\,428\,14i$	$0.109\,42$ $-0.002\,428\,14i$	$0.115\,272$	$-0.099\,398\,4$
13	$0.045\,665\,9$ $-0.236\,526\,i$	$0.006\,785\,45$	$0.528\,324$	$0.666\,886+0.i$	$0.666\,886+0.i$	$0.665\,284$	$-0.566\,306$
14	$-0.025\,813\,2$ $+0.117\,417\,i$	$-0.077\,012\,1$	$0.500\,778$	$0.586\,889$ $+0.010\,890\,2i$	$0.586\,889$ $-0.010\,890\,2i$	$0.592\,91$	$-0.444\,447$

　　根据特征值计算结果可以发现，共有 4 个实值，10 个复值，复值的实部都接近 0，可以看做纯虚数。10 个复值对应 5 种周期，分别是 4 年、8 年、9 年、10 年和 40 年。4 年的周期对应存货周期，8 年、9 年和 10 年可以看做同一类周期，对应新技术设备或主要设备周期，40 年周期可以看做两个建筑业周期，即库兹涅茨周期。根据数学知识，随着部门数的增多，揭露出的周期种类会逐渐增多。虽然 Bródy 在其著作中特别提出了 30 年左右的人口周期，但是，因为人口出生率与死亡率的变化数量级相对于其他经济变量的波动幅度是很小的，所以，在经济增长波动周期中恐怕难以体现出来，特别是对快速增长阶段的国家经济会这样。

　　对上述周期增长模型，在经济分析实践中应用时，如果是预测，则因为长期预测的可靠性很低，所以，只适宜进行短期预测，这只需要应用最近几年甚至一年的数据确定其中的待定参数即可，不需要使用大样本数据进行参数估计；如果在下一年出现经济灾变（因外部因素引起），模型一般也给不出预告；如果只进行经济运行特征的定性分析，则只要有基本的数量级即可，周期特性在短期内不会有太大的变化①。对建立的短期预测模型，可以观察经济目前处于周期过程的什么相位，从而对可能发生的经济问题进行预防调控。这里模型的重要经济学意义是，它描述了经济运动中的价格和数量波动机制，而投入占用产出系数体现的相互联系关系隐含了经济波动的周期特征。

---

① 鲁棒性检验表明模型系统具有很强的稳健性。

第八章　可持续发展与环境保护的经济学

作为一种认识，人类早就觉察到了人与自然的相互依存关系，如中国古老的人天观、各类宗教中对自然的敬畏等，所以，古代世界能出现中国道家思想这一类的哲学。但是，从人类整体来说，那时的首要任务是从自然中获得人类的生存权。这种生存权的斗争不仅存在于人与自然之间，也存在于人（群）与人（群）之间。人类的这种状态一直持续到 20 世纪 60~70 年代才引起人们在实践上的重视和在理论上的深入研究①。人们之所以这么晚才在行动上重视人与自然的协调关系，有两个主要原因。第一，工业革命为人类创造自认为的"财富"提供了无限的可能，使资本主义制度形成的人性的固有贪欲无限膨胀，并且发达国家在 60~70 年代达到史无前例的繁荣时期。所以，是人类的贪欲成为其对可持续发展的认识的第一障碍。第二，在此时期之前，人类的活动所遭受的自然报复还是零星的和隐蔽的，是发生在发达国家的几次严重的环境灾害给人们的发展欲望提出了明确无误的警示。但是，人类对可持续发展观的脚踏实地的真正重视仍然是步履维艰。60~70 年代人类对可持续发展的认识仍然只是少数科学家的事情。到 1980 年才在《世界自然保护大纲》中提出可持续发展这一概念，直到 7 年后即 1987 年才在《我们共同的未来》中形成一种理性认识——可持续发展理论，到 1992 年才在《21 世纪议程》中形成政府间行动纲领，接近 2000 年，国际科学界和政治组织中的可持续发展观才在理论和行动上成为热点。直到 2015 年 12 月，经过 20 余年的艰苦谈判，人类应对气候变化的全球合作才达成《巴黎协定》。人类在可持续发展观上的认识速度远比在信息技术、新材料技术和经济体制技术方面的进步速度慢多了。

---

① 1962 年，美国女生物学家 Rachel Carson（莱切尔·卡逊）发表了一部引起很大轰动的环境科普著作——《寂静的春天》，她描绘了一幅农药污染所造成的可怕景象，惊呼人们将会失去"阳光明媚的春天"，在世界范围内引发了人类关于发展观念的争论。1968 年 4 月，在阿涅尔利基金会的资助下，意大利著名实业家、学者 A. 佩切伊和英国科学家 A. 金从欧洲 10 个国家挑选了大约 30 名科学家、社会学家、经济学家与计划专家，在罗马林奇科学院召开了会议，探讨什么是全球性问题和如何开展全球性问题研究。会后组建了一个"持续委员会"，以便与观点相同的人保持联系，并以"罗马俱乐部"作为委员会及其联络网的名称。1972 年 6 月 5 日，联合国召开了"人类环境会议"，提出了"人类环境"的概念，并通过了《联合国人类环境宣言》，成立了环境规划署。

当代中国对可持续发展问题的政府认识可以追溯到 20 世纪 50 年代。1956 年，毛泽东发出"绿化祖国""实现大地园林化"的号召，中国开始了"12 年绿化运动"，目标是"在 12 年内，基本上消灭荒地荒山，在一切宅旁、村旁、路旁、水旁，以及荒地荒山上，即在一切可能的地方，均要按规格种起树来，实行绿化"。1964 年成立国家计划生育委员会，1974 年成立国务院环境保护领导小组。1979 年，第五届全国人大常委会第六次会议决定，每年 3 月 12 日为中国的植树节。但是，在此后近 30 年的发展中，我们没有把保护环境的工作落到实处，造成不少重大环境事件。直到目前为止，雾霾肆虐，普及可持续发展知识、推行可持续发展政策的工作任务仍然十分艰巨。

从可持续发展观的形成和实践历史中，可以发现一些唯物史观的印证：①物质资料的生产即人类生存需要的满足是指导人类实践的第一要素；②尽管有某些先知者，但是，只有当自然对人类的报复达到一定程度时，保护自然与环境才能普遍地被人们所认识、重视。

第一节　可持续发展概念[1]

根据一般看法，区域可持续发展是指在一定时空尺度区域内，人类通过能动地控制自然—经济—社会复合系统，在不断提高人类的生活质量而又不超越资源环境承载力的条件下，既满足当代人和本区域发展的需求，又不对后代人和其他区域满足其需求的能力构成危害的发展[2]。这样一种看法是非常理想也非常抽象的，要将其落实到实践上还得进一步具体化。具体化的特点之一是必须考虑不同的约束条件。

决策论和经济理论中的有限理性模型是 H. A. Simon 提出的[3]，是为了修正自由主义经济学的理性经济人假设而提出的。这一思想的核心如下：人类的决策选择受到时间、空间和资源等的限制，即使技术上有可能达到某个最优的目标，而实际上不可能去实现；许多情况下，人们并不去追求所谓的最优选择，只是从少数几个备择方案中挑出一个比较满意的、把握较大的方案去实行[4]。

---

① 本节的原始文稿如下：刘新建. 可持续发展水平的系统定义[A]//Chen G. Well-Off Society Strategies And Systems Engineering[C]. Hong Kong：Global-Link Publisher，2004：168-173.

② WCED. Our Common Future[M]. Oxford：Oxford University Press，1987：15-17.

③ 西蒙 H. 管理行为[M]. 杨砾，韩春立，徐立译. 北京：经济学院出版社，1991.

④ Bounds G M，Dobbins G H，Fowler O S. Management—A Total Quality Perspective [M]. Cincinnati：South-Western College Publishing，1995：221-222.

人类社会可持续发展问题的核心是经济可持续发展。经济系统作为一个社会复杂巨系统，其中人们的决策行为只能是有限理性的。可持续性既是一个客观度量问题，也是一个发展评价问题。本节将基于唯物史观、辩正原理和有限理性思想，探讨可持续发展的可操作定义，实际也是其评价原理问题。

一、可持续发展评价的内容分析

可持续发展一词中，发展是主词，可持续是修饰词，指明发展是可持续的。发展是人类社会的前进运动，是人类主动行为的反映物。对发展的评价包含发展水平和发展能力两个层面。水平是发展的成果，能力是发展的潜力和可能性。可持续发展既是一种特指发展类型，也是人类社会前进的方向。作为科学概念，可持续发展水平和可持续发展能力必须从质与量两方面同时界定。我们不能满足于"既满足当代人和本区域发展的要求，又不对后代人和其他地区满足其需要的能力构成危害"这样一种通俗的说法。在可操作的实践性定义中，必须搞清楚"对后代人"是几代人，对"其他区域"是哪些区域、多大范围，以及怎样才算构成危害。不搞清楚这些界限，任何关于可持续发展水平或能力的评价都不会比"拍脑袋""凭感觉"强多少，只是多消耗了一些资源，做了一些基础资料搜集工作。

（一）可持续发展评价的基本理念

随着研究的深入，人们已建立了经济、社会、环境、资源和人口五大可持续发展内容体系，将可持续发展概念应用到从微观（如企业、消费者）到宏观（如全球问题[①]）的各个领域。面对广泛的内容，需要一个总纲把它们统领起来，使之在可持续发展的大系统中各归其位。

可持续发展是一个评价性概念，它建立在一定的价值观基础之上。撇开人类认识，纯粹的自然界是无所谓可持续或不可持续的；一切事物生则生矣，亡则亡矣。人类强烈的永续生存的愿望产生了可持续发展观，所以，可持续发展概念定义的主旨是人类可以永续生存发展，其终极指标是人类生活质量的可持续发展。所以，人类生活质量可持续发展是一切可持续发展评价内容的总纲。

人类的生活质量是一个复合概念，不可能用单个数值将其精确刻画出来。根据通常的说法，人类的生活消费包括衣食住行娱五大方面，这是将

---

①　钱智. 区域可持续发展的一般理论分析[J]. 中国可持续发展，2000，（1）：22-25.

消费与生产表面上严格区分开的一种观点（实际上，在某些方面或从某些角度看，有些活动既是生产又是消费，如学习、教育，甚至有时候的劳动也是一种消费，如旅游采摘和家庭养花）。五大方面的生活质量都有其各自的标准，并且，它们共生于一体，表现出很强的正相关，我们将这五大生活质量指标组成的向量称为生活质量描述向量。人们对生活质量的感觉是一种心理统觉，可以用表示满足程度的词表述出来。如果把人们的这种统觉称为生活质量评价，那么，就可以在生活质量评价与生活质量描述向量之间建立某种对应关系。但是，根据具体人（群）的心理感觉所做的生活质量评价必然是动态进化的。例如，1949 年前在中国的农民中流传着这样一句话："三十亩地一头牛，老婆孩子热炕头"，这表现出那时的农民对那种生活水准非常满意的评价，但是，现在就完全不同了。所以，即使可以根据某一时期的调查数据建立生活质量评价和生活质量描述向量之间的函数关系，也只能在短期适用。

（二）可持续发展评价的内容结构

根据上文分析，可持续发展的实质是一定水平的人类生活质量的可持续性，而决定一定社会生活水平的可持续性的不外乎两个因素：一是内部因素，即一定社会的生活方式，包括生产方式、消费方式和社会关系模式[①]；二是外部因素，即自然因素，包括原料性物质资源（简称资源）和环境资源（简称环境）。

以人类生活方式可持续性为目标，在内部因素和外部因素之间以及各自集内元素之间存在一定关系结构，图 8-1 是一个简单图示。

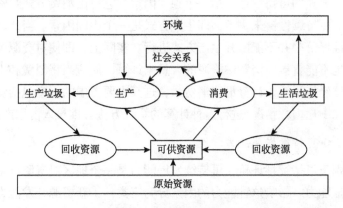

图 8-1　可持续发展系统

---

① 例如，婚礼大操大办已经形成一种社会文化，既是生活方式，也是社会关系模式，其显然属于不可持续模式，但一旦形成，个别人是无法阻挡的，需要政治法律干预。

　　首先，在内部因素和外部因素之间，内部因素起主导作用，外部因素起基础作用，也就是说，相对于一定的外部因素，内部因素可以采取主动适应的方式实现可持续性发展；外部因素是被动变化者，它既为内部因素活动提供基础物质条件，又被内部因素不断改变。当然，外部因素也有自身的内在活动，发生自然变化，如地震、气候变迁等，这些变化又成为新阶段的内部变化基础。

　　其次，在内部条件集内，消费方式和社会关系模式之和是生活方式的等价物，即所谓生活方式的可持续性包括消费方式和社会关系模式两方面的可持续性。不过，生活方式的可持续性的定量值并不是二者定量值的简单相加，而是由它们组成的向量。社会关系模式的可持续性评价是一个复杂的问题，对其精确定义尚难以做到。

　　在外部因素集内，资源和环境两方面的可持续性应分别评价，二者的评价标准不具有同质性，其量值不能在一起相加减①。例如，资源的可持续性可以以量的增减来精确计算，资源可以在地区之间通过运输转移；而环境的可持续性量化则要困难得多，环境也不可以异地转移（即本地的环境恶化很难用外地的环境改善来补偿）。另外，除了景观环境以外，相对于资源，人们常用的大气、水、土壤等环境指标具有可恢复性，因而一个地区在这方面的不可持续性是一个暂时的状态。如果对环境的危害在几十年以后才可以显现，那么人们就很少注意到，而资源的可持续性战略则必须考虑数十年甚至百年以上。环境可持续性的精确评价比较困难，这里也暂且不予讨论。

　　生产方式的可持续性不是一个独立因素，它可由消费方式与资源、环境组成的可持续性链来决定，即生产方式是一个中间因素。当然，在所有可持续性评价中并不能撇开生产方式进行。实际上，即使对资源可持续性的评价也不能直接以消费中资源的含量来计算，而应当将消费和生产看做一个整体经济系统，计算最终消费量，这其中要考虑的因素包括资源的重复利用和中途损耗情况。进行这种计算的系统方法首推投入占用产出技术。

　　（三）可持续发展能力评价

　　区别于可持续性评价，可持续发展能力是一个地区对资源可持续性利用的保证能力。影响这种能力的因素分为三类：①新资源开发能力，如新能源代替石油和煤、新材料代替旧的高消耗高污染材料、高产粮食品种和

---

　　① 广义来说，环境也是一类资源，这里讨论的是二者的差别。

技术等；②资源节约能力，节能技术、节水灌溉技术及节约管理技术等；③资源回收或净化能力，工业三废及生活垃圾处理技术。更广义的可持续发展能力还应包括社会可持续发展能力，如动荡型社会、安静型社会和活力型社会。

基于以上分析，图8-2给出可持续发展评价内容。

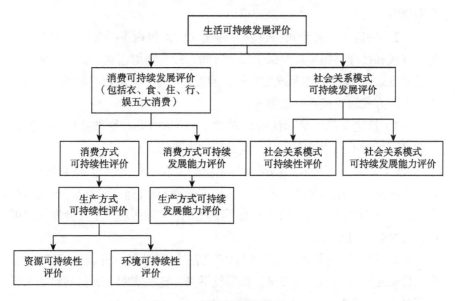

图 8-2　可持续发展评价内容

（四）与传统五大可持续发展子系统的对应关系

在上面的可持续发展评价系统中，明显包含了传统五大可持续发展子系统中社会、环境和资源三个方面，其中的消费方式也包含了部分经济内容。经济可持续发展的完整内容包括生产和消费两个方面（更广义的还应包括生产关系方面，本书将生产关系归于社会关系中）。正如上文已指出，生产方式是消费与资源和环境的中间环节，通过投入占用产出技术把它们连接在一起。人口对可持续性发展的影响包含在资源消耗速率的计算中。

相对于传统可持续发展评价，除原理性差异之外，这里在形式上的一个显著不同就是，不再把各可持续发展子系统看做并列的相加关系，而是以生活可持续性发展为总纲，使各个方面各司其职。

二、可持续发展概念的有限理性定义

在阐述了可持续发展评价的内容结构以后，现对可持续发展定义如下。

定义 8-1：所谓一个社会是可持续发展的，是指在不考虑无法控制的

自然灾害的情况下，该社会的消费方式、生产方式和社会结构具有满足其成员的现实基本需求并使其世代持续生存下去的特性。如果一个社会是可持续发展的，则称其发展是可持续的，是可持续发展。

（1）该定义的含义之一是，可持续发展的本质就是使该社会成员在本区域世代相传下去，排除侵略扩张。侵略扩张侵害了其他地区的可持续发展权利。

（2）决定一个社会可持续发展的能动因素包括该社会的消费方式、生产方式和社会结构（或关系）三个方面。社会结构在这里也可换成"社会治理方式"，是社会体制或制度的管理模式，属于上层建筑层面。消费方式和生产方式属于经济基础方面。

（3）该定义隐含地承认消费方式、生产方式和社会结构的演进性，否则是不可能世代相传下去的。这是唯物史观的观点。

（4）它要求满足人们的基本需求，一是表示它只能考虑典型的普通人的生活需求，不考虑奢华需求；二是它强调需求的时间特征——现实基本需求，这隐含认为需求的水平是不断发展的，因而对一个社会发展的可持续性判断是可变的。

（5）这个可持续发展概念的总定义在体现有限性的同时，其时间定量性仍然是理想化的，它要求世代延续下去，这在实践上和目前科学水平上还是个未知数。

可持续发展概念的总定义是对可持续发展思想的本质描述，但是要判断一个具体社会的发展方式的可持续性到底有多大还必须进一步有限理性化，使其成为一个可操作的含义精确的科学评价概念。但是，正如前面已经指出的，在可持续发展的三大独立评价领域，即社会关系模式可持续发展、消费-资源可持续发展和消费-环境可持续发展系统中，本书暂时只探讨消费-资源的可持续发展定义，即评价问题。

通过前面的分析，我们认识到消费方式（或称生活标准）、生产方式和资源的可持续性是相互制约的，但是各自的控制或形成过程又是相对独立的，用数学语言来讲，以消费方式的可持续性作为自变量，以 x 表示，资源的可持续性作为因变量，以 y 表示，那么，生产方式就成为连接这两方面的一个算子，以 f 表示，于是可写成对应关系，即 $f: x \rightarrow y$。需要注意的是，因变量和自变量的关系并不是现实中的因果关系，我们同样也可以说：$f: y \rightarrow x$。在这种三元关系中，从纯逻辑关系看，总有一个自由变量或外生变量，即相对独立性。

消费、生产和资源的关系，用最简单的投入产出技术公式可以表示为

$y = fx$，其中，x 表示消费量，同时是生产系统的生产量，f 表示生产方式，其含义是单位产出 x 所完全消耗的资源量，y 是总资源消耗量。对实际有意义的分析系统，y、f、x 都是向量或矩阵。

如果已知某种可利用资源总量 Y，上述三个变量都被看做速率量，即单位时间内的流量，且 y 为常数，则该社会的物质可持续性指数就可定义为 $T = Y / y$；如果 y 是一个时变数，则求 T 就是解积分方程：

$$Y = \int_{t_0}^{t_0+T} y(t)\mathrm{d}t \tag{8-1}$$

由式（8-1）计算的 T 是消费、生产和资源的共同可持续性量，表示了三者可持续性的严格相互依赖关系。这样我们就可以有定义 8-2。

定义 8-2：一个社会的消费-生产-资源系统的可持续性指数是，在既定的生产方式下，其消费方式在确定的可获得境内外资源条件下可持续的时间。

因为不同种类的资源可持续的时间不同，所以，上述定义对不同的资源计算结果是不同的，我们可以以几项最主要的资源的可持续性指数作为该社会的总可持续性指数。这一定义还有一个非常显著的特点，就是其时效性，或称发展敏感性，即随着消费方式和生产方式的发展，一个社会的可持续性特征是可变的。

上文介绍的现状评价计算方法稍作变形就可作为区域可持续发展规划的有效工具。例如，可以通过 f 或 x 的元素结构灵敏性分析以观察可持续性的变化，从而为规划指出方向。

人类生活质量的可持续发展是社会经济系统整体可持续发展的最终衡量尺度，其决定因素包括消费方式、生产方式和社会关系模式。这些因素之间存在相互关联，构成了一个复杂复合系统，因而不能用一个简单的线性层次评价模式来评价区域可持续发展水平。所以，我们不可能在严格科学意义上对若干地区的可持续发展水平做出完全顺序排队。不过，在有限理性思想指导下可以做出诊断性评价，从而为一个地区的发展进行方向性指导。

第二节　环境保护的经济学问题

事物的经济学问题，即事物在人类社会的消费与生产的关系上的影响的理论问题。环境保护作为人类的一项实践活动，对人类的生产与生活影响可分为三个方面①，即事前影响、事中影响和事后影响，或条件影响、过程影响和结果影响。当然，任何作用都是相互的，即环境保护影响生产与生活，生产与生活也影响环境保护。

一、环境保护的必要性和条件

环境保护的必要性问题就是关于人类为什么要开展环境保护的问题。这一点的答案是明显的：人类的生活依存于自然环境，从人类自身的生存需要出发必须保护环境。在远古时期，人类就有了保护自然的意识，甚至制定了法规或民俗制度，据言②："从五帝时起，国家就设置了虞、衡机构③。虞、衡就是专门负责环保工作的。"《礼记·曲礼》中记载："国君春田不围泽，大夫不掩群，士不取卵者。"《荀子·王制》说："草木荣华滋硕之时，则斧斤不入山林，不夭其生，不绝其长也……污池渊沼川泽，谨其时禁，故鱼鳖优多，而百姓有余用也。"但是，本章第一节就指出，可持续发展的实践和理论发展还是非常缓慢的。这一点谈不上古人比现代人更进步，也谈不上现代人比古人更智慧。在古代，人类首先是自然的奴隶，对自然充满了未知，对自然灾害充满了恐惧，自然而然生出对自然的敬畏。即使一些先知洞悉了人类自然关系的正确消息，也难以在实践中被普遍接受，更不会被统治者忠实实施，否则就不会不断重演战争杀戮。

人类社会是自然的一部分，在基础的存在性问题上与一般自然物有共同的规律。自然运行的法则一般是有得必有失（物质守恒、能量守恒）、平衡与失衡持续存在。人类在生存的基础问题上与一般动物机制相同，即保护自己。这些基础属性就决定了人与自然的基本矛盾关系，即既依赖自然环境又破坏自然环境。人类与一般动物的不同之处在于：人类有巨大的创造力与无敌的控制力。一般动物的生存在自然的物竞天择中不断被平衡，大批被自然淘汰。而人类在遭到天谴之前，对自然造成了巨大的破坏而不知停步，并且一部分人的享受造成的代价可以由另一部分人来承受。正是人类认识上的滞后性和欲望的进取性，使数千年文明史成了一部对自然的掠夺史。即使人们目前在可持续发展理念上获得了空前的共识，在利益关系的冲突下，各国、各地区之间的权利较量使落实环境保护措施步履维艰。

---

① 一般教科书中的解释如下："环境经济学关注的是经济学对环境的影响、环境对经济学的重要性以及管制经济活动的正确途径，以此获得在环境目标、经济目标以及其他社会目标之间的平衡。"（科尔斯塔德 C D. 环境经济学[M]. 傅晋华，彭超译. 北京：中国人民大学出版社，2011：1）

② 包光潜. 古人的环保意识[J]. 文化月刊，2009，（6）：20-22.

③ 虞、衡作为官职古代有分有合，有虞衡部或虞部。虞管山泽，衡管川林。

多少年来,《联合国气候变化框架公约》及其发展的谈判进程给人们展现了发达国家与发展中国家在碳排放责任关系上的激烈较量。

保护环境既是对人类自身消费行为的限制,同时本身也是对自然的消费,所以,保护环境行为是人类在不同消费之间的一种选择。环境保护措施的实施受到两方面技术水平的限制。首先,在基本生存问题解决以前,人类的消费行为以对自然的索取为主。基本生存问题的解决在总体上依赖于社会生产力的发展。在低消费社会,人类活动引起的环境破坏可以由环境自我修复,即使某些不能修复,造成的社会破坏也是局部的(最严重的是造成了某些历史文明的消失)。其次,大规模环境问题的解决有赖于现代科学技术的发展。例如,为了适应高消费的生活水平,人类必须解决清洁新能源技术问题。当代,环境问题的规模扩大到了整个地球范围,但是,世界发展极不平衡。大多数的发展中国家技术落后,为了生存不得不使用高碳能源,而清洁能源技术掌握在发达国家的大资本手中,于是在低碳标准上就产生了严重的利益冲突。在现代经济全球化情景下,发达国家高消费的大量物质资料由发展中国家使用高碳技术生产,而限制消费的责任却落到了发展中国家头上。

二、环境保护过程的经济学问题

环境保护的过程包括防和治两个方面。防是防患于未然,治是对已经发生的环境破坏进行修复和治理。有些环保方式,如废弃物处理,是防-治同一的,是在环境危害物已经产生但是还未造成破坏时采取措施。有些环境的破坏或退化的发生是非人为的,是自然自身的过程造成的,如有些沙漠化、山体滑坡。

从经济学角度看,不同的防治方式所需要的生产方式不同,形成的投入需求也不同。从生产方式转型进行环境保护,如低碳经济、循环经济是一种没有直接环保投入的生产方式,是从源头进行的环保。但是,在现实中,这种生产方式不仅需要经济发展方式的意识转型,还需要一定的科学技术手段。对落后经济来说,除非有发达经济的支援,选择这种生产方式无异于让自己处于长期低收入状态。其他环保过程都首先是一个投入过程,是消耗物质资源和人力资源的过程,因而是人类在不同的资源配置方案中进行选择的过程,最终是在不同的需求(其他产品消费与优良环境消费、当前消费与未来消费)之间进行选择的过程。

环境保护作为一个经济生产部门,必须为自己的生产投入筹集资金,或设计收入来源方案。但是,不同的环保生产模式收入方案不同。例如,废品回收也是一个环保生产活动，在我国，废品回收和物资再生作为一个产业可以通过市场实现自身的再生产循环。污水处理在我国目前主要还是作为公共产品由政府提供，部分处理过的水可以作为水资源通过市场得到收入，所以，水处理部门不能通过市场实现自身的再生产循环。在严格的排污标准制约下，有些废气和污水处理是在企业内部完成的，其处理成本支付通过企业产品价格形成市场机制。公共水资源的污染治理则完全靠公共产品生产机制进行，但具体生产组织方式既可以由公共部门直接组织，也可以承包给市场企业来完成。

三、环境保护结果的经济学问题

环境保护的直接结果自然是一定质量的环境，但环保效果的呈现有两种形式，即从坏到好的环境改善和维持既有环境质量不使变坏。前一种效果是治理的结果，后一种是防护的结果。环境经济核算的方法当然应包括环境破坏的经济损失核算方法。要对任何环境保护或破坏效果进行经济分析，核心问题都是一定质量水平的环境的经济价值评估问题。

在环境经济学中，将环境价值分成使用价值和非使用价值①。所谓使用价值是消费者通过直接感触环境产生的消费价值或生产者的生产过程受到直接影响后经济效益的增减，如呼吸空气、于其中娱乐休闲，环境作为生产活动的直接或间接投入，既影响渔业也影响农作物传花授粉等。使用价值又分成当前使用价值、期望使用价值和潜在使用价值。非使用价值是指作为人类主体出于善良感情或精神偏好对远离自身的环境的价值感受，比较典型的非使用价值有所谓存在感价值、利他价值和遗产价值。存在感价值是消费者乐于知道某些东西存在的价值（如知悉某种稀有动物得到有效保护）；利他价值不是产生于消费者自身的消费而是来自当别人消费获益时感受到愉悦这个事实；遗产价值是一种特殊的利他价值。所以，环境的价值不仅是经济价值，还有非经济价值。那么，如何在经济价值和非经济价值之间进行取舍呢？

不论是经济价值还是非经济价值，实质上都是评价问题，解决评价问题的基础工作就是搞清楚价值需求主体，即价值主体及其价值观。对同一个环境实体，可能同时存在不同的价值主体，用经济学的语言表述就是不同的买家。如果环境实体的所有者或购买者是私人，那么，他具有定价权；如果环境实体的所有者是国家，那么，环境的出售价格由政府定价制度产

---

① 科尔斯塔德 CD. 环境经济学[M]. 傅晋华, 彭超译. 北京: 中国人民大学出版社, 2011: 286-287.

生。但是，无论环境实体的所有者是私人还是国家，如果环境质量影响到相关的公众，那么就涉及民主决策问题。如果环境价值主体对环境的价值评价是无穷大，即没有替代品，那么，维护环境的容许成本就近乎无穷，即无论如何都必须保护。例如，要在某个地方建立军事基地，如果当地居民无论如何都不允许，那这个基地就不可建；如果在承诺将居民迁移到他地且提供充分的重建生活保障后允许建设，那么，这个环境的价值就是为所有居民重建生活保障的成本；如果在承诺支付一定数量的货币后允许基地建设，那么，这个环境的价值就是所支付的全部货币。当然，如果项目本身的价值在国家的利益上是近乎无穷大的，那么，对利益相关公众的补偿必定是有限的，是在评估居民生活需求和经济损失补偿后给予有限补偿，这个补偿额反映的是公众对这个环境的价值观价值，而这个环境对国家的价值不能用货币充分反映，而支付是由法律规定的最大值。

具体测度一个环境实体的经济价值需要对其经济作用性质进行具体分析，一般针对不同类型的环境采取不同的方法。但是，涉及环境工程项目的决策通常是一个多目标评估问题，是政治问题，不是价值计算可以确定的，需要民主决策程序。

第三节　废弃物处理-经济投入占用产出分析

废弃物的恰当处理是环境保护的基本措施。为了讨论废弃物处理的经济问题，需要清楚废弃物的"生命"周期过程。

人类经济过程的废弃物从来源分包括三类，即企业生产过程废弃物、非营利性服务业废弃物和生活废弃物。因为三个来源机构的经济运动性质不同，所以废弃物处理的经济问题有重要差异。从废弃物的物理状态划分也包括三类，即废气（气体废弃物）、废液（液体废弃物）和废渣（固体废弃物）。不同状态废弃物的运动方式不同，处理方式和结果也不同。

一、废弃物处理-经济投入占用产出表

根据对废弃物运动特点的认识，把经济系统中的生产部门分为三大类，即企业部门、非营利部门和废弃物处理部门，构造如表 8-1 所示的投入占用产出表。

表 8-1　废弃物处理-经济投入占用产出表

		中间使用			最终使用				总产出
		企业部门	非营利部门	废弃物处理部门	居民消费	公共消费	资本形成	净出口	
中间投入	企业部门	X^{11}	X^{12}	X^{13}	Y^{11}	Y^{12}	Y^{13}	Y^{14}	Q^1
	非营利部门	X^{21}	X^{22}	X^{23}	Y^{21}	Y^{22}	Y^{23}	Y^{24}	Q^2
	废弃物处理部门	X^{31}	X^{32}	X^{33}	Y^{31}	Y^{32}	Y^{33}	Y^{34}	Q^3
	最初投入	Z^1	Z^2	Z^3					
废弃物排放	废气	W^{11}	W^{12}	W^{13}	W^{14}				W^1
	废液	W^{21}	W^{22}	W^{23}	W^{24}				W^2
	废渣	W^{31}	W^{32}	W^{33}	W^{34}				W^3

在表 8-1 中，上部是一般投入产出表部分，除部门划分特殊处理外，其他与传统投入产出表相同；表的下部是废弃物排放信息部分。首先，每一类废弃物可以继续分为更具体的种类，如二氧化碳、二氧化硫等；其次，居民部门也是一个废弃物排放部门，其分析方式根据需要可以使用局部闭模型，或单独列方程处理；最后，公共消费是一个虚拟消费部门，故没有污染物排放。

二、基本废弃物处理-经济投入占用产出模型

不同的研究目的，需要构造不同结构的投入占用产出模型。对废弃物处理经济分析来说，研究目的可以是研究排污税的作用效果，可以是研究环境保护的经济成本，还可以是研究考虑排放控制策略的经济均衡问题。当然，适当的均衡模型常常是各种经济分析研究的出发点。本小节考虑一个基于表 8-1 的基本废弃物处理-经济均衡模型。

（一）基本投入产出行模型

考虑最普通的投入产出模型：

$$AQ + Ye = Q$$

其中，Q 为总产出列向量；A 为直接消耗系数矩阵；Y 为最终使用矩阵；e 为求和列向量。其中 n 个生产部门，m 个最终使用类。设其中企业部门共有 n_1 个，非营利部门共有 n_2 个，废弃物处理部门共有 n_3 个，$n_1+n_2+n_3=n$。将方程按照三类部门分块，Y 分成三部分：

$$\begin{cases} A^{11}Q^1 + A^{12}Q^2 + A^{13}Q^3 + Y^{11} + Y^{12} + Y^{s1}e = Q^1 \\ A^{21}Q^1 + A^{22}Q^2 + A^{23}Q^3 + Y^{21} + Y^{22} + Y^{s2}e = Q^2 \\ A^{31}Q^1 + A^{32}Q^2 + A^{33}Q^3 + Y^{31} + Y^{32} + Y^{s3}e = Q^3 \end{cases} \quad （8\text{-}2）$$

式（8-2）中，因为居民消费排放废弃物，所以将其单列，Y^{i1} 是居民消费列，Y^{i2} 是公共消费列，Y^{si} 是除居民消费外的其他最终使用矩阵。其中，其他部门对废弃物处理部门的消耗视经营模式而不同。如果各企业自己向废弃物处理部门缴费，则对应的投入系数非零；如果企业和居民不直接向处理厂缴费，则对应的投入系数为零，这时，废弃物处理部门的产品统一"卖"给了政府，属于公共消费，这时，$Y^{32} = Q^3$，$Y^{31} = 0$。

（二）废弃物排放模型

$$\sum_{j=1}^{n} b_{sj}Q_j + b_{sc}Y_c = W_s \quad （8\text{-}3）$$

式（8-3）中，b_{sj} 表示部门 j 单位产出排放废弃物 s 的数量；b_{sc} 表示居民单位生活消费排放废弃物 s 的数量；Y_c 表示居民总消费。因为一般的投入产出表都是现价的，总消费也是现价的，但是，在分析变动时应当考虑价格的影响。对废弃物排放系数来说，应按不变价格量分析，其中，各部门的总产出按照各部门的价格指数处理，总消费按居民消费价格指数处理。

式（8-3）写成矩阵式，即 $BQ + B^cY_c = W$，同样可以将此方程写成分块矩阵形式：

$$B^1Q^1 + B^2Q^2 + B^3Q^3 + B^cY_c = W \quad （8\text{-}4）$$

其中，B 的行数表示废弃物种类数，列数表示生产部门数 n；B^1、B^2 和 B^3 分别表示三大类部门的排放系数矩阵；B^c 表示居民生活排放系数列向量。

（三）废弃物处理分析模型

处理废弃物是废弃物处理部门的"专营"工作。可以将废弃物处理部门按照具体种类进行细分。废弃物处理部门的总产出需要分别列出价值量和实物量。价值量与一般价值表相同，实物量是指在一个时期内处理的各种废弃物总量。

废弃物处理部门的总产值既是用市场价格衡量的其生产活动的总成果，对社会来说，它也是废弃物处理，即这类环保活动的总成本。

设对废弃物 s 的处理率是 η_s，则对废弃物 s 的总处理量为

$$V_s = W_s\eta_s \quad （8\text{-}5）$$

设对废弃物 s 处理的社会成本系数是 p_s^E，那么，以现价计：

$$Q_{n_2+s} = p_s^E V_s = p_s^E \eta_s W_s \qquad (8\text{-}6)$$

写成矩阵式为

$$Q^3 = \hat{p}^E \hat{\eta} W \qquad (8\text{-}7)$$

这里要区分废弃物处理部门的总产值价格指数 p_{n_2+s} 和处理成本系数 p_s^E。首先，因为废弃物处理生产的产品不存在严格的市场销售价格，所以，废弃物处理部门的总产出按总投入价格核算，类似于公共部门。其次，有些废弃物处理部门的产出中有市场销售的产品，如水、热电、回收再生物资等，这些产品的投入产出核算要从废弃物处理部门剥离[①]。最后，部门价格指数是相对于基期的水平，成本系数是以现价计的绝对价值量。

（四）废弃物排放-处理均衡关系

将废弃物排放与处理的模型连接起来，就得出一个废弃物处理的经济约束方程：

$$B^1 Q^1 + B^2 Q^2 + B^3 Q^3 + B^c Y_c = (\hat{p}^E \hat{\eta})^{-1} Q^3 \qquad (8\text{-}8)$$

将废弃物排放-处理均衡方程与前面的分块矩阵基本投入产出均衡模型联立，即可得废弃物处理-经济均衡基本模型。在这个模型系统中，各总产出及最终使用都是用价值单位表示的，而废弃物量是用实物单位表示的。对编表年份，可以计算出各种废弃物的处理成本系数。但是，当把最终使用作为外生变量进行分析时，上文计算出的废弃物处理成本系数就成为不变价格，废弃物排放-处理均衡方程就成为对各部门总产出的一个约束条件。这时，基本投入产出均衡方程系统中的各个方程就不再是完全独立的。所以，可以把废弃物排放-处理均衡方程与基本方程系统的前两组方程联立，然后求解。或者再拿出等于废弃物种数的那么多变量来作为自由变量（即内生变量）。

在实际中，如果废弃物处理的投入完全由政府支付，那么，基本投入产出方程系统第三组中的投入系数都等于 0，$Y^{32} = Q^3$，所以，Y^{32} 并不能外生决定，必须由基本方程系统的前两组方程与废弃物排放-处理均衡方程联立决定的 Q^3 生成。这样的现象在许多公共产品（如教育）的处理中都会出现，是在应用投入占用产出模型时必须注意的一个问题。对废弃物处理投入由社会和政府共同支付的一般情况，Y^{32} 也可以作为一个内生变量由

---

① 对剥离开来的联产品，在模型上必须反映其联系性，两种产品的生产共同运动，可以参照副产品的处理方式。

式（8-2）的第三式决定。如果预先决定了 Y^{32}，那么废弃物处理率就由式（8-8）决定。

第四节　环境保护的经济成本分析

环境保护经济学应分为微观和宏观两个方面。例如，西方经济学已经指出，对企业来说，最优环保的边际成本应等于给本企业带来的边际收益，而社会最优环保是其边际社会成本等于边际社会效益[①]。企业以直接成本和直接收益为核算指标，其最优环保策略容易计算。但是，环保的社会成本和社会收益核算却是一个容易引起争论分歧的问题。下面依据投入占用产出分析思想对这个问题在有限意义下予以讨论[②]。

一、环境–经济投入占用产出简表

表 8-2 是一个环境–经济投入占用产出简表，采取了局部闭模型形式，即把居民部门与生产部门混排。

表 8-2　环境–经济投入占用产出简表

		1	2	3	总产出
1	其他部门	X_{11}	X_{12}	Y_1	Q_1
2	环境部门	X_{21}	X_{22}	Y_2	Q_2
3	最初投入	V_1	V_2	0	
4	污染排放	E_1	E_2	E_3	E_N
5	消污率	η_1	η_2	η	

表 8-2 中，V_j 表示在最初投入中除去劳动报酬后的各部门净剩余或净盈余。Y_i 表示部门 i 产品用于资本形成的数量。X_{ij} 表示普通投入产出流量元素，包括居民消费列和劳动报酬行。X_{2j} 表示部门 j 对环境部门的支付。部门 j 以环保为直接目的的资金投入包括流量资金和投资资金的使用，反映在环境部门的中间投入行及资本形成列中。严格说来，根据投入产出表编制原理，X_{2j} 应限于为了消除 E_j 所必须支付的环保投入。当 X_{2j} 大于此需要支

---

① 萨缪尔森 PA，诺德豪斯 WD. 经济学（上）[M]. 第四版. 胡代光，等译. 北京：北京经济学院出版社，1996：573-574.

② 本节的原始文稿如下：刘新建，薛伟. 环境保护的宏观经济成本分析[J]. 中国管理科学，1999，7（4）：68-73.

付量时，实际包含了"转移支付"（空间和时间两方面），多余额应计入 V_j。但是，在当前大部分情况下，X_{2j} 都小于充分消除 E_j 所需投入，所以无转移支付问题。V_2 表示由 X_{2j} 的定义可知，V_2 不反映环保部门的经营利润，有相当部分是转移支付，其主要用途是环保建设资金，可能为负数。E_j 表示第 j 个部门的污染排放量①，$j=1,2$。E_3 表示绝对值为消除污染量，且 $E_3<0$。$E_N=E_1+E_2+E_3$ 表示污染净排放量。η_j 表示各部门的污染消除率。$\eta=(\eta_1 E_1+\eta_2 E_2)/(E_1+E_2)=-E_3/(E_1+E_2)$ 表示总污染消除率。

二、环境经济成本概念

有两种环境经济成本概念，即环境治理成本和环境机会成本。治理成本是治理过程中直接支付的货币或实物，机会成本是因污染或消除污染活动而损失的收益。下面先介绍环境治理成本。

环境治理有两种类型，即事前治理和事后治理，我们将事前治理称为直接治理，将事后治理称为间接治理，相应则有直接治理成本和间接治理成本。

所谓直接治理成本就是为直接消除污染物，以及减少环境中污染排放量的残余量而支付的成本。

所谓间接治理成本就是为消除污染物造成的有害环境效果而支付的成本。

对企业来说，通过工艺改造和建设污染物消除设施而减少向环境排放量支付的成本是直接治理成本，而为消除污染物对机器设备和厂房设施造成的损害进行的维护保养与更新成本是间接治理成本。

环境机会成本可有正反两种。一种叫做污染机会成本，它是由于排放污染物而为了消除污染效果所支付的各种直接和间接成本或损失的收益。显然，间接治理机会成本包括污染造成的机器故障率增加、各种赔偿费用等。另一种是消污机会成本，它是将资金用于消除污染物而损失的其他投资机会的总收益。环境保护总是希望在污染物造成损害之前将其清除。

由上述环境经济成本的概念，投入占用产出表中的社会总环境成本 Q_2 应属于直接治理成本，是为了消除污染物而支付的成本。直接治理的机会成本定义如下：部门 j 的直接治理机会成本是将 X_{2j} 用于 j 部门扩大再生产时所创造的产品总价值，记为 ΔX_j。

---

① 广义地，应称为环境破坏量，本书以污染排放量作为代表。

设部门 j 的平均边际资本占用为 k_j ，则有

$$X_{2j} = (k_j + a_j)\Delta X_j \tag{8-9}$$

所以部门 j 的直接治理机会成本是

$$\Delta X_j = \frac{X_{2j}}{k_j + a_j} \tag{8-10}$$

其中， $a_j = \sum_i a_{ij}$ ， a_{ij} 表示一般投入产出表中的直接消耗系数。

对表 8-2，可推出社会总机会成本是

$$\Delta Q_1 = \frac{Q_2}{k_1 + a_{11}} \tag{8-11}$$

三、环境机会成本核算

根据以上环境经济成本概念，下面讨论宏观经济的环境机会成本核算问题。为使经济意义简洁明了，模型是非常简化的。

假定：第一，有如表 8-3 所示的环境经济投入占用产出表，其中，第一部门为普通经济部门，第二部门为居民部门，第三部门为环境保护部门。 X_{ij} 是包含居民部门的中间流量矩阵， Y_1 是除居民消费外的其他最终使用， V_j 是不包含劳动报酬的其他最初投入。这里的三个部门是总合部门，不是部门集合，只考虑一种污染物。

表 8-3　环境经济投入占用产出表

	1	2	3	4	总产出
1	X_{11}	X_{12}	X_{13}	Y_1	Q_1
2	X_{21}	0	X_{23}	0	Q_2
3	X_{31}	0	X_{32}	0	Q_3
4	V_1	V_2	V_3	0	S
5	E_1	E_2	E_3	E_4	E_N
6	η_1	η_2	η_3	η	

第二，居民部门不直接支付环保费用，其所产生的污染由第三部门作为公共事物处理。

第三， X_{3j} 作为各部门支付的环保费用与其污染消除率有关。

设 η_j 为部门 j 的污染消除率； $e_j = \dfrac{E_j}{Q_j}$ 表示部门 j 的污染产生率； $d_j = \dfrac{X_{3j}}{\eta_j E_j}$ 表示部门 j 的单位污染消除成本，于是有

$$a_{31} = \frac{X_{31}}{Q_1} = \frac{d_1 \eta_1 E_1}{Q_1} = d_1 \eta_1 e_1 \qquad (8\text{-}12)$$

$$a_{32} = 0$$

由于居民部门的污染直接交由第三部门处理，没有缴费，所以，环境部门不仅要支付本部门自产污染物的消除费，还要支付居民部门产生污染的消除费用，所以有

$$X_{33} = d_3 \left(\eta_2 E_2 + \eta_3 E_3 \right) = d_3 \left(\eta_2 e_2 Q_2 + \eta_3 e_3 Q_3 \right) \qquad (8\text{-}13)$$

即

$$a_{33} = \frac{X_{33}}{Q_3} = d_3 \eta_2 e_2 \frac{Q_2}{Q_3} + d_3 \eta_3 e_3 \qquad (8\text{-}14)$$

第四，设其他技术条件不变，环境机会成本的变化由污染消除率 η_j 的变化而形成。假定社会总生产资源量不变，则第三部门生产活动量的变化等于其他部门活动量变化的总和。根据再生产理论，设 k_j 是部门 j 的平均边际资本占用量，且 $a_j = \sum_{i=1}^{3} a_{ij}$ ，那么有

$$\Delta[(a_1 + k_1)Q_1 + (a_2 + k_2)Q_2 + (a_3 + k_3)Q_3] = 0 \qquad (8\text{-}15)$$

式（8-15）表示用于居民及中间投入的社会产品资源总量不发生变化，只在各部门之间重新分配，写成分解式，即

$$(a_1 + k_1)Q_1 + (a_2 + k_2)Q_2 + (a_3 + k_3)Q_3$$
$$= (a_1^0 + k_1)Q_1^0 + (a_2^0 + k_2)Q_2^0 + (a_3^0 + k_3)Q_3^0 \qquad (8\text{-}16)$$

其中，Q_1^0、Q_2^0、Q_3^0 表示初始或当前各部门总产出；从 a_j^0 可到 a_j 的变化是由 η_j 的变化引起的。

根据以上假定，可得以下方程组：

$$\begin{cases} a_{11}Q_1 + a_{12}Q_2 + a_{13}Q_3 + Y_1 = Q_1 \\ a_{21}Q_1 + 0Q_2 + a_{23}Q_3 + 0 = Q_2 \\ d_1 \eta_1 e_1 Q_1 + d_2 \eta_2 e_2 Q_2 + d_3 \eta_3 e_3 Q_3 + 0 = Q_3 \\ (a_1 + k_1)Q_1 + (a_2 + k_2)Q_2 + (a_3 + k_3)Q_3 = (a_1^0 + k_1)Q_1^0 + (a_2^0 + k_2)Q_2^0 + (a_3^0 + k_3)Q_3^0 \end{cases}$$
$$(8\text{-}17)$$

当 η_j 发生变化后，由上述方程组可解出一组解 (Q_1, Q_2, Q_3, Y_1) 。由 (Q_1, Q_2, Q_3, Y_1) 与 $(Q_1^0, Q_2^0, Q_3^0, Y_1^0)$ 的差可计算环境变化（即 η_j 变化）造成的机会成本。

当不考虑政府收入和支出问题时，第二列和第四列合起来为最终需求部门，由 η_j 所造成的国民纯收入变化为

$$a_{12} \left(Q_2 - Q_2^0 \right) + Y_1 - Y_1^0 \qquad (8\text{-}18)$$

我们称此为环境变化机会成本。当 η_j 增大时，则式（8-18）的值小于零，此时可称为环境改善机会成本。显然，这是一种直接治理机会成本。

设 η_j^* 是规定的污染消除率指标值，将之代入方程组（8-17），可解得 $\left(Q_1^*, Q_2^*, Q_3^*, Y_1^* \right)$（设 $\eta_j^* > \eta_j^0$），则由式（8-18）计算出的环境改善机会成本就表示该经济系统从污染环境中所取得的纯收益。同理，可计算出各部门从污染环境中所获得的收益。

四、算例

环境经济投入占用产出表例表如表 8-4 所示。

表 8-4　环境经济投入占用产出表例表（单位：亿元）

	1	2	3	Y	总产出
普通经济部门	210	108	20	62	400
居民部门	120	0	5	0	125
环境部门	25	0	5	0	30
最初投入	45	17	0	0	62
总投入	400	125	30	62	
污染排放 E_j	79	18	2	−21	78
消污率 η_j	0.189 87	0.277 78	0.5	0.212 121	
单位污染消除成本 d_j	1.666 7	0	0.833 33		
污染产生率 e_j	0.197 5	0.144	0.066 67		
平均边际资本占用 k_j	3.5	0	4.0		

下面是编制的一个简单算例，此算例可给出一些启发性的结果。

首先，令 η_1 从 0.189 87 变为 0.4，其他 η_j 不变，计算得

$$Q_1 = 368.67,\ Q_2 = 119.61,\ Q_3 = 54.03,\ Y_1 = 42.41$$

$$a_{12}\left(Q_2 - Q_2^0 \right) + Y_1 - Y_1^0 = -30.43$$

其次，令 η_2 从 0.027 778 变为 0.6，其他 η_j 不变，计算得

$$Q_1 = 394.11,\ Q_2 = 123.99,\ Q_3 = 34.52,\ Y_1 = 57.07$$

$$a_{12}\left(Q_2 - Q_2^0 \right) + Y_1 - Y_1^0 = -5.81$$

再次，令 η_3 从 0.5 变为 0.8，其他 η_j 不变，计算得

$$Q_1 = 399.398,\ Q_2 = 124.85,\ Q_3 = 30.47,\ Y_1 = 61.53$$

$$a_{12}\left(Q_2 - Q_2^0 \right) + Y_1 - Y_1^0 = -0.60$$

最后，令各 η_j 同时变化，计算得

$$Q_1 = 362.37, \ Q_2 = 118.52, \ Q_3 = 58.86, \ Y_1 = 0.8814$$

$$a_{12}\left(Q_2 - Q_2^0\right) + Y_1 - Y_1^0 = -39.20$$

从以上算例中可以看出：首先，在既定的产品资源总量下，提高任一部门的消污率，除增大环境部门的产出外，将减少其他部门的产出，且必然减少国民纯收入，这种减少量就是一种环境机会成本；其次，新的消污率指标决定的 a_j 可能大于 1，这意味着各部门的纯收入或利润有可能为负数。这种现象的产生是由实物与价格关系的变化引起的。我们从 η_j^0 改变到 η_j 没有考虑到价格的变化，即是以实物关系来推算的，所谓的产品资源总量也是以不变价格单位表示的。若要维护各部门之间的某种利益平衡，则需要投入产出分析的价格方程来处理。这也表明，我们要求各部门提高污染物处理率时，也必然改变各部门之间的利益关系，必然在市场上引起一系列的价格波动，并有可能将某些企业逐出市场。涉及国际经济竞争时，政府在制定环保标准时，应考虑到我国企业与国外相应企业的技术差距，进行周密的技术经济核算，否则会造成企业破产潮。

对普通经济部门为多部门的一般情况，可得以下方程组：

$$\begin{cases} A^{11}Q^1 + A^{12}Q^2 + A^{13}Q^3 + \beta Y^1 = Q^1 \\ A^{21}Q^1 + 0Q^2 + A^{23}Q^3 + 0 = Q^2 \\ A^{31}Q^1 + 0Q^2 + A^{33}Q^3 + 0 = Q^3 \\ \sum\left(a_j + k_j\right)Q_j = \sum\left(a_j^0 + k_j^0\right)Q_j^0 \end{cases} \qquad （8\text{-}19）$$

其中，$\begin{bmatrix} A^{11} & A^{12} & A^{13} \\ A^{21} & 0 & A^{23} \\ A^{31} & 0 & A^{33} \end{bmatrix}$ 表示投入系数矩阵；Q^2 和 Q^3 分别表示居民部门与环境部门的总产出，是纯量性的。

$$\left(A^{31}\right)' = \hat{d}^1\hat{\eta}^1 e^1 = \left(d_j^1\eta_j^1 e_j^1\right) \qquad （8\text{-}20）$$

$$A^{33} = d^3\eta^2 e^2 \frac{Q^2}{Q^3} + d^3\eta^3 e^3 \qquad （8\text{-}21）$$

d_j^1、η_j^1 和 e_j^1 分别表示普通经济各部门的单位污染消除成本、污染消除率与污染产生率；η^2、e^2 和 η^3、e^3 分别表示居民部门与环境部门的污染消除率、污染产生率；d^3 表示环境部门的单位污染消除成本。需要特别指出的是，式（8-19）中的 Y^1 是资本形成总量，其各种产品组成成分由比例系数向量 β 决定，β 是一列向量，且由外生确定。要使 βY^1 由内生确定，需要应用动态投入占用产出分析技术。应用模型（8-19）可以分析变动某些污染物消除水平所带来的机会成本。

五、基本环保认识

环境保护不仅是一个经济问题，而且是关系到人类社会全面可持续发展的战略问题。环境问题是发展的结果，发展又是环保的必要条件。对大多数发展中国家来说，发展与环保在一定意义上是一个两难选择。本章上述关于环境机会成本的讨论是对这个两难选择的数量经济学说明。相对于现实世界来说，我们的数量经济学模型过于简化，具体表现如下：

（1）环境破坏的机会成本有许多是看不见的或难以直接识别的，如河流污染对居民生理健康和生活环境的影响、森林破坏导致的气候环境变化等。

（2）发展中国家面临与基本国力不相适应的国际环保要求压力。高标准的环保要求应是保证人民基本生存需要以后对可能的剩余生产力资源的使用。

（3）存在既不增加生产力资源需求又有利于环境保护的生产技术，人类应在这方面增加国际合作和国际支援。

在分析当前技术条件下消除污染改善环境对国民经济的直接影响时，本模型是有一定实际意义的，如可将 X^2 和 Y^1 的容许减少量作为确定消污率指标的控制标准。

第五节　绿色 GDP 核算理论

在 2000 年左右，人们希望构造出一个可以量化测度的绿色核算概念，核心就是编制绿色 GDP 核算。联合国统计局发布了《环境与经济综合核算体系》（已经出版多个版本，现在是 SEEA 2012），并在墨西哥进行了试验，还有不少国家也进行了各自的核算，我国在 2005 年 2 月由国家环境保护总局和国家统计局联合启动"十省市试点绿色 GDP 核算和环境污染经济损失调查"，2015 年 4 月，环境保护部宣布，我国重启绿色 GDP 研究，资源耗减成本、环境退化成本、生态破坏成本及污染治理成本将从 GDP 总值中予以扣除，以全面客观反映经济活动的"环境代价"，重启后这项工程被称为绿色 GDP 2.0 核算体系。但是，对绿色 GDP 概念及其核算的科学性一直存在争议。首先，许多人认识到了核算的技术困难[①]，有人质问其

---

① 许宪春. 关于绿色 GDP 的几点认识[J]. 中国国情国力，2004，（7）：14-15；卢冶飞. 对"绿色 GDP"总量指标的剖析与思考[J]. 浙江统计，2004，（12）：11-13.

核算意义[①]，国外有学者从核算理论上予以评论[②]。实际上，联合国统计局专家也承认[③]："在如何计算绿色 GDP 上没有共识，在是否应当核算的问题上更少达成共识。"SEEA 核算也没有建立一个绿色 GDP 核算公式[④]。本节运用投入产出技术和极端分析法，试图进一步从包括经济学理论基础在内的几个方面考察绿色 GDP 概念的合理性。极端分析法是很有用的系统方法，使人们容易抓住事物的某些本质特征。本节的做法是把国民经济系统简化到只包含两个单一产品部门，只针对单一环境项目和单一环境措施。

绿色 GDP 核算的构成主要有两项，即环境成本核算和资源耗减核算，下面分别进行讨论。

一、环境成本核算分析

本节的环境成本仅考虑污染治理成本。为了弄清楚绿色 GDP 的意义，将分为有污染治理和无污染治理、不同治理费用筹集方式等情形进行比较分析。

（一）有无污染治理行动情况的比较

假设一个二部门——馒头生产部门和污染治理部门组成的经济系统，分别有一个单位的劳动者，总人口为 2，没有进出口，也没有政府部门，设核算时期为一天，不考虑折旧和投资，则相应的投入产出表如表 8-5 所示。

表 8-5　二部门经济系统

	1	2	最终使用	总产出
1	X_{11}	X_{12}	Y_1	Q_1
2	X_{21}	X_{22}	Y_2	Q_2
最初投入	V_1	V_2	0	GDP
总投入	Q_1	Q_2	GDP	

① 邱轩洛. "绿色 GDP"与"皇帝的新衣"[J]. 中国统计，2004，（9）：46.

② Holub H W, et al. Some remarks on the 'system of integrated environmental and economic accounting' of the United Nations[J]. Ecological Economics，1999，29（3）：329-336.

③ United Nations，et al. Integrated environmental and economic accounting 2003[R]，415.

④ SEEA 是 system of environmental-economic accounting（环境-经济核算体系）的缩写。相对于 SEEA 2003，SEEA 2012 对环境（生产）活动和环境交易有了较严格的限制，把环保活动限制在环境保护和资源管理两类，而在 2003 版本中包括自然资源利用和资源风险减缓。在 2012 版本中，把自然资源和生态对经济的投入都归到自然投入账户下，该账户包括自然资源投入、可再生能源投入以及来源于土壤和空气的自然投入。在 SEEA 核心账户中删除了关于环境退化以及其他生态系统核算的内容，将其放到单独的实验性生态系统账户。本节的目的不是全面考察 SEEA，只是思考一下建立可应用的绿色 GDP 核算的意义。在 SEEA 中也没有给出 green GDP 的概念，只是提到有学者或机构在研究。

表 8-5 中，Q_j 表示第 j 部门的总产出（从列看是总投入）；X_{ij} 表示第 j 部门为生产 Q_j 所消耗的 i 部门产品量；V_j 表示第 j 部门的最初投入；Y_i 表示第 i 部门产品用于最终使用的量。根据投入产出基本平衡关系，有以下方程式：

$$X_{11} + X_{12} + Y_1 = Q_1 = X_{11} + X_{21} + V_1$$
$$X_{21} + X_{22} + Y_2 = Q_2 = X_{12} + X_{22} + V_2$$

（8-22）

而相应的传统 GDP 核算公式则为 $V_1 + V_2 = GDP = Y_1 + Y_2$。

情形 Ⅰ：设部门 1 每天生产 10 个馒头，部门 2 做环保，能彻底消除部门 1 的环境损害（空气污染和废渣），部门 2 本身没有任何环境破坏。假设 $X_{11} = X_{12} = X_{22} = 0$，即其他一切需求物资都是自由免费物品。设馒头的价格为每个 1 元，二部门劳动完全等价。每个部门的劳动者对馒头的需求量完全相同，都是 5 个。部门 1 直接向部门 2 支付环保服务费，支付量刚好为部门 2 的馒头需求量。在上述假设下，相应的投入产出表为（最后括号外一列是总产出）

$$\begin{pmatrix} 0 & 0 & 10 \\ 5 & 0 & 0 \\ 5 & 5 & \end{pmatrix} \begin{matrix} 10 \\ 5 \\ \end{matrix}$$

根据 GDP 核算法，则该经济系统的生产总值为 $GDP = V_1 + V_2 = Y_1 + Y_2 = 10$（元）。

情形 Ⅱ：设不存在环保，即不消除部门 1 造成的环境破坏，则应有 $V_1 = 10$，$Y_1 = 10$，$X_2 = V_2 = Y_2 = 0$，这时的投入产出表为

$$\begin{pmatrix} 0 & 0 & 10 \\ 0 & 0 & 0 \\ 5+5 & 0 & \end{pmatrix} \begin{matrix} 10 \\ 0 \\ \end{matrix}$$

则 $GDP = V_1 = Y_1 = 10$（元）。因为有一个人闲置，所以仍要消费 10 个馒头，此可看做存在转移支付。

由核算结果可知，两种情形的 GDP 一致，所以，GDP 是由部门 1 的生产决定的。

如果核算绿色 GDP，情形 Ⅰ 和情形 Ⅱ 的绿色 GDP 都为 10-5=5（元），其中，对情形 Ⅰ，减去的 5 元是环保部门的总产出，代表了社会对污染的治理成本；情形 Ⅱ，减去的 5 元是污染的损害成本，是用假设彻底消除需要的费用核计。但很显然，这个核算有些问题。

在情形 Ⅱ 中，有一个社会成员不用劳动，其享受到的休闲福利没有计算。这个福利的大小是多少呢？如果他或社会认为这个福利是值得的，那

这个福利的机会成本是 5 元（他消除污染的总产出）或 10 元（他生产馒头的总产出）。为了公平，可以通过制度让两个人替换上班。因为生产馒头时要释放污染，所以，情形Ⅱ的绿色 GDP 还是 10-5+5=10（元）。

上述分析结果说明，如果从纯社会福利角度核算绿色 GDP，消除污染和不消除污染的结果是相同的，差异仅在于福利种类的选择，即休闲还是清洁环境。当然，如果单纯从绿色环境考虑，情形Ⅱ的休闲福利 5 元是不能加上的。但是，可以对情形Ⅱ进行改革：那个人不是去休闲，而是参加部门 1 的生产，于是，GDP 变为 20 元，绿色 GDP 还是 10 元。这时与情形Ⅰ的差别是在享受多 10 个馒头的产品还是享受清洁环境的选择。

（二）不同治理费用筹集方式的比较

在现实中，污染治理费用即环境治理部门的运营成本有各种筹集方式。总起来是两种，即市场模式和公共产品模式。在情形Ⅰ中是通过市场模式获取的。不同筹集模式对 GDP 的核算结果有影响（基本理论参见第二章），对绿色 GDP 核算也会有影响。

情形Ⅲ：部门 1 把污染处理费作为生产税交给公共部门，支付量不变，公共部门再支付给部门 2，则应有 $X_{21}=0$，$V_1=5+5=10$（元），$V_2=Y_2=5$（元），于是新的投入产出表为

$$\begin{pmatrix} 0 & 0 & 10 \\ 0 & 0 & 5 \\ 5+5 & 5 & \end{pmatrix}\begin{matrix} 10 \\ 5 \\ \ \end{matrix}$$

与情形Ⅰ相比，原来在中间投入中的 5 元对污染治理部门的投入支付，不仅作为投入变成生产税，成为增加值的一部分，而且作为公共消费成为最终使用的一部分。此时，按照传统 GDP 核算法，GDP $=V_1+V_2=Y_1+Y_2=$ 15（元）。易知，此时的绿色 GDP 是 15-5=10（元），所以，GDP 和绿色 GDP 都比情形Ⅰ多 5 元。这种情况的出现实际上是当前 GDP 核算理论的一个缺陷的反映，即它把其他部门对政府部门的支付（税收）都划到了最初投入，政府部门对其他部门的支付和对自己的支付都作为公共部门的集体购买记到了最终产出上。政府部门又是一个生产部门，其消耗结构是记在中间投入中的。在本例中，政府部门是虚拟的，不消耗，只是一个财务功能部门。如果把税收算作各部门的成本划入第一象限，把对污染治理这种公共事业部门的财政转移支付作为公共部门的中间购买，那么就回到了情形Ⅰ。

环境损害不仅仅是经济的，而且会造成人类集体或个体的灾难，形成

生理和精神上不可补偿的痛苦后果，使非常大的环境成本无法统计核算。

【结论】在社会总生产力给定的情况下，环保活动不会增加社会福利的市场价值，而是一种社会成本。但是，良好环境的福利价值是无法以市场价值度量的。一片蓝天与一亿元收入无法以数量比较价值大小。黄金有价，健康无价，仁心无价。

二、资源耗减核算

使用和消耗自然资源是人类生产活动的基本特征。当总产出增加时，自然资源存量就可能减少。在生产过程中，自然资源相当于经济中的库存。在经济中，有些自然资源是绝对减少的，称为不可再生资源，如煤炭和石油，有些可以经过一定的生产过程被恢复，称为可再生资源，如土地和水。如果把资源恢复活动作为单独的生产部门，则对既定的生产过程，一般总是消耗自然资源的。在一般 GDP 核算中，不考虑资源的耗减，绿色 GDP 要求核算资源耗减。下文继续以馒头案为例说明绿色 GDP 核算问题。本小节考虑的是纯自然资源，不需要人类的任何加工就可以投入生产。

（一）传统 GDP 核算

假设做馒头需要一定的自然资源（如煤和水），考虑以下情形的 GDP 和绿色 GDP。

情形 I：设该经济体由两个人组成：一人是馒头的生产者，一天生产 10 个馒头；另一人是资源的所有者和管理者。所有者从生产者那里收取 5 个馒头作为管理服务费或租金，并将其发给自己作为管理劳动报酬，那么该经济的投入产出表如表 8-6。于是，$GDP_1 = 10$。

表 8-6 资源为个人所有的经济系统

	馒头部门 1	资源管理部门 2	最终消费	总产出
1	0	0	10	10
2	5	0	0	5
劳动报酬	5	5	0	10
总投入	10	5	10	

情形 II：设情形 I 中的所有者不从事任何生产劳动，资源不需要管理，那么他从部门 1 收取的就是纯租金，这个租金不妨称为以资源为资本获取的利润，于是这个情形的投入产出表与情形 I 在形式上没有任何差别，只是资源所有者的原始投入中的数额为利润而不是劳动报酬，所

以 $GDP_2 = 10$ 。

情形Ⅲ：假设资源为公共所有，经济体系中除了一个馒头生产者之外，还有一个完全丧失劳动能力的人，这个人需要社会救济，社会靠向生产者征收资源税获得救济资金。如果被救济者与生产者的消费需求相同，则根据社会平等公正原则，应向生产者征收 5 个馒头的税，于是该经济体的投入产出表如表 8-7。所以，$GDP_3 = 10$ 。

表 8-7　资源为公共所有的经济系统

	馒头生产	最终消费	总产出
馒头生产	0	10	10
劳动报酬	5	0	5
资源税	5	0	5
总投入	10	10	10

情形Ⅳ：如果那个人没有完全丧失劳动能力，而是被社会委任为资源管理者，则该经济体的投入产出表为表 8-8。所以，$GDP_4 = 15$ 。

表 8-8　有公共管理者的经济系统

	馒头部门 1	公共管理部门 2	最终消费	总产出
1	0	0	10	10
2	0	0	5	5
劳动报酬	5	5	0	10
生产税	5	0	0	5
总投入	10	5	15	

情形Ⅴ：如果只有一个生产者，没有其他人，则该生产者将获得全部 10 个馒头，其中，5 个当天消费，5 个留给明天，于是该经济体的投入产出表如表 8-9。所以，$GDP_5 = 10$ 。

表 8-9　没有单独资源所有者的经济系统

	馒头部门	最终使用		总产出
		消费	资本形成	
馒头部门	0	5	5	10
劳动报酬	5	0	0	5
利润	5	0	0	5
总投入	10	5	5	

（二）各情形绿色 GDP 的核算

计算绿色 GDP 首先需要定义资源耗减的 GDP 矫正。根据已有研究，把与资源使用量成正比的资源税或租金（5 个馒头）作为给资源的定价，于是，以上各情形的绿色 GDP(gGDP)分别是 $gGDP_1 = 10 - 5 = 5$ ，$gGDP_2 = 10 - 5 = 5$ ，$gGDP_3 = 10 - 5 = 5$ ，$gGDP_4 = 15 - 5 = 10$ ，$gGDP_5 = 10 - 5 = 5$ 。

在以上五种情形中，有四种情形的 GDP 和绿色 GDP 数量完全相同，情形 Ⅳ 与其他不同，对此，提出以下问题：

（1）情形 Ⅳ 与其他不同的根源是什么？

（2）GDP 相同的各情形各有什么经济理论背景？

比较情形 Ⅰ 和情形 Ⅱ 可以发现，无论如何，资源所有者都只能从馒头部门那里取得 5 个馒头。

在除了情形 Ⅳ 的各情形中，资源管理作为一种纯粹服务活动，是不生产任何物质产品的，对社会不带来任何实际的福利，所以，它只是用来分得馒头的一个借口。即使它的活动实际上促进了生产，提高了生产效率，但因为所有的有形产品——馒头，都记在了馒头部门的账下，它只是从那里以一定"借口"堂而皇之地拿过自己应该享受的那一部分，而整个经济的 GDP 就由部门 1 的生产决定。至于情形 Ⅳ 与其他情形结果不同，那是由于与前述环境核算中相同的原因，即把税收记到最初投入行，而把管理者部门产品作为公共消费品记到最终使用列是核算理论的缺陷。

从以上分析得出，资源问题引起的绿色 GDP 矫正，在既有经济理论上没有太大问题，在价格确定的情况下比较容易核算，但实际操作困难重重，这是因为资源的定价问题是一个无法合理解决的难题。资源价格是一个绝对垄断价格。在情形 Ⅰ 和情形 Ⅱ 中，如果生产力在满足基本生存后有剩余，资源所有者会把租金定在远高于其基本生存所需水平之上。

资源的价格处于不断的变化之中，不同区域或国家的资源价值也差异极大，所以，与环境问题一样，无法实现绿色 GDP 的区域间比较和不同时期比较。

三、绿色 GDP 核算的深层次理论问题

上文所论述的问题仍处于技术层面，即在规定的绿色 GDP 定量定义下如何计算。但是，在这一问题上还存在更深层的经济理论问题。

所有经济学家和国民经济统计学家都承认，GDP 是一个生产性概念，

从投入产出表更可以看出，它是一个毛产出概念（即包括了某些投入成本），而绿色 GDP 实际上要核算的是一个净产出（尚且不论从国民福利角度讨论，国民福利实际上是一个多目标主观概念）。绿色 GDP 把环境恢复成本和资源耗减实际上看做一种成本投入。但是，在经济系统中，劳动、资本损耗（不单纯等于折旧）等也是投入。如果把环境部门作为一种投入，那么卫生部门的一大部分也是一种投入，所以，净产出实际上就剩下了资本净形成和净出口。当然，劳动投入有一部分是属于扩大再生产的（用于教育和人口生产），应算作净产出。另外，生产造成的劳动力耗减（如频频发生的生产安全事故后果）在理论上也是一个应考虑的问题。

从更深层次考虑，GDP 或 NDP 作为产出的衡量也并不是完全确切的[①]。首先，因为并非所有产出都有市场价格，而市场价格的变化指数也没有反映商品质量的变化。其次，有些部门能否完全算作生产部门（如上文指出的医疗和环境恢复部门，还有政府部门）也是有疑问的。实质上，GDP 衡量的是一种广义劳动价值[②]，与马克思的狭义劳动价值一样，它不可能完全准确反映产出的多少，只是在短期内与产出增长的方向基本一致。因此，用以 GDP 为基础计算的绿色 GDP 也就更不可能准确反映产出的大小。

资源作为一种财富，虽然耗减价值可以以市场价格度量，但是 GDP 作为一种生产增加值，在其核算中实际上已经除去了资源的生产价值，再从 GDP 中减去，是重复扣除。

根据上述分析可知，由于 GDP 本身的内涵就不是非常清晰，所以，在 GDP 基础上计算的绿色 GDP 也不会有确切的含义。在统计技术上，环境和资源成本的货币化核算难以形成普遍适用的标准，这势必造成不同时期不同地区绿色 GDP 的可比性困难。与其投入巨大成本核算一个没有科学内涵的总数，不如首先以各种实物量和货币量分别统计环境损害与资源耗减的具体事实数据，然后，以研究报告的形式提供各种模式的货币收入和财富损失估价[③]。政绩考核指标本来就应该是一个多目标考核，环境和资源核算

---

① 在第二章中，我们曾论证了 GDP 的收入性质。收入与生产在总量上是同一的，又是有差异的，在国家账户体系中，形成了核算恒等式。差异性来自与外部的交易。不同时期的比较也表现出差异性。

② 刘新建. 论生产劳动的界定与国民经济核算[J]. 燕山大学学报（哲学社会科学版），2005，6（4）：24-28.

③ 穆西. 郑京平剖析绿色 GDP 实践技术难度[N]. 第一财经日报，2005-03-02.

也是多维度的，不应该允许用一方面的改善抵消其他方面的损害。所以，应设置更具可操作性的实物量硬考核指标，如单位 GDP 能耗、环境污染物指标等。绿色 GDP 核算的实质意义就是达到一定环境质量的、符合可持续发展观的 GDP。

后　记

在攻读陈锡康老师的博士研究生时，就感觉投入占用产出分析是描述经济系统的好框架，在完成博士学位论文时提出将动态投入占用产出分析作为经济学理论研究的基本模式的想法。然而，那时对西方经济学的缺陷尚缺乏系统认识。在后来的教学与科研工作中，不断学习《资本论》，因为教学的需要，又深入了解了西方经济学的理论体系与发展历史，逐渐认识到投入占用产出分析框架是将二者统一结合起来，并修正西方经济学的固有逻辑缺陷的有力工具。2001 年，在中国投入产出学会第五届年会提交了《关于投入产出经济学的一些思考》，由此正式开启了发展投入占用产出经济学的进程。关于投入占用产出经济学的两篇关键论文是《AD-AS 分析的投入产出模型》和《基于投入产出结构的中国经济总供给–总需求模型研究》。第一篇从理论上揭示了主流宏观经济学模型的缺陷，并提出了投入产出分析框架；第二篇用关于中国经济的实证分析表明，新理论是有效的，对经济现象的解释比传统宏观经济学模型逻辑更完备。当然，用投入（占用）产出技术研究经济学理论问题有许多学者在做，只是没有看到有人希望用其全面改造主流经济学理论体系。对西方经济学改造的更基础工作应该是对微观经济学理论体系的改造，这个工作还没有开始，希望能尽快起步。改造完成后的新经济学或许不叫"投入占用产出经济学"，而是更通用的称呼，如现代经济分析。除了以上内容，本书还容纳了其他方面的一些工作，是作者迄今关于投入占用产出经济学研究的一个初步总结。

欢迎广大读者批评指正，作者的联系方式为 lxj6309@126.com。

刘新建

2017 年 12 月